本书系上海市教育科学研究院2022年度创新培育
重点课题成果(批准号:CXPYZD20220001)

教育促进共同富裕的
理论探究与政策实践

董圣足　骈茂林 等著

立信会计出版社
LIXIN ACCOUNTING PUBLISHING HOUSE

图书在版编目(CIP)数据

教育促进共同富裕的理论探究与政策实践 / 董圣足等著. --上海：立信会计出版社，2025.1. -- ISBN 978-7-5429-7791-5

Ⅰ. F124.7

中国国家版本馆 CIP 数据核字第 20248D4V91 号

策划编辑　王艳丽
责任编辑　王艳丽
美术编辑　吴博闻

教育促进共同富裕的理论探究与政策实践

JIAOYU CUJIN GONGTONG FUYU DE LILUN TANJIU YU ZHENGCE SHIJIAN

出版发行	立信会计出版社		
地　　址	上海市中山西路 2230 号	邮政编码	200235
电　　话	(021)64411389	传　　真	(021)64411325
网　　址	www.lixinaph.com	电子邮箱	lixinaph2019@126.com
网上书店	http://lixin.jd.com		http://lxkjcbs.tmall.com
经　　销	各地新华书店		
印　　刷	常熟市人民印刷有限公司		
开　　本	710 毫米 ×1000 毫米　1/16		
印　　张	17.75		
字　　数	255 千字		
版　　次	2025 年 1 月第 1 版		
印　　次	2025 年 1 月第 1 次		
书　　号	ISBN 978-7-5429-7791-5/F		
定　　价	78.00 元		

如有印订差错，请与本社联系调换

前　言

共同富裕是社会主义的本质要求,是人民群众的共同期盼。新时代以来,中国共产党在推动共同富裕目标实现过程中深化了对"人的全面发展"与"全体人民共同富裕"两者关系的认识。2020年10月,中共十九届五中全会将"人的全面发展、全体人民共同富裕取得更为明显的实质性进展"确立为2035年基本实现社会主义现代化的一项远景目标。2024年7月,中共二十届三中全会通过的《中共中央关于进一步全面深化改革 推进中国式现代化的决定》再次强调了"推动人的全面发展、全体人民共同富裕取得更为明显的实质性进展"在进一步全面深化改革总目标中的重要地位。

新的历史条件下,扎实推动全体人民共同富裕是以人民为中心的发展思想的生动实践。习近平总书记所强调的"以人民为中心的发展思想"①体现了人民是推动发展的根本力量这一唯物史观,其中包含着发挥人的主体作用是推动历史进步的必然要求的深刻含义。由此,如何提高劳动生产率、促进经济社会协同发展、促进人的全面自由发展,理所当然地成为这一伟大实践过程中的

---

① 习近平.深入理解新发展理念[J].社会主义论坛,2019(6):4-8.

一项重要课题。

理论研究和实践探索都反复表明,教育尤其是职业教育和高等教育在提高人们的科学文化素质、提高社会劳动生产率和促进人的全面自由发展等方面具有极其重要的作用和价值。相应地,不断优化教育布局和大力提高教育质量,也是助推经济社会协调发展和促进人民共同富裕的重要载体和手段。正因如此,过去一个时期,不少学者对教育与共同富裕的关系问题展开了多角度研究,并取得了一系列理论和实践成果。当前,学界对教育与共同富裕关系研究的重点正从促进物质积累和经济增长向促进精神富裕和提高社会认同程度转变。在新的历史起点上,教育应担负起促进中国式现代化建设、促进人类文明新形态创造的历史责任。

本书对教育促进共同富裕的研究着重从以下三个方面展开。一是教育缩小不同群体能力差距的作用。以人力资本理论为代表,经济学长期以来将教育视为人力资本投资的一种主要途径和方式,我们在新的历史条件下应克服这种单一认识视角的局限性,对公共教育服务与农业转移人口市民化这一现实问题的密切关系,以及教育在改变不同经济社会背景受教育者能力差距的作用,加以深入探究。二是教育促进社会利益调整的作用。现有研究对教育与物质资本之间的互补性揭示较多,对教育促进社会利益调整的关注相对不够。新的历史阶段,我们既要重视教育促进财富增长的作用,也要重视通过特有方式发挥其促进社会利益调整的作用。同时,教育能否以及如何促进多种社会利益的调整,应成为教育促进共同富裕研究的基本问题。三是共同富裕实践中教育对促进社会认同、筑牢中华民族共同体意识的作用。社会学将教育视为一种重要的社会化手段,即教育通过把社会的共同价值观传递给下一代来维系社会团结。实践中,教育更多地被视为实现经济增长目标的手段,教育促进社会群体间相互认同的功能尚未得到应有重视。近年来,针对教育尤其是基础教育对于个体公民意识和社会认同程度作用的研究成为关注重点。这也是本书研究的重要内容。总之,在扎实推进共同富裕的历史实践中,教育应担负

前　言

起赋予每一名社会成员"门槛发展能力"的职责,让每一名社会成员都成为具有创造精神的共同富裕实践主体;教育也应成为培育和践行社会主义核心价值观的重要依托,促进不同社会群体相互交融,实现社会和谐安定。

立足推进中国式现代化的历史要求,围绕贯彻落实中共二十大和中共二十届三中全会精神,本书对各级各类教育如何促进共同富裕目标实现展开理论、实践与政策研究。主要内容包括:第一章阐述了教育与共同富裕关系的基本问题,分析了研究的基础概念;第二章阐述了共同富裕思想的形成与发展历程,以及共同富裕与人的全面发展的逻辑关系;第三章从多种学科视野出发,分析了教育促进共同富裕的作用原理与着力点;第四章立足改革开放前、改革开放和社会主义现代化建设时期、中国特色社会主义新时代三个阶段,分析总结了教育促进共同富裕政策实践的成效和经验;第五章围绕新的历史阶段构建新发展格局的要求,分析了推进共同富裕在公平、优质、协调、高效四个维度上对教育发展提出的新要求;第六章针对各级各类教育如何促进共同富裕提出了思路与建议,并辅以典型经验和创新案例;第七章设计了教育促进共同富裕实践的评价指标,旨在更好地推动地方政府政策和制度创新。

本书是上海市重点智库——上海市教育科学研究院2022年度创新培育重点课题"促进全体人民共同富裕对教育带来的要求及其政策影响"(批准号:CXPYZD20220001)的主要成果之一。课题由上海市教育科学研究院民办教育研究所、终身教育研究所所长董圣足研究员主持。董圣足负责设计本书的写作框架,上海教育科学研究院民办教育研究所骈茂林副研究员协助对全书进行了统合修改。本书各部分写作分工如下:前言部分由董圣足撰写;第一章第一节由董圣足撰写,第二节由骈茂林撰写;第二章由上海市教育科学研究院民办教育研究所张继玺博士撰写;第三章由骈茂林撰写;第四章由辽宁教育学院王慧英博士撰写;第五章由常熟理工学院师范学院朱丽副研究员和上海市教育科学研究院民办教育研究所刘耀明副研究员共同撰写;第六章第一节由骈茂林撰写,第二节、第三节由上海建桥学院民办高等教育研究所黄河博士撰写，第四节由上海市教育科学研究院民办教育研究所副所长何金辉撰写；第七章由骈茂林撰写。

本课题在开题论证和研究过程中得到了上海市教育科学研究院学术委员会相关专家的悉心指导和科研与信息管理处的大力支持；在开展实证调研过程中，分别得到了浙江省温州市教育局、丽水市教育局，江西省赣州市教育局，四川省教育厅，成都市教育局等单位的大力支持。作者在此一并致谢！

《中共中央关于进一步全面深化改革 推进中国式现代化的决定》提出了进一步深化教育综合改革的重点任务，其中优化区域教育资源配置、探索逐步扩大免费教育范围、健全和加强各类教育保障等要求，凸显了教育发展在促进共同富裕进程中的独特作用。这些任务既关系人民群众"急难愁盼"问题能否更好解决，也关系"人的全面发展、全体人民共同富裕"目标能否取得实质性进展。本书希望为教育促进共同富裕的理论研究和实践创新贡献绵薄力量。

董圣足
2025 年 1 月

目 录

第一章 导论 …………………………………………… 1
　第一节 促进共同富裕是教育发展的新课题 …………… 2
　　一、共同富裕对教育发展提出新要求 ………………… 2
　　二、教育与共同富裕关系研究的基础概念 …………… 11
　第二节 教育与共同富裕关系的基础认知 ……………… 17
　　一、教育与共同富裕关系的认识及其拓展 …………… 17
　　二、教育促进共同富裕的主要条件因素 ……………… 25

第二章 共同富裕思想的发展及其教育意涵 …………… 30
　第一节 共同富裕思想的形成与发展 …………………… 30
　　一、共同富裕思想的形成 ……………………………… 31
　　二、共同富裕思想的发展 ……………………………… 33
　第二节 共同富裕思想的新时代意蕴 …………………… 39
　　一、全体人民共同富裕与中国式现代化密切关联 …… 39
　　二、全体人民共同富裕与人的全面发展相互促进 …… 41
　　三、新时代共同富裕的政策意涵与实践特征 ………… 45
　第三节 新时代共同富裕思想的教育意涵 ……………… 50
　　一、共同富裕为教育发展提供良好环境和条件 …… 51
　　二、教育是促进共同富裕目标实现的重要力量 …… 55

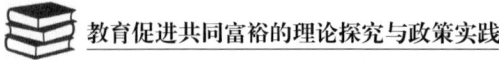

第三章　教育促进共同富裕的作用原理与着力点 …… 61
第一节　教育促进共同富裕的作用原理 …… 61
一、教育促进共同富裕的主要目标 …… 62
二、教育促进共同富裕的作用方式 …… 64
三、教育促进共同富裕的作用机制 …… 72
第二节　各级各类教育促进共同富裕的着力点 …… 81
一、早期教育与基本公共教育的着力点 …… 82
二、高中阶段教育的着力点 …… 87
三、职业教育、高等教育和终身教育的着力点 …… 94

第四章　教育促进共同富裕的政策实践 …… 99
第一节　改革开放前的教育政策实践 …… 99
一、开展业余教育 …… 100
二、基础教育开始走上正轨 …… 102
三、全面恢复高考制度 …… 104
四、恢复和兴办职业教育 …… 106
第二节　改革开放和社会主义现代化建设时期的教育政策实践 …… 107
一、学前教育的政策实践 …… 108
二、义务教育的政策实践 …… 110
三、职业教育的政策实践 …… 113
四、高等教育的政策实践 …… 114
五、继续教育的政策实践 …… 116
第三节　中国特色社会主义新时代的教育政策实践 …… 118
一、学前教育的政策实践 …… 119
二、义务教育和高中阶段教育的政策实践 …… 123
三、职业教育的政策实践 …… 128
四、高等教育的政策实践 …… 132
五、继续教育的政策实践 …… 137

目 录

第五章 共同富裕对教育发展提出的新要求 …… 140
第一节 共同富裕要求教育更加公平 …… 141
一、城乡融合发展要求教育更加公平 …… 141
二、区域协调发展要求教育更加均衡 …… 144
三、缩小不同群体的差距要求教育更加完善 …… 151
第二节 共同富裕要求教育更加优质 …… 157
一、基础教育质量需要提升 …… 157
二、职业教育带动共富的能力需要加强 …… 162
三、高等教育人才培养质量有待提升 …… 165
第三节 共同富裕要求教育更加协调 …… 168
一、教育服务供给方式应该更加协调 …… 169
二、普通教育与职业教育的融通水平需要加强 …… 172
三、学校教育、家庭教育、社会教育应该更加协调 …… 175
第四节 共同富裕要求教育更加高效 …… 179
一、教育制度创新的活力需要全面提升 …… 179
二、优质教育资源的辐射能力需要增强 …… 182
三、教育评价的综合改革需要进一步深化 …… 184

第六章 教育促进全体人民共同富裕的制度供给 …… 189
第一节 完善基础教育制度供给的思路与建议 …… 190
一、完善基础教育制度供给的思路 …… 190
二、完善托育服务与学前教育制度供给的建议 …… 192
三、完善义务教育制度供给的建议 …… 196
四、完善高中阶段教育制度供给的建议 …… 205
第二节 完善职业教育制度供给的思路与建议 …… 210
一、完善职业教育制度供给的立足点与思路 …… 211
二、完善职业教育制度供给的建议 …… 213
第三节 完善高等教育制度供给的思路与建议 …… 222
一、完善高等教育制度供给的立足点与思路 …… 223

二、完善高等教育制度供给的建议 …………… 225
第四节　完善终身教育制度供给的思路与建议 ………… 234
　　一、完善终身教育制度供给的思路 …………… 234
　　二、完善终身教育制度供给的原则 …………… 237
　　三、完善终身教育制度供给的建议 …………… 240

第七章　教育促进共同富裕政策实践的评价与实施 ………… 255
　第一节　教育促进共同富裕评价的功能及相关研究状况
　　　　　………………………………………………… 256
　　一、教育促进共同富裕评价的主要功能 ……… 256
　　二、当前共同富裕评价标准研究的启示 ……… 257
　第二节　教育促进共同富裕实践评价指标的设计与实施
　　　　　………………………………………………… 263
　　一、教育促进共同富裕评价指标设计的思路 … 263
　　二、教育促进共同富裕评价内容与指标体系 … 264
　　三、教育促进共同富裕评价实施的原则与方法 …… 268

主要参考文献 ……………………………………………… 271

第一章

导　论

2021年8月17日,习近平总书记在中央财经委员会第十次会议上强调,"共同富裕是社会主义的本质要求,是中国式现代化的重要特征"。这一论断深刻揭示了共同富裕与社会主义制度的密切关系。进入新的历史阶段,我国推进共同富裕的基础条件和外部环境发生了深刻变化。2020年,我国实现了近1亿农村贫困人口全部脱贫、832个贫困县全部摘帽的宏伟目标,提前10年实现了联合国《2030年可持续发展议程》提出的减贫目标。形势的发展要求党和国家谋划推进共同富裕的新方略。中共十九届五中全会将"人的全面发展、全体人民共同富裕取得更为明显的实质性进展"确立为2035年基本实现社会主义现代化的一项远景目标。中共二十大报告鲜明指出,中国式现代化是"促进物的全面丰富和人的全面发展"的现代化,这一要求为认识和发挥教育在推进全体人民共同富裕、实现中国式现代化进程中的作用提出了新课题。

第一节

促进共同富裕是教育发展的新课题

作为一项社会建设目标,"全体人民共同富裕"要求每一名社会成员在社会生产和建设中成为实践主体,充分发挥主体作用。在新的征程中,如何推动全体人民共同富裕成为教育发展需要面对的一道必答题。

一、共同富裕对教育发展提出新要求

作为社会主义的本质要求,"共同富裕"具有辨识社会制度性质的作用。有学者指出,考察社会主义与其他各种主义的本质区别就是看是否坚持和实现全体人民的共同富裕[①]。推进全体人民共同富裕的实践成效关系着中国特色社会主义制度建设的兴衰成败。放眼当前全球地缘政治格局变动和人类文明形态竞争的新态势,我国正在推进的全体人民共同富裕目标在外部面临着诸多挑战,自身发展也面临着不少需要解决的问题。中共二十大报告提出,"全体人民共同富裕"是我国正在探索的人类文明新形态的一项重要特征。中国以建设现代化强国为目标创造的文明形态是一个包括物质文明、政治文明、精神文明、社会文明、生态文明等各种文明要素在内的整体性文明系统[①]。创造人类文明新形态要求教育在多种维度上发挥自身的作用与价值。

(一)扎实推进共同富裕要求社会与经济发展更加协调

全体人民共同富裕是我国在主要矛盾发生转变后确立的总

---

① 方世南. 新时代共同富裕:内涵、价值和路径[J]. 学术探索,2021(11):1-7.

第一章　导　论

体性社会建设目标。在向第二个百年奋斗目标进军过程中,共同富裕作为社会发展形态的描述,包含着与小康社会相衔接的奋斗目标。因此,我们应从社会建设的总体形态认识共同富裕的内涵和具体建设目标。有学者将"共同富裕社会"定位为我国社会主义现代化建设新阶段的奋斗目标,并阐述了"共同富裕社会"的主要依据和内涵①。共同富裕目标的新内涵要求完善以往脱贫攻坚实践中对教育作用的定位,发挥教育对于增强创造活力、提升精神追求,激发个体参与社会建设、增强与不同群体协作意识的作用。

1. 以新的方式实现社会财富增长

依据世界银行 2020 年提出的低、中低、中高和高四个收入组别的划分标准②,2019 年我国人均国民总收入(gross national income, GNI)为 8 223 美元,接近中高收入国家,但是与高收入国家人均 GNI(44 483 美元)相比仍有非常大的差距。总体上来看,我国目前处于中高收入国家的初级阶段,进入高收入国家行列仍需要较长时间,通过经济增长促进社会财富总量增长在较长时期内仍将是我国实现共同富裕目标的基础任务。经济发展成果能否转化为人民大众物质财富的普遍增长,存在着社会制度条件的差异。作为社会主义国家,我国对经济发展和社会财富增长的目标和实现方式具有自身定位。当前,能否抓住重要窗口期,稳步促进居民收入持续增长和财富合理分配,构建起稳定的"橄榄型"社会结构,顺利迈入高收入发展阶段,是我国成功跨越"中等收入陷阱"、扎实推进共同富裕面临的基础性工作③。新的阶段,经济发展和社会财富增长能否摆脱资本主义制度下的"物本逻辑",能否服务于人的全面发展,需要教育等各项社会事业用行动作出解答。

---

① 吴忠民.论"共同富裕社会"的主要依据及内涵[J].马克思主义研究,2021(6):83-92.
② 李实.共同富裕的目标和实现路径选择[J].经济研究,2021,56(11):4-13.
③ 邓宇.共同富裕背景下中国跨越中高收入阶段的现实挑战与路径选择[J].西南金融,2021(11):3-16.

2. 加快缩小不同群体间的收入财富差距

收入和财富分配是影响社会稳定和国家安全的重要因素。对于个体而言,贫富差距过大还将影响个人的健康、教育、就业、医疗等,制约个人的生存权和发展权[①]。由于通胀率高企以及物质财富分配两极分化加剧,自 20 世纪 70 年代开始,西方主要发达国家不同群体的收入和生活状况差距不断扩大。托马斯·皮凯蒂(Thomas Piketty)在《21 世纪资本论》中用历史数据证实,资本收益率显著高于经济增长率(书中表达为"r>g",其中,r 代表资本收益率,包括利润、股价、利息、租金和其他资本收入,g 代表经济增长率,即年收入或产出的增长),是造成人类财富分配不平等的根本原因[②]。从更深层次看,由于存在更深层次的制度障碍,资本主义社会这种财富分配不平等局面不仅难以改变,还将随着时间的推移进一步加剧。在主要发达国家,这种现象已经产生了连带影响,例如,思想意识层面的"社会撕裂"程度不断加剧。当前,我国也面临着居民财产差距过大、收入差距扩大的问题。中国居民收入分配项目数据测算结果显示,居民财产差距的基尼系数在 21 世纪初是 0.5 左右,现在上升到 0.7 左右[③]。在革命和建设的历史实践中,中国共产党始终将实现共同富裕视为解决经济社会发展不平衡不充分问题的根本方法。新的阶段,如何预防和化解物质财富分配两极分化带来的风险,是教育促进共同富裕实践中需要直面的重要课题。

3. 全面提高精神富裕程度和社会凝聚力

共同富裕作为一项发展目标,既包含结果意义上的财富占有和收入水平差异缩小,也包含不同群体心理距离感的缩小,以及社会成员国家认同程度的提高。对此,我们还面临不少挑战,国内外

---

① 袁银传,高君.习近平关于共同富裕重要论述的历史背景、科学内涵和时代价值[J].思想理论教育,2021(11):33-39.
② 托马斯·皮凯蒂.21 世纪资本论[M].巴曙松,陈剑,余江,等译.中信出版社,2014:27.
③ 李实.共同富裕的目标和实现路径选择[J].经济研究,2021,56(11):4-13.

研究和实践给出了提示和警醒。一方面，当前对共同富裕的研究正在从关注物质积累和经济增长向关注精神富裕程度和社会认同转变。克服收入财富分配不同导致的社会群体间观念冲突进而对社会安全和稳定带来的潜在影响，各国需要在自身政治制度下作出行之有效的探索。经合组织（Organization for Economic Co-operation and Development，OECD）中的一些成员国已出现多项社会凝聚力指标表现水平下降情况，如投票率、志愿者活动和人际互信等①。另一方面，共同富裕是一项代际接力推进的实践，青少年发展尤其是他们思想意识发展对国家未来发展具有潜在的重要影响。例如，2023年6月法国发生社会骚乱事件，参与者主要是11岁到14岁的未成年人以及年纪稍大的青少年。该事件反映了青少年思想发展对于一个国家安全和可持续发展的潜在影响。全球范围内各国青少年和未成年人意识形态教育面临的多方面挑战成为一个共同的时代问题。就我国而言，青少年意识形态培养与塑造关系着未来共同富裕实践主体能否做好思想准备，关系着中国特色社会主义建设能否得以持续推进。

总体上，共同富裕社会建设的上述目标蕴含着教育发挥作用的主要方向。一方面，就物质富裕而言，缩小经济社会发展指标的差距不仅是在物质上为城乡融合发展提供条件，城乡融合发展还表现在为城乡居民获得均等的公共服务、平等的发展机会，由此消除身份差别对价值认同的影响；另一方面，就精神富裕而言，教育担负着增强文化融合和不同群体价值认同的使命。

（二）扎实推进共同富裕要求教育发挥全方位作用

新时代以来，推动共同富裕实践的路线更加清晰，任务更加具体。中共十九大将2035年作为共同富裕"迈出坚实一步"的时间节点，提出了人民生活更为宽裕、城乡区域发展差距和居民生活水

---

① OECD教育研究与创新中心.教育：促进健康，凝聚社会[M].范国睿，等译.上海：华东师范大学出版社，2016：53.

平差距显著缩小、基本公共服务均等化等具体目标,同时提出到21世纪中叶基本实现共同富裕的宏伟目标。在共同富裕实践中,通过与经济、政治、文化发展相互影响与促进,教育可被视为实现全体人民共同富裕的手段和条件。一方面,作为一个社会经济单元,教育对促进共同富裕的基础性作用主要表现在促进人口结构与质量优化、促进劳动生产率提高、促进科学技术进步、促进收入分配结构改善等方面。实现从全面小康社会向共同富裕社会的跨越,教育肩负着同步促进物质富裕、精神富裕的责任。另一方面,教育对于"人的全面发展"的促进作用是共同富裕思想和目标的组成部分。"全体人民共同富裕"对教育这项民生事业从制定政策到创新制度、转换发展逻辑都提出了要求,即教育要在促进社会财富创造、完善社会分配、加强社会认同方面发挥全方位作用。

1. 教育应成为社会财富创造的"加速器"

在2035年的经济社会发展目标中,"人均国内生产总值达到中等发达国家水平"等多项标志性目标意味着届时我国将成功跨越中等收入阶段,并向高收入阶段迈进一大步。这要求教育要在全要素生产率提高、增加社会财富规模方面发挥自身作用。作为提升个体知识技能的手段,教育具有促进经济增长、增加社会财富总量的作用,这一观点得到了人力资本等理论的支持。一方面,就提高全要素生产率(total factor productivity,TFP)[①]而言,教育促进经济增长的作用表现在多种维度上。依据相关研究,2000—2018年我国全要素生产率的年均变化率为8.9%,但与国内生产总值(gross domestic product,GDP)年均增长率9.5%相比,我国的经济增长质量并不高,目前经济增长仍然是靠物质资本以及劳动力投入拉动[②]。想要改变这种局面,提高经济增长质量,就要发挥相关阶段

[①] 全要素生产率主要指物质资本和劳动力的量的投入所不能解释的那部分经济增值,即导致经济增长的所有其他要素的总和。这些要素包括人力资本质量、技术进步、组织创新、生产创新、管理创新、专业化程度以及社会经济制度进步等。
[②] 张心悦,闵维方.教育在提高全要素生产率中的作用研究:基于线性与非线性视角[J].北京大学教育评论,2021,19(3):101-124.

第一章　导　论

教育和职业技能培训的作用。另一方面,教育还肩负着促进经济社会发展不平衡不充分问题解决的使命。在缩小区域间、城乡间经济社会发展水平差距方面,教育通过对个体能力的提高发挥作用。实现城乡融合发展,既要缩小城乡间经济社会指标的差距,也要通过缩小城乡居民能力差距防止现有差距进一步扩大。总体上,不论是在促进技术进步和劳动生产率提高方面,还是在为区域平衡发展提供动力方面,教育都需要担当好社会财富创造"加速器"的角色。

2. 教育应成为社会分配公正的"平衡器"

教育具有促进社会分配公正的作用。目前,我国民生支出水平达到了当前OECD国家的平均水平,跨过了低福利国家门槛。但是,居民可支配收入还存在不同程度差异,民生支出与发达国家仍有不小距离,2020年民生支出占GDP的比重达到20%左右,与西方国家1980年左右的水平相当[①]。对此,教育可以发挥"平衡器"的作用,通过以不同形式参与第二次、第三次分配的实施,从而促进收入分配结构改善,进而促进社会公平。一方面,在由政府主导实施的第二次分配过程中,提供基本公共教育是公共服务的一项重要内容,实证研究揭示了其促进社会流动、实现社会公平的效果。提供基本公共教育是促进可计量财富转移的一种方式,更主要的是,它通过赋予个体参与社会活动所需要的基础性发展能力为个体参与社会价值创造提供平等起点。另一方面,在社会自发实施的第三次分配过程中,教育是慈善捐赠的一个主要领域,各阶段受教育者因此可以成为第三次分配的受益对象。推进共同富裕举措在提高弱势群体绝对收入水平的同时还应致力于改善他们发展能力不足,使其通过自力更生实现持续摆脱贫困的风险。

3. 教育应成为加强社会认同的"黏合剂"

共同富裕更大的挑战在于如何实现精神富裕。推进共同富裕的实践,既要消除社会财富分配不平等,也要有利于每一个社会成

---

① 焦长权,董磊明.迈向共同富裕之路:社会建设与民生支出的崛起[J].中国社会科学,2022(6):139-160.

员获得社会认可。在建设中国式现代化、探索人类文明新形态背景下,推进共同富裕社会建设需要高度发达的共同体精神意识作为保障。研究指出,与个体本体意识的作用不同,共同体本体意识把社会共同体视为一种与自身一体化的社会组织,进而社会共同体的共同富裕可以被理解为个体走向富裕的条件,理解为与个体走向富裕同等重要的行动目标[①]。在物质极大丰富且在社会成员之间分配的差距保持在合理限度内的同时,我们应将引导社会成员之间、不同社会群体间的相互认同作为教育的目标。在全体社会成员之间形成共同体意识,是推进共同富裕实践不可缺少且需要始终坚持的一项重要目标。

(三)促进人的全面发展是教育促进共同富裕的重要途径和根本目的

共同富裕传承了社会主义建设的优良传统和宝贵经验,随着实践的不断深入,它呈现出更加鲜明的中国特色和时代特征。从实践过程的视角看,全体人民共同富裕是一种系统的发展思想,基于这一思想,包括教育在内的各行业需要转变原有发展方式,探索人的主体作用得到更充分展现的发展逻辑。其中,教育作用发挥的前提是如何认识人的主体地位以及"人的全面发展"在推进共同富裕历史实践中的重要地位。在某种意义上,能否促进人的全面发展构成了教育促进全体人民共同富裕的本质。

1. 满足人的生存发展需要是教育促进共同富裕的出发点

推进共同富裕是一项长期的历史实践。历经新民主主义革命时期、社会主义革命和建设时期以及改革开放以来几代人的持续探索,共同富裕作为中国共产党探索中国特色社会主义的重要成果,其思想内涵不断丰富。新时代以来,中国共产党对共同富裕思想在中国式现代化进程中的作用形成了更加全面系统的认识。

---

① 胡承槐,陈思宇.关于共同富裕的若干重大理论和实践问题的思考[J].浙江学刊,2022(1):40-53.

第一章 导 论

2015年10月,中共十八届五中全会提出,必须把增进人民福祉、促进人的全面发展作为发展的出发点和落脚点。2022年10月,中共二十大报告强调,物质文明和精神文明相协调是中国式现代化的一项重要特征。发挥教育促进共同富裕的作用,应将满足不同经济社会地位的社会成员的需要作为出发点。一方面,教育要关注新的历史条件下人民群众现实需要的变化。推进共同富裕是小康社会全面建成条件下的一项总体性社会建设目标。中共十八大以来,以习近平同志为核心的党中央把脱贫攻坚作为实现第一个百年奋斗目标的底线任务和标志性指标。2020年,我国实现了近1亿农村贫困人口全部脱贫的目标,提前10年实现了联合国《2030年可持续发展议程》提出的减贫目标。在此背景下,教育应在实现新的社会建设目标过程中发挥自身作用。推进共同富裕,要充分认识教育对于满足人民群众对美好生活需要的作用,在继续推动基本公共教育服务均等化的同时兼顾提高教育服务质量,满足广大人民群众"上好学"的新需求。另一方面,教育要为改善低收入群体生活状况、扩大中等收入群体规模发挥积极作用。在新阶段,推进共同富裕更加强调"缩小不同群体、阶层在文化、教育、道德等精神层面的差距,让人人都拥有平等自由发展的机会"①。面对当前仍然存在的受教育水平导致的不同家庭收入水平差异,我们要更加重视教育作为补偿和纠正社会不平等工具的重要作用。教育如何提高低收入群体、身体残疾群体的个体知识技能和就业能力是促进共同富裕的重要政策议题。有学者提出,优先原则应成为能力平等视域下教育质量公平的分配原则②,在措施上可以建立多重平等测度指标,根据地区、家庭收入、就读学校等综合指标精准甄别处境不利人群,优先满足低收入家庭和低成就学生学业达标的辅导需求。

---

① 刘尚希,等.共同富裕与人的全面发展:中国的逻辑与选择[M].北京:人民日报出版社,2022:序言4.
② 潘小芳,程红艳.能力平等视域下教育质量公平的意蕴及其实现[J].教育与经济,2023(1):37-46.

2. 人的全面自由发展是教育促进共同富裕的根本目的

促进人的自由全面发展既是实现共同富裕目标的根本手段,也是中国式现代化能否最终实现的决定性因素。一方面,人的自由全面发展是迈向共同富裕的主导性因素。马克思主义认为,社会是一个由各种要素相互联系并相互作用的系统严密的有机体。新时代推进共同富裕应当被看作我国"五位一体"总体性建设推动"五位一体"整体性文明协调发展之路①。在国际格局剧烈变动过程中,中国面临着主要资本主义国家经济贸易"脱钩""断链"、限制先进技术进入的压力。在应对挑战过程中,我们应坚持自身确定的发展方向,着力满足人民群众对更加美好生活的向往,着力促进人的全面自由发展,促进社会和谐与团结。能否实现人的全面自由发展,能否最大限度地发挥每一名社会成员在共同富裕实践中的主体作用,是打赢这场人类文明形态战争的决定因素。另一方面,人的自由全面发展是形成新的文明形态的决定因素。作为一种新的文明形态,中国式现代化与资本主义现代化的区别在于,它是以人的全面自由发展为基本条件、以人的现代化为追求。在推进全体人民共同富裕的进程中,教育应始终坚持促进人的现代化这一本质要求。为此,对于各级各类教育发挥作用的着力点和政策选择,我们应该紧紧围绕促进人的能力提升和主体作用发挥这一根本要素加以谋划。有研究概括了共同富裕社会的两个基本价值取向:共享和自由全面发展。"共享"的意义在于求得整个社会的团结和整合,而"自由全面发展"的意义则在于求得整个社会活力和创造力的激发②。在提升每一名社会成员的主体作用、促进社会整合、提升国家认同方面,教育的特殊地位和独特功能无法被取代。在我国发展重心从经济增长向满足人民更美好生活需求转变过程中,教育的作用是促进人的全面自由发展。

---

① 方世南. 新时代共同富裕:内涵、价值和路径[J]. 学术探索,2021(11):1-7.
② 吴忠民. 论"共同富裕社会"的主要依据及内涵[J]. 马克思主义研究,2021(6):83-92.

第一章 导 论

二、教育与共同富裕关系研究的基础概念

中共十九届五中全会确立的"人的全面发展、全体人民共同富裕取得更为明显的实质性进展"目标,包含着对教育作用更加具体、更为深入的要求。只有立足新的历史条件,对"共同富裕""教育""政策"等概念加以准确阐释,才能在理论上作出全面解答,在实践中加以积极回应。

(一) 共同富裕

"共同富裕"作为一种社会建设目标,是对社会成员财产、收入和生活状态的总体描述。更深层次上,也有不少学者从社会成员对生产资料、生活资料的拥有程度这一角度来揭示"共同富裕"的内涵。比如,李军鹏将共同富裕定义为"富裕社会中的全体社会成员都拥有满足其美好生活需要的各种生产资料和生活资料、人人都达到富裕生活水平但存在合理差距的普遍富裕"[①];程恩富和刘伟认为,共同富裕是作为资本主义条件下"两极分化"的对立面出现的,因此,它作为一项社会发展目标被提出,反映了应逐步消除与私有制相伴随的社会不平等的论断[②]。需要特别指出,共同富裕是一个包含物质、精神在内的整体目标,推动共同富裕在促进收入和财富差距缩小的同时,"还必须努力缩小不同群体、阶层在文化、教育、道德等精神层面的差距,让人人都拥有平等自由发展的机会"[③]。总之,由于接受了马克思主义思想方法的指导,上述认识赋予了"共同富裕"作为社会主义的一项本质特征的意涵,使其与其他社会制度下推进富裕、繁荣的实践具

---

① 李军鹏.共同富裕:概念辨析、百年探索与现代化目标[J].改革,2021(10):12-21.
② 程恩富,刘伟.社会主义共同富裕的理论解读与实践剖析[J].马克思主义研究,2012(6):41-47.
③ 刘尚希,等.共同富裕与人的全面发展:中国的逻辑与选择[M].北京:人民日报出版社.2022:序言 4.

有本质区别。

在全面建成小康社会、全面开启中国特色社会主义新征程的历史起点,"共同富裕"被赋予了新内涵。2021年8月17日,在中央财经委员会第十次会议上,习近平总书记对共同富裕的内涵作了概括:"共同富裕是全体人民的富裕,是人民群众物质生活和精神生活都富裕,不是少数人的富裕,也不是整齐划一的平均主义。"结合党的政治文件、国家经济社会发展规划和已有学术研究成果,"共同富裕"作为一个规范概念的内涵主要表现在以下几个方面。

首先,共同富裕的内容具有全面性。从内容要素看,共同富裕包括政治权利以及经济、文化、社会和生态福利等。从经济角度考察,共同富裕包含财富生产和财富分布两种状态[1]:前者表现为与过去相比较,与外部共同体相比较,整个社会共同体处于社会财富量产相对丰裕的水平上;后者表现为财富被广大社会共同体成员所共有、共享。经过长期实践,中国共产党对共同富裕的内容要素有了更深刻认识。2021年1月11日,在省部级主要领导干部学习贯彻中共十九届五中全会精神专题研讨班开班式上,习近平总书记指出,"实现共同富裕不仅是经济问题,而且是关系党的执政基础的重大政治问题"。有学者指出,共同富裕指向的民生实事不仅是经济上的民生实事,还有政治、文化、社会、生态等方面的丰富内容[2]。进一步需要强调的是,共同富裕内容的各组成要素不是孤立存在、各自发挥作用,而是在实践中呈现出相互作用、相互强化的特征。在表现形式上,新时代共同富裕从单纯的物质生活与文化生活转向了国家经济、政治、文化、社会、生态各方面,从宪法角度体现了全面保障人民在各方面的合法权益和在各方面分享建设成果的要求[3]。

---

[1] 胡承槐,陈思宇.关于共同富裕的若干重大理论和实践问题的思考[J].浙江学刊,2022(1):40-53.
[2] 方世南.新时代共同富裕:内涵、价值和路径[J].学术探索,2021(11):1-7.
[3] 张翔."共同富裕"作为宪法社会主义原则的规范内涵[J].法律科学(西北政法大学学报),2021,39(6):19-30.

第一章 导 论

其次,共同富裕的手段具有可调节性。共同富裕目标实现的手段具有多样性,但是收入再分配手段因其在不同群体之间的财富调节功能而具有主导地位。推进共同富裕的实践遵循社会主义分配的公平原则和正义原则[①]:前者是指按劳分配和按要素分配,使等量劳动获得等量收入,等量产权获得等量分红,等量贡献获得等量奖励;后者是指坚持底线原则,使每个人都拥有维持基本生活的生活资料。同时,与其他行政行为一样,政府作为社会再分配主体的责任还表现在分配规则、程序执行中的强制性。譬如,提供基本公共教育服务是执行基于强制力的"公共规则"的行为,无法通过市场化供应由价格对供求平衡体系进行调节来实现。"公共规则"是包含服务数量、服务质量、服务分配方式、保障条件、服务使用效果评价制度、服务分配救济制度等要素的系统完整的分配过程。"公共规则"在执行过程中其内蕴的价值具有形塑个体正义感的效果。从实现手段上看,"共同富裕"可以被解释为:通过补偿和矫正某些制度性因素导致的不平等,让全体人民有机会、有能力均等地参与高质量经济社会发展,并共享经济社会发展的成果。

再次,共同富裕的主体具有能动性。一方面,从享有主体看,共同富裕主张面向全社会每一名成员,力图实现"中等收入群体占主体"的目标,在收入分配上形成"橄榄型"结构,通过"占全体社会成员比重""财富与收入水平""富裕内涵"等具体指标衡量全体人民共同富裕的实现程度。中共十九届五中全会和《中华人民共和国国民经济和社会发展第十四个五年规划和2035年远景目标纲要》提出,把"中等收入群体显著扩大"列为"十四五"时期经济社会发展的主要目标。另一方面,享有主体同时也是推进共同富裕的实践主体。推进共同富裕,不仅仅体现在"分好蛋糕",还需要"做大蛋糕"。因此,这一完整实践既需要发挥政府作为再分配主体的作用,也需要发挥每一位社会成员作为共同富裕实践主体的作用:缺乏前者,则无法为不同地位的个体提供平等的基础条件;缺乏后

---

① 李军鹏.共同富裕:概念辨析、百年探索与现代化目标[J].改革,2021(10):12-21.

者,则难以形成扩大财富的内在动力,容易导致过度依赖"给予",甚至使全社会陷入"福利陷阱"。

最后,共同富裕的结果具有可检验性。共同富裕目标的实现必然表现为每一位社会成员能够享有与时代相匹配的美好生活。一方面,共同富裕作为社会发展目标,其内容要素可以被转化为具体的结果指标。有研究指出,共同富裕应是指全体国民总体的"富裕程度"和全体人民共享富裕的"共同程度"形成的一种均衡状态①。其中,前者表现为人均国民收入、人均财富保有量、人均物质财富保有量、全员劳动生产率等指标水平,后者表现为居民收入差距、居民财产差距基尼系数控制在合理区间,中等收入人群比重较大,基本公共服务均等化水平较高。另一方面,共同富裕作为社会发展目标,应被每一名社会成员切身感受到,这要求全体社会成员对其加以检验和评价。此外,针对特定群体的教育措施还应有利于扩大中等收入群体规模等具体目标的实现。习近平总书记针对高校毕业生这一有望进入中等收入群体的对象指出,"要提高高等教育质量,做到学有专长、学有所用,帮助他们尽快适应社会发展需要"②。无论是覆盖面意义上的"全民共享",还是内容意义上的"全面共享",都需要通过对各项经济社会政策的检验加以体现。

总之,"共同富裕"是一个整体概念,上述四个方面内涵具有相互影响、相互促进的特点。进一步,有学者将新时代共同富裕概念的内涵概括为社会主义制度属性、社会实践活动主体和共享利益的行为主体、主要构成要素、时空特征等基本规定性③。在这些基本规定性作用下,基于推进共同富裕目标形成的社会应具有中国特色社会主义的根本特征,从而在形态上区别于小康社会。

(二) 教育

在教育学意义上,"教育"是传递社会生活经验并培养人的一

---

① 席恒,王睿,祝毅,等.共同富裕指数:中国现状与推进路径[J].海南大学学报(人文社会科学版),2022,40(5):45-57.
② 习近平.扎实推动共同富裕[J].求是,2021(20):1-2.
③ 方世南.新时代共同富裕:内涵、价值和路径[J].学术探索,2021(11):1-7.

种社会活动,广义上"泛指影响人们知识、技能、身心健康、思想品德的形成和发展的各种活动"[①]。其他学科则从不同认识视角,发现了教育的价值与功能。比如,社会学将教育视为一种重要的社会化手段,即通过把社会的共同价值观传递给下一代来维系社会团结。社会团结理论认为,在教育过程中强化人与人之间的相互责任和义务,有助于缓解过于激烈的个体主义竞争给社会团结带来的危害[②]。经济学以人力资本理论为代表,将教育视为人力资本投资的一种主要途径和方式,揭示了教育对个体知识技能增长以及劳动生产率提高的价值。

各学科对教育的作用不乏一些矛盾甚至对立的认识,这成为认识教育促进共同富裕作用的理论难点。其中,最具代表性的观点是,在赋予学生知识技能、促进个体社会化的同时,教育本身也是社会不平等的再生产机制。本研究并不回避教育的社会再生产功能,但是更加主张应发挥教育的积极作用,即教育通过改善个体能力促进不同群体间经济社会地位的平等。因此,在推进共同富裕的实践中,面对如何为不同社会群体提供平等教育机会、如何缩小社会群体间创造社会财富能力的差距、如何促进不同社会群体的融合和相互认同等问题,教育需要发挥独特作用,担负特殊责任。

(三) 政策

本研究中,"政策"的内涵并不限于狭义的教育政策和单纯的社会政策,而是具有经济政策、社会政策和教育政策等多重属性,既体现重视竞争效率的经济政策特征,也体现重视政府责任的公共财政政策特征,还体现重视不同社会个体、阶层之间融合的社会政策特征。为此,教育促进共同富裕所依托的政策主要聚焦于公共财政政策、社会政策、教育政策等三个方面。

第一类是公共财政政策。针对不同层次和不同类型的教育,

[①] 顾明远.教育大辞典[M].上海:上海教育出版社,1998:725.
[②] 安东尼·吉登斯,菲利普·萨顿.社会学基本概念[M].2版.王修晓,译.北京:北京大学出版社,2019:114.

政府承担不同的责任,并依据法律法规以编制预算、拨付财政资金的方式落实责任。在教育与共同富裕关系的范畴内,财政政策的制定需要考察两个维度的关系:第一个维度是总体投入水平,即教育财政投入占财政总支出或国民生产总值的比重,它反映了教育在国家各项事业中所处的地位;第二个维度是成本分担水平,即仅就某一级(类)教育而言,政府、受教育者(或家庭)、用人单位(或企业、雇主)等主体的投入占总体教育成本的比重。

第二类是社会政策。从对受教育者权利实现的影响看,教育是社会政策的一种具体体现。因此,社会政策思维是认识教育与共同富裕作用关系的主要维度,它有别于单纯教育学范畴内对教育政策的考量。从社会政策思维角度来看,共同富裕就是要缩小不同社会群体间的差距,在教育服务提供方面具体表现为要协调经济社会地位不同的社会阶层在教育资源、入学机会、教育成就方面分配的合理性。

第三类是教育政策。教育政策不是广义上的与教育相关的所有政策,而是针对不同社会群体进行教育资源分配、教育机会提供、教育活动实施的专门制度。这些教育政策既可以表现为宏观政策,如设置某一级教育的普及水平目标;也可以表现为中观政策,如一个地区如何制定基础教育阶段经济困难家庭学生资助标准;还可以表现为微观政策,如在学校内部依据学生学业成绩优劣进行教学班级安排。由于教育政策直接关系学生进入何种类型学校、获得怎样的教育服务质量,它比财政政策、社会政策更加直接地被受教育者感知,也将更直接地影响个体的能力发展水平。

总体而言,与财政政策、社会政策相比,教育政策在内容、目标、作用方式上表现出了更强的综合性,它需要与财政政策、社会政策共同产生效果,在作用形成机制上也更加复杂。

第一章 导 论

✦ 第二节 ✦
教育与共同富裕关系的基础认知

中共十八大以来,以习近平同志为核心的党中央提出,统筹推进"五位一体"总体布局,协调推进"四个全面"战略布局。立足中国特色社会主义现代化建设新征程,教育要主动融入促进新型城镇化战略、促进区域协调发展、促进人口均衡发展、促进社会财富公平分配等重大战略,围绕促进"人的全面发展"中心目标,解答好"全体人民共同富裕"这道必答题。这就需要摆脱传统认识路径的限制,进一步拓展理论视野,深化对教育在促进共同富裕社会建设中作用的认识。

一、教育与共同富裕关系的认识及其拓展

(一) 已有的主要认识路径

教育促进社会经济发展的作用具有多维性、复杂性,我们应从多种学科视角进行全面考察。不同学科对基本公共教育作用形成了不同的认识取向,具有不同的关注重点。

一是教育促进知识技能增长的认识取向。该取向主要受经济学影响,分析重点为教育通过提升知识、技能在内的人力资本促进经济增长和个体物质财富积累[1][2]。在反思传统人力资本理论局限性的基础上,新人力资本理论进一步主张将非认知能力纳入研究范围,强调个体生命周期早期形成的人力资本对个体经济与社

---

[1] 李实,张钰丹. 人力资本理论与教育收益率研究[J]. 北京大学教育评论,2020,18(1):57-79.
[2] 黄维海,张晓可. 教育人力资本积累、分布与经济增长动能的转换:来自新中国70年的经验证据[J]. 教育与经济,2021,37(1):29-38,49.

会行为的显著影响①。

二是教育促进人口要素流动的认识取向。该取向受人口学、公共行政学、财政学等多种学科的影响,研究重点为教育通过各类迁移流动人口的公共服务获得,由此促进公共服务与人口流动实现平衡②③。面对人口迁移流动新趋势对教育不平衡问题和公共服务供应机制改革的影响,该取向围绕公共服务平等赋权提出共同富裕政策议题。例如,针对解释人口和劳动力分割原因的研究揭示,传统的基于两种户籍的"城乡分割"视角正在向"区域分割"视角转变④;在经济增长要素资源发生转变的情况下,地方政府的政策倾向应从"经济增长优先"转变为"公共服务优先"⑤。

三是教育促进社会流动的认识取向。该取向主要受社会学影响,主张教育具有促进社会流动的功能,是个体实现阶层跃升的必要途径,其研究重点为教育对促进代内、代际社会流动的影响以及对扩大中等收入群体的影响⑥⑦。相关实证研究表明,义务教育促进代际流动性的原因在于,通过缓解家庭的约束显著促进家庭社会经济地位较低的儿童接受教育⑧。

总之,教育不再局限于一个使用财政资金的社会事业领域,而是通过与其他经济、政治、文化、社会生态等领域政策相互促进发挥

---

① 李晓曼,于佳欣,代俊廷,等.生命周期视角下新人力资本理论的最新进展:测量、形成及作用[J].劳动经济研究,2019(6):110-131.
② 沈洁,张可云.人口区域流动的一般逻辑:理论、经验及预测[J].社会科学辑刊,2019(5):128-137.
③ 牛建林.中国人口教育发展的特征、结构性矛盾与下一步思路:基于第七次全国人口普查公报和相关人口教育统计的发现[J].教育研究,2021,42(11):36-47.
④ 张展新.从城乡分割到区域分割:城市外来人口研究新视角[J].人口研究,2007,31(6):16-24.
⑤ 邓慧慧,薛熠,杨露鑫.公共服务竞争、要素流动与区域经济新格局[J].财经研究,2021,47(8):34-48.
⑥ 李春玲.迈向共同富裕阶段:我国中等收入群体成长和政策设计[J].北京工业大学学报(社会科学版),2022,22(2):38-48.
⑦ 许长青,梅国帅,周丽萍.中国代际收入流动性及其教育的作用:变化趋势与政策取向[J].中国人民大学教育学刊,2021(3):134-155.
⑧ 陈斌开,张淑娟,申广军.义务教育能提高代际流动性吗?[J].金融研究,2021(6):76-94.

第一章 导 论

自身作用与功能。我们在具体分析某一阶段、类型教育活动、教育政策时,应在教育活动的具体时空条件下进行讨论,不可一概而论。

(二) 对已有认识路径的拓展

共同富裕思想形成于中国共产党的长期革命建设实践,在新的历史条件下其内涵不断发展深化,同样,教育在共同富裕实践中的作用也需要发展深化。

1. 避免单纯从经济学视角认识教育的作用

从较为熟知的观点看,教育可以转化为人力资本,通过提升个体知识技能促进经济增长。这是一种典型的经济学认识取向,其分析重点为教育通过提升知识、技能在内的人力资本,促进经济增长和个体物质财富积累[①]。在新的历史条件和具体政策情境下,以往居于主导地位的经济学认识视角表现出了局限性。针对教育可以发挥的作用,关于以下几对关系的认识是亟须加以突破的。

一是促进财富增长与其他社会收益的关系。现有研究揭示了教育与物质资本之间的互补性,物质资本对经济增长的贡献中有很大的比重可以归功于教育,通常经济发展水平越高,教育与物质资本的互补性越强[②]。这在一定程度上受到人力资本理论最初简单仿效物质资本理论的倾向影响[③]。比如,促进知识技能增长的认识取向在政策行动上表现为"投资于人"成为各个国家经济和社会政策制定的价值导向。进入新发展阶段,认识教育的作用面临着新的问题情境,比如,公共教育服务提供与公民身份确认的关系问题值得深入探究。21世纪以来,我国随迁人员子女异地受教育问题和近年来人口在区域间近距离流动产生的公共教育服务问题,仅仅依靠经济学思维很难给出系统性对策。

二是影响个体能力发展与缩小群体间能力差距的关系。在关

---

① 李实,张钰丹. 人力资本理论与教育收益率研究[J]. 北京大学教育评论,2020, 18(1):57-79.
② 杜育红,赵冉. 教育在经济增长中的作用:要素积累、效率提升抑或资本互补?[J]. 教育研究,2018(5):27-35.
③ 樊明. 人力资本理论:问题及新解释[J]. 中国劳动关系学院学报,2021,35(5):46-56.

注对受教育者个体能力影响的同时,现有研究忽略了教育对改变不同经济社会背景受教育者能力差距的作用。就作用机制而言,人力资本理论将分析重点放在教育提升知识、技能的作用上。新人力资本理论主张将非认知能力纳入研究范围,强调早期形成的人力资本对个体经济与社会行为的显著影响。但是,经济学强化教育"手段"价值的基本主张受到了其他学科的批评,尤其是在分析社会不平等问题的情境下。比如,范登伯格(Vandenberghe)认为,人力资本理论对人力资本生产过程的认识过于简单、机械,教育活动过程中个体同质分组还是异质分组对社会不平等的影响并没有得到重视[1]。阿马蒂亚·森指出,经济学视角作为一种狭隘的认识取向"使我们不能从其他角度去看待不平等和公平"[2]。政策实践层面,有研究指出,通过分析发达国家经验,公共服务均等化尤其是教育共享能够促进经济收敛和收入平等[3]。

　　三是影响个体能力发展与影响社会规范传递的关系。受居于主导地位的经济学视角影响,以往研究中教育更多地被视为实现经济增长目标的手段,相较而言,其促进人的全面发展、促进不同社会群体认同的功能尚未得到应有重视。有学者认为,教育与社会流动关系的先行研究更多的是立足经济学视角,缺乏对教育作用的深入探究[4]。值得关注的是,近年来教育尤其是基本公共教育对个体公民意识和社会认同程度的作用成为重要趋势。OECD教育研究与创新中心组织实施了"学习的社会产出"项目,其中一项重要内容是评估教育对公民和社会参与的边际效应,相关研究成果对政策改进的借鉴意义引起了成员国的高度重视。国内有学者指出,过度强调和

---

[1] VANDENBERGHE V. The need to go beyond human capital theory and production-function analysis[J]. Educational Studies,1999(2):129-143.
[2] 阿马蒂亚·森.以自由看待发展[M].任赜,于真,译.北京:中国人民大学出版社,2013:101.
[3] 袁志刚,阮梦婷,葛劲峰.公共服务均等化促进共同富裕:教育视角[J].上海经济研究,2022(2):43-53.
[4] 许长青,梅国帅,周丽萍.中国代际收入流动性及其教育的作用:变化趋势与政策取向[J].中国人民大学教育学学刊,2021(3):134-155.

第一章 导　论

追求教育的经济产出会抑制人文投入作用和人文产出水平,最终导致教育目标偏离以及教育全产出水平的不足[①]。近年来,关于基础教育特别是义务教育国家认同研究引起了研究者的关注[②]。

总体而言,对于共同富裕实践中教育作为一种专业活动的自身价值,不同认识取向尚未予以足够重视。针对具体研究内容,OECD教育研究与创新中心的研究指出,由于缺乏对可获得信息的整合,对于教育是否导致差异、造成多大程度差异、给谁带来差异以及差异是如何造成的等问题,人们的认识仍然是有局限的[③]。当前,对于教育可以发挥怎样的作用的认识,相关研究需要更加广阔的理论视野。

2. 全面认识教育优化社会分配结构的作用

共同富裕在结果状态上是一个社会财富增长和收入分配结果的反映。对于教育在优化社会财富增长和收入分配机制方面的作用,现有的认识仍需深化,它们影响着政策实践效果。作为提升个体人力资本的主要方式,作为收入转移和社会福利的主要载体,作为以慈善行为调节群体间收入的主要手段,教育直接或间接地参与"三次分配"作用过程,并由此对改善社会财富收入分配效果产生影响。

一是针对初次分配,教育可以通过提高生产效率促进社会财富总量增长,即"做大蛋糕"。一方面,就面向全体社会成员而言,教育可以通过提升劳动者知识技能增强个体获得初次分配的能力,进而提高可用于初次分配的财富总量。由于收入增长对回报率的影响,个体教育选择在促进社会财富增长过程中发挥着调节作用。经济学研究显示,与中等教育、高等教育相比,初等教育无论是个人回报还是社会回报,均有较高的回报率[④]。另一方面,对

[①] 张羽,刘惠琴,石中英.教育投入产出的人文属性[J].教育研究,2022,43(8):121-140.

[②] 彭茜.论国家认同的"情感转向"及其教育意蕴[J].西北师大学报(社会科学版),2022,59(1):69-79.

[③] OECD教育研究与创新中心.教育:促进健康,凝聚社会[M].范国睿,等译.上海:华东师范大学出版社,2016:10.

[④] PSACHAROPOULOS G, PATRINOS H A. Returns to investment in education: a decennial review of the global literature[J]. Education Economies, 2018, 26(05): 445-458.

于家庭经济贫困人群等弱势群体,教育具有特殊意义。研究表明,针对贫困人群,收入转移只能提升他们的短期消费能力,而教育可以提高这些人群的长期生产能力,提升整个社会的生产力水平和生产效率,相关行动计划包括为贫困家庭的母亲和小孩提供营养、提供学前教育、资助大学学费、提供就业培训等①。我国中等收入群体比重目前还处于较低水平,特别是不同区域中等收入群体比重存在较大差距。对此,教育要从影响初次分配开始,以家庭经济困难人群为重点,对不同区域中等收入群体规模扩大作出自身贡献。研究表明,东部地区中等收入群体比重(42.2%)高于西部地区(27%)15.2个百分点;中部和西部地区经济困难群体比重分别比东部地区高4.1和9.2个百分点,低收入群体比重分别比东部地区高9.1和6.9个百分点②。这意味着,我国中等收入群体的持续壮大,不能仅仅追求总体比重的提高,还要及时调整中等收入群体内部结构,缩小不同地区中等收入群体比重的差距,为区域协调发展战略推进奠定基础。

二是针对第二次和第三次分配,教育的参与具有改善收入分配结构、促进社会公平的效果,即"分好蛋糕"。在由政府主导实施的第二次分配过程中,提供基本公共教育是一项重要内容,这赋予了个体参与社会活动所需的基础发展能力,为个体参与社会价值创造提供了平等的起点。在第三次分配过程中,教育是慈善捐赠的主要社会领域,各阶段的受教育者都可以成为第三次分配的受益对象。2021年8月17日,中央财经委员会第十次会议将第三次分配作为收入分配调节的基础性制度,这意味着在推进共同富裕中,我国越来越重视发挥以慈善捐赠为主要形式的第三次分配的作用。慈善建立在社会捐献基础上,是一种特殊的利益分配与资源配置方式,在服务领域,公益慈善机构更多地是为满足全社会

---

① 朱富强.共同富裕的理论基础:效率与公平的互促性分析[J].学术研究,2022(1):96-103.
② 李春玲.迈向共同富裕阶段:我国中等收入群体成长和政策设计[J].北京工业大学学报(社会科学版),2022(2):38-48.

第一章 导　论

的宗教、教育、科研、艺术、健康、环保、和平等多元发展需求而设立的。以美国为例,2019年大部分慈善资金用于宗教(29%)、教育(14%)、人类服务(12%)、资助型基金会(12%)和健康(9%)。同时,相较于2018年,捐赠增长率达到了两位数的领域有教育(12.1%),公共社会福利(13.1%),艺术、文化和人文学科(12.6%),环境和动物组织(11.3%)[①]。在国际范围内,公益慈善事业仍以自愿为主,取决于社会成员公益观念的逐步提升。目前,我国慈善捐赠规模相对较小,个人捐赠比重较低。就教育事业捐赠金额占捐赠总数的比重而言,2020年投向教育事业的捐赠总额达450.29亿元,同比增长2.27%,占捐赠总额的比重为21.59%(表1-1)。

表1-1　2020年中国内地主要捐赠领域占比及其变化

序号	捐赠领域	捐赠金额(亿元)	占比	增幅
1	卫生健康	710.36	34.05%	160.94%
2	教育	450.29	21.59%	2.27%
3	扶贫与发展	385.58	18.48%	1.73%
4	其他领域	539.90	25.88%	29.20%

从发展趋势看,随着鼓励慈善捐赠的政策体系不断完善,未来我国用于教育的捐赠金额将会逐步增加,这对于教育领域如何用好捐赠经费,尤其是如何以更宽广视野形成支持非营利性民办教育发展环境,是一种新的考验。

3. 发挥教育促进人的全面发展的多维度作用

经过中共十八大以来不断深入的探索,中国共产党对"人的全面发展"与"全体人民共同富裕"的关系形成了更加全面的认识。2015年10月,中共十八届五中全会提出"坚持以人民为中心的发展思想",会议通过的《关于制定国民经济和社会发展第十三个五年规划的建议》提出,"把增进人民福祉、促进人的全面发展作为发

[①] 周弘,等.促进共同富裕的国际比较[M].北京:中国社会科学出版社,2021:32-33.

展的出发点和落脚点"。这表明,"促进人的全面发展"应成为落实"以人民为中心"发展思想的基本要求,也应是教育在迈向共同富裕实践中发挥作用的根本着力点。作为一种再分配的载体,教育与其他社会事业的作用相似。但是不得不指出,教育的本体价值被大多数研究忽视了,而这恰恰是促进共同富裕应予以关注的重点。对于本研究,这一问题的启示在于,超越经济学思维占主导的局面,发挥其他学科尤其是教育学的认知对促进人的全面发展的价值。

一是在国家或地区层面,为缩小区域、城乡个体受教育水平差距发挥积极作用。平均受教育年限可以反映人口质量的基本质量,影响社会成员在共同富裕实践中主体作用的充分发挥。目前,我国人口的整体受教育水平处于中等程度,各地区 15 岁以上平均受教育年限存在梯度差异(表 1-2)。在总体水平上,以劳动年龄人口为例,当前我国人均受教育年限低于同一时期多数 OECD 国家,相当于美国 20 世纪 50 年代、英日韩等国 20 世纪 80 年代初的人均教育水平①。习近平总书记强调,以人民为中心的发展思想体现了人民是推动发展的根本力量的唯物史观②。这包含着发挥人的主体作用是推动历史进步的必然要求的深刻含义。对于教育而言,落实以人民为中心的发展思想要充分发挥好促进人的素质提升的作用,尤其要在缩小区域间、城乡间个体受教育水平差距上重点着力。

表 1-2　2020 年各地区 15 岁以上人口平均受教育年限

年限	地区(年限)	省份总数
≥10	北京(12.64);上海(11.81);天津(11.29); 山西(10.45);辽宁(10.34);广东(10.38); 陕西(10.26);江苏(10.21);吉林(10.17); 新疆(10.11);海南(10.10);内蒙古(10.08); 湖北(10.02);	13

---

① 牛建林.中国人口教育发展的特征、结构性矛盾与下一步思路:基于第七次全国人口普查公报和相关人口教育统计的发现[J].教育研究,2021,42(11):36-47.
② 习近平.深入理解新发展理念[J].社会主义论坛,2019(6):4-8.

(续表)

年限	地区(年限)	省份总数
≥9；<10	黑龙江(9.93)；湖南(9.88)；河北(9.84)；宁夏(9.81)；重庆(9.80)；浙江(9.79)；河南(9.79)；山东(9.75)江西(9.70)；福建(9.66)；广西(9.54)；安徽(9.35)；四川(9.24)；甘肃(9.13)	14
<9	青海(8.85)；云南(8.82)；贵州(8.75)；西藏(6.75)	4

数据来源：2020年第七次全国人口普查主要数据。

二是在个体层面，为所有社会成员参与生产劳动提供平等的起始条件。进入新发展阶段，党和国家在重大规划和政治报告中，从人的全面发展高度深刻揭示了教育与共同富裕目标实现的密切联系。2021年10月，中共十九届五中全会将"人的全面发展、全体人民共同富裕取得更为明显的实质性进展"作为2035年基本实现社会主义现代化的一项远景目标。2022年10月，中共二十大报告提出"物质富足、精神富有是社会主义现代化的根本要求"，在对"人的全面发展"与"全体人民共同富裕"进行整体部署同时，重申"物质文明和精神文明相协调"是中国式现代化的一项重要特征。这揭示了在全面推进中华民族伟大复兴进程中，促进"人的全面发展"既是影响"全体人民共同富裕"目标实现的根本手段，也是实现中国式现代化的根本要求。

站在开启新的百年奋斗目标新征程的起点，通过对共同富裕的理论阐释和目标部署，党对人在共同富裕思想中地位的认识得到了历史性跃升，"人的全面发展"同时被视为推动共同富裕的目的要素、主体要素和动力要素。教育和人力资源开发面临的任务可以集中概括为："人的全面发展"如何更好地为共同富裕提供人力和发展主体保障，教育如何为促进"人的全面发展"作出新的贡献。

二、教育促进共同富裕的主要条件因素

在教育促进共同富裕的进程中，不论使用何种政策工具，其相

应的基础条件都必须具备。一方面,对教育发挥何种性质的影响,我们应尊重规律,形成全面辩证的认识,不盲目夸大教育对共同富裕的作用;另一方面,财政、社会、教育等政策只有在单独作用基础上形成协调一致的结构关系,方可达到最佳的实践效果。本书认为,教育促进共同富裕在以下三个方面应达成特定状态。

(一) 实施主体的多样性与协同性

教育促进共同富裕的作用途径包括个体、家庭、学校、企业、社区等多种组织形式,它们同时也构成了政策设计中实施主体的可选对象。丰塞卡(Fonseca)等提出了具有三个不同层次但相互交织的通用的社会凝聚力框架①。在该框架中,个体、社区、机构三种维度均存在着教育可以发挥作用的空间,它们几乎可以涵盖各级各类教育活动。

对于上述不同实施主体的作用,学界存在着另一种认识视角,即它们对于个体能力和成就影响的差异。阿马蒂亚·森将个体视为"能动者",认为"作为能动者的个体不一定只受其个体福利支配",进一步他将主体性成就定义为"个体追求他想要实现的目标总和的成功程度"②。这为认识教育对促进共同富裕的不同作用方式的差异性提供了理论引导,同时,这种启示也适用于对不同生命周期个体接受教育效果的分析。譬如,对于基础教育而言,教育作为一种"再分配方式"赋予个体应有的受教育福利,作为一种"培养人的活动"助力个体基础能力的提升;在生命中期接受职业培训而言,教育既可以被视为企业提供的一种可以以特定支出数量计算的物质形态的员工福利,也可以被视为个体通过获得职业技能实现个体更高成就目标的人力资本提升机会。对于强化不同主体

---

① FONSECA X, LUKOSCH S, BRAZIER F. Social cohesion revisited: a new definition and how to characterize it[J]. The European Journal of Social Science Research, 2019(2):231-253.

② 阿马蒂亚·森.再论不平等[M].王利文,于占杰,译.北京:中国人民大学出版社,2016:64-66.

在提升教育的社会产出方面的协同性,OECD 教育研究与创新中心提出,应增强各社会政策和各教育阶段的政策一致性①。

(二) 实施时间的全程性与接续性

教育促进共同富裕在作用时间上体现为个体一生的成长与发展过程,包括生命早期、中期、后期。对此,通过引入全生命周期理论视角,新人力资本理论提出了贯穿人的生命周期的研究框架,即从先天禀赋、早期多维环境对能力形成的影响,到生命中期以能力为核心的人力资本决定了个体经济社会行为的发展,直至生命后期能力影响个体退休决策与寿命等在内的完整框架体系②。这一理论框架将教育的作用放在了个体生命周期中加以认识,由此得以解释不同类型、阶段教育的独特作用。该理论对于生命早期、中期、后期的划分,有助于分类认识推进共同富裕实践中各级各类教育的作用,深入探讨教育和人力资本提升的政策要求。

教育通过增强社会流动性促进共同富裕,在作用时间分布上具有覆盖完整生命周期的特征,对个体生命周期,各阶段的作用内容、作用目标有所不同。

(三) 预期目标的丰富性与交互影响性

教育促进共同富裕在目标定位上应强调对个体多方面影响产生的复合效果。作为新发展格局构建过程中的一个独立的社会经济单元,教育发挥作用的载体是多样的,我们可以从个体和社会群体两个维度认识教育的预期目标和效果。

就教育作用于个体而言,我们应全面认识个体不同阶段经过教育、培训获得的技能、能力对于促进社会流动的积极影响。譬如,就共同富裕目标中的"扩大中等收入群体规模"的技术指

---

① OECD 教育研究与创新中心.教育:促进健康,凝聚社会[M].范国睿,等译.上海:华东师范大学出版社,2016:10.
② 李晓曼,于佳欣,代俊廷,等.生命周期视角下新人力资本理论的最新进展:测量、形成及作用[J].劳动经济研究,2019(6):110-131.

标而言,"教育"赋予了一名社会成员走向职场和社会的基础能力。扩大中等收入群体规模的关键在于,通过教育在内的各种途径提升人力资本,增强其创造财富的能力。这既可以实现群体数量的扩大,同时也增强了个体参与社会流动的能力。从减轻中等收入群体负担成本视角来看,增加教育等公共服务领域的公共投入可以实现对中等收入群体更有力的"托底",是"稳中间"的关键所在。

就教育作用于社会群体而言,我们应以促进不同社会群体相互认同为要旨。就教育对提高认同程度的作用而言,我们不应局限于以保障个体获得发展能力或者创造更多物质财富和个人收益为单一目的,而应将其最终目的聚焦于通过教育提升个体的社会情感和社会责任意识,从而产生促进社会公平、增强社会团结的现实作用。尽管通过赋予个体基础发展能力为教育促进共同富裕提供了可能性,但只有将这种可能性置于宏观社会环境中促进不同阶层、群体之间的彼此认同,公共教育服务促进全体人民共同富裕的作用效果才能最终完整真实地被显现出来。对此,社会认同等理论表现出了与人力资本、新人力资本理论不同的分析路径,将分析作用机制的范围从个体拓展至社区乃至整个社会,更加注重分析不同社会群体、社会阶层之间的相互融合以及社会成员对国家的认同[1],为深入解释基本公共教育促进共同富裕作用的多样性打开了思维空间。

综上所述,教育促进共同富裕的作用研究无法仅依赖狭义的教育政策展开,而应在促进教育政策与财政、社会等政策相互作用关系的基础上实现。由于财政政策、社会政策与共同富裕目标实现的不可分割性,它们与教育政策共同构成了政策着力点。因此,我们在分析教育作用和设计相应政策工具时,一方面需要将教育作为一个独立社会单元,在更大视野中分析其与财政税收、人口、城镇化等其他领域政策相互作用的关系;另一方面在教育涉及哪

---

[1] 张莹瑞,佐斌. 社会认同理论及其发展[J]. 心理科学进展,2006(3):475-480.

第一章 导 论

级哪类教育上,应依据影响程度选择关注重点,而不是完整地对各级各类教育进行铺陈式阐述。只有形成了多维度的政策视野,才能深入地考察教育促进共同富裕的复杂作用机制。

第二章

共同富裕思想的发展及其教育意涵

"共同富裕"是中国共产党成立之初即已确立的一项奋斗目标。进入新时代以来,中国共产党提出以人民为中心的发展思想,确立创新、协调、绿色、开放、共享的新发展理念,在全面建成小康社会、扎实推进全体人民共同富裕的实践中,共同富裕思想的内涵不断丰富。由于教育与共同富裕之间的密切联系,教育如何发挥好自身作用,也是构成共同富裕思想的一项重要内容。

✦ 第一节 ✦
共同富裕思想的形成与发展

共同富裕思想的萌芽和形成可追溯至中国共产党成立之初。纵观一百多年来的历史,党始终围绕实现"民族独立、人民解放"和"国家富强、人民幸福"两大历史任务,坚持把共同富裕作为为人民谋幸福的着力点,在实践中逐步发展、不断丰富共同富裕思想的内涵。

第二章　共同富裕思想的发展及其教育意涵

一、共同富裕思想的形成

马克思主义认为，共同富裕是人类理想社会和美好生活的样态特征。中国共产党是在马克思主义指导下成立的政党，立足中国实际倡导并践行共同富裕思想是其应肩负的历史使命。

（一）共同富裕思想的萌生

中国共产党建立之初，陈独秀、李大钊等信仰马克思主义的中国先进分子就通过著作研究批判资本主义，宣传社会主义，从而萌生了"共同富裕"的思想。1915 年 9 月，陈独秀在《青年杂志》创刊号上发表的《法兰西人与近世文明》一文中指出，西方私有制的存在，"恍然于贫富之度过差，决非社会之福"①。在广州公立法政学校发表的《社会主义批评》的演讲中，他又指出，资本主义社会的弊病之一就是"不平均的分配"，造成"雇人的游惰阶级（指资产阶级）和被雇的劳苦阶级的分离越发显著"，而这都是"社会主义时代所不许的"②。李大钊在北京大学讲授"社会主义与社会运动"课程时，对社会主义的定义、历史和特点等进行了生动描述，同时描绘出了社会主义共同富裕的初步蓝图，即"社会主义不是使人尽富或皆贫，是使生产、消费、分配适合的发展，人人均能享受平均的供给，得最大的幸福"③。这些论述奠定了共产党人带领中国人民探索与追求共同富裕的认识基础。

中国共产党诞生以后，在党的一大纲领、二大纲领中明确提出消灭私有制和消灭资本家私有制，没收机器、土地、厂房和半成品等生产资料，将其归社会公有等目标。在其后的进程中，中国共产党始终坚持把为中国人民谋幸福、为中华民族谋复兴作为自己的初心使命，在不同的历史阶段肩负不同的历史任务。在新民主主

---

① 陈独秀.陈独秀文集[M].北京：人民出版社，2013：408.
② 陈独秀.陈独秀文集[M].北京：人民出版社，2013：529.
③ 李大钊.李大钊文集[M].北京：人民出版社，1984：214.

义革命时期,中国共产党围绕解决农民的最基本生活需要,主张"耕者有其田",发挥农民在中国革命中的主力军作用,为实现共同富裕奠定了政治前提。在革命斗争的实践中,中国共产党深刻认识到取得人民民主政权对于实现共同富裕的重要性,在广泛创建农村革命根据地的基础上深入开展土地革命,实现了救亡图存为主的政治斗争与土地革命为主的经济斗争的统一,催生了共同富裕思想的初步萌芽。中国共产党领导人民推翻了帝国主义、封建主义和官僚资本主义,取得了新民主主义革命的伟大成就,成立了中华人民共和国,从根本上改变了我国经济社会的发展方向,明确了人民当家作主的主体地位。这为实现共同富裕奠定了坚实的政治前提和思想基础。

(二)"共同富裕"首次写入党的文献

"共同富裕"概念第一次被写进党的重要文献和重要报刊是在1953年。这一年,中国共产党中央委员会正式提出了党在过渡时期的总路线,也就是让个体农民通过互助合作的办法实行生产集体化,一步一步过渡到社会主义的路线。为了将过渡时期总路线的必要性、重要性和美好愿景向广大的农民、手工业者和工商界作广泛深入的宣传解释,尤其是着眼于教育引导广大农民把个人土地所有制变为集体土地所有制、走集体化道路,党中央需要提出一个明白易懂且能被农民接受的重要概念,由此,"共同富裕"一词应运而生。

1953年9月25日,《人民日报》发布庆祝新中国成立四周年口号,口号的第38条号召全国农业生产互助组的组员们和合作社的社员们"团结一致,发挥集体主义精神,提高生产效率,提高粮食及其他农作物的产量,增加收入,争取共同富裕的生活"。这是"共同富裕"概念第一次出现在党的重要报刊中。同年11月9日,《人民日报》发表《必须大张旗鼓地向农民宣传过渡时期的总路线》的社论,强调"实行农业的社会主义改造乃是全体农民的唯一光明大路","这样的结果是大家富裕"。其后,《人民日报》在第三版特别开设了《向农民宣传总路线》专栏,先后发表了一系列宣传文章。这些文章指出,对农民来说,"三十亩地一头牛"这种小农经济的生活是算不得富裕的,因为个体农民耕地少,耕种分散,技术落后,收获量少,一年到头费尽辛苦,收入还是有限得很,"只有农民联合起来组织农业生产合作社,走社会主义道路,才能使农业生产进步,使全体农民都过富裕的生活","才能大家共同富裕"。

从以上过程可以看出,"共同富裕"概念从提出的第一天起,就与"社会主义"紧密联系、牢牢结合在一起。这一时期,中国共产党人关于共同富裕的思想认识主要体现在两个方面。其一,发展社会生产力是实现共同富裕的物质基础。毛泽东同志通过总结西方国家和苏联的发展经验,指出实现共同富裕必须以工业化的发展为基础,并提出优先发展重工业的方针,并通过制定和实施"一五"计划取得了举世瞩目的成就。其二,建立社会主义制度是实现共同富裕目标的正确道路。毛泽东同志认为社会主义革命和建设的根本目的是实现全体人民的共同富裕,主张以社会主义改造为手段,消灭剥削,消除两极分化,使全体人民共同享有劳动成果。

回顾建党之初到"共同富裕"概念首次被提出的历程,我们发现,以毛泽东同志为代表的中国共产党人,开创了党对共同富裕思想探索的先河,提出了后发国家突破现代化滞后窘境的历史性命题。在这个探索过程中,虽然经历了严重曲折,但党在社会主义革命和建设中取得的独创性理论成果和巨大成就,为在新的历史时期开创中国特色社会主义提供了宝贵经验、理论准备和物质基础,后人在此基础上积极探索中国在社会主义初级阶段如何发展创新,并更好地迈向共同富裕之路。

二、共同富裕思想的发展

改革开放之前,对共同富裕思想的探讨与初步实践实际上是在计划经济体制的逻辑框架下展开的。改革开放后,共同富裕的思想内涵在不同历史阶段得到发展和丰富。

(一) 前期探索

从实践层面来看,到 1956 年年底,我国农业的社会主义改造已经基本完成,党进一步加大对农民、农业、农村发展的扶持力度,"共同富裕"取得了众多成就。其一,助力农业发展,提高农民收入。土地改革后,农民分到了土地,为了更好地发挥土地的生产力,国家对农业进行大量投入,治理黄河、长江、淮河等地区的水患,修建农田水利,扩大农田灌溉面积,架桥修路,促进交通基础设施建设。其二,实行社会保障政策,建设卫生院,成立赤脚医生队伍,满足农民的基本医疗卫生服务需求,消灭天花、霍乱、血吸虫病等疾病。人民群众的健康水平不断提高,平均寿命大幅度增长。其三,对生活贫穷的群众实行保吃、保穿、保烧、保教、保葬的"五保"供养政策,满足贫困群众的基本生活需求;在农村开展扫盲运动,到 1956 年,全国有小学 52.9 万所、在校学生 6 346.6 万人,学龄儿童入学率为 62.6%(主体是农村学校和学生),比 1949 年分别增长 0.5 倍、1.6 倍和 2 倍以上,文盲率大大降低。[1] 此外,该时期政府举办农校、夜校,让农民学习掌握科学技术、文化知识,在推动农业生产的同时提高农民群众的文化素质,满足广大农民的精神需求。

(二) 转向社会主义市场经济时代的发展

20 世纪七八十年代,我国进入改革开放初期。人口多,底子薄,人均国民收入在当时世界上 188 个国家和地区中排第 175 位[2]。如何实现发展是一个世界性的难题,没有现成的经验可以借鉴。面对这一难题,当时以邓小平同志为领导的中国共产党人对社会主义市场经济体制进行了广泛而深入的探索,形成了以"先富带动后富"、始终坚持"共富"为特征的共同富裕思想。

---

[1] 裴广一,葛晨.中国共产党对实现共同富裕的百年探索与实践启示[J].学术研究,2021(12):11-18.
[2] 国家统计局.中国统计摘要(2021)[M].北京:中国统计出版社,2021:124.

第二章　共同富裕思想的发展及其教育意涵

与1953年中共中央最初提出的"富裕"概念更多地是指物质层面的丰富相比,中共十一届三中全会后"富裕"的范畴得到进一步拓展。邓小平同志对共同富裕理论作出两大理论贡献:一是总结了社会主义的本质,即解放生产力、发展生产力,消灭剥削,消除两极分化,最终达到共同富裕;二是提出了"先富论"。① 在这一理论支撑下,我国物质文明和精神文明"两位一体"的富裕生活建构格局得以形成。可以说,邓小平同志把共同富裕作为社会主义的两大原则②之一,从而将实现共同富裕的目标内嵌于社会主义的本质之中,从社会主义本质的高度认识和理解共同富裕。在这一思想指导下,中共十一届三中全会以后中国的发展形成了两个阶段:1978—2001年,以"先富论"为主题;2002年之后,以"共同富裕论"为主题。③ 尤其是在1978年到1990年期间,我国用12年时间基本解决了8.4亿农村人口(中国农村人口占世界总数比重高达27.8%)的温饱问题,人均粮食产量从317千克提高到390千克①,农村贫困人口及贫困发生率大幅度下降。

1997年9月,中共十五大提出实行按劳分配与按要素分配相结合的分配方式,强调效率优先、兼顾公平。自此,我国在对社会主义市场经济条件下实现共同富裕进行了新的探索。其一,将进一步缩小贫富差距作为推进共同富裕的重要议题来抓,允许和鼓励一部分地区、一部分通过诚实劳动和合法经营的先富人群带动和帮助其他地区和群众,最终实现全国各地区普遍繁荣和全体人民共同富裕。其二,继续探索社会主义市场经济框架下的分配制度改革。在分配制度上,以按劳分配为主体,其他分配方式为补充,兼顾效率与公平,运用包括市场在内的各种调节手段,既要鼓励先进、促进效率,合理拉开收入差距,又要防止两极分化,逐步实现共同富裕。其三,进一步发展共同富裕的战略目标和参与群体。

---

① 胡鞍钢,周绍杰.2035中国:迈向共同富裕[J].北京工业大学学报(社会科学版),2022,22(1):1-22.
② 社会主义的两大原则:一是发展生产,二是共同致富。
③ 胡鞍钢.构建中国大战略"富民强国"的宏大目标[R].国情报告,2002:19.

通过一部分先富人群带动后富人群实现共同富裕,并不是发展的终点,我们还需要探索构建一种新的富裕格局。由此,国家在20世纪90年代末推出西部大开发等区域发展战略,在21世纪之初提出非公有制经济人士要在推动共同富裕中发挥更大的作用。2000年,中国提前实现了国民生产总值翻两番的战略目标,人民生活总体上完成了由温饱型向小康型的跨越。

进入21世纪,我国从"先富论"进入"共富论"新阶段。2002年11月,中共十六大报告明确提出,到2020年,我国全面建设惠及十几亿人口的更高水平的小康社会[①]。2007年10月,中共十七大报告提出"以人为本"的科学发展观,并提出"坚持全面可持续发展,到2020年,我国实现绝对贫困现象基本消除,人民富裕程度普遍提高"的目标[②]。中共中央在新的形势下对提高效率与促进社会公平等问题作出新的权衡,重点围绕科学发展观与构建社会主义和谐社会等重大问题,在理论、制度和实践创新上实现了对共同富裕思想的深化与发展。一是重新判断工农城乡关系的新趋向,明确提出"我国总体上已进入以工促农、以城带乡的发展阶段"[③]。二是将共同富裕纳入贯彻落实科学发展观的重要内容,尤其将保障人民各项权益、实现共同富裕、促进人的全面发展作为科学发展观的核心要求。三是将维护社会公平正义作为和谐社会的重要内容,要求在推动发展的同时,综合运用多种手段,依法逐步建立系统的社会公平保障体系,让全体人民共享改革发展成果,在共同富裕的道路上稳步前进。四是在缩小城乡、区域与行业收入差距方面进行全面探索,包括取消农业税、区域统筹发展、完善城市最低居民生活保障制度、逐步建立农村最低生活保障、规范收入分配秩序,等等。

---

① 中共中央文献研究室.十六大以来重要文献选编:上[M].北京:中央文献出版社,2004:14.
② 中共中央文献研究室.十七大以来重要文献选编:上[M].北京:中央文献出版社,2009:16.
③ 胡锦涛.胡锦涛文选:第2卷[M].北京:人民出版社,2016:248.

第二章 共同富裕思想的发展及其教育意涵

综上所述,从1978年到2012年,党团结带领全国各族人民解放思想,实事求是,将党和国家的工作中心转移到经济建设上来,在确立和坚持社会主义初级阶段基本路线、揭示社会主义本质要求和新发展理念的过程中深化了对共同富裕的认识,在制定实施现代化建设的"三步走"战略中明确了"先富带动后富"路径的基本构想,不仅极大地解放和发展了生产力,还科学地回答了建设中国特色社会主义共同富裕道路的系列问题。

(三) 新时代中国特色社会主义的完善

中共十八大以来,中国特色社会主义进入新时代。以习近平同志为核心的党中央,科学把握党和国家所处的新的历史方位,明确新时代我国社会主要矛盾是人民日益增长的美好生活需要和不平衡不充分发展之间的矛盾,坚持以人民为中心的发展思想,将共同富裕作为中国特色社会主义的根本原则,要求必须使发展成果更多更公平惠及全体人民,朝着共同富裕方向稳步前进[①]。

从历史纵向比较来看,新时代共同富裕思想得到显著的深化与完善,主要体现在以下两个方面。

第一,对"富裕"内涵的认识从单一的物质富裕发展到"五位一体"格局中的全面富裕。中共十八大报告把"促进人的全面发展,逐步实现全体人民共同富裕"作为中国特色社会主义道路的重要内容。中共十九大报告指出,我国解决了十几亿人的温饱问题,总体上实现了小康,不久将全面建成小康社会,人民群众对美好生活的需求日益广泛,不仅对物质文化生活提出了更高要求,而且在民主、法治、公平、正义、安全、环境等方面的要求日益增长。中共二十大报告提出"共同富裕是中国特色社会主义的本质要求",并强调"中国式现代化是全体人民共同富裕的现代化"。这一历程反映出我党对富裕内涵的认识从物质富裕的基础上向更具全面性的范畴拓展。

---

① 习近平.习近平谈治国理政[M].北京:外文出版社,2014:13.

第二,对"共同"内涵的认识从同步实现富裕发展为分阶段实现共同富裕。新中国成立初期,对共同富裕的理解,一度出现过追求同步富裕的误区,为此也走过曲折的道路。改革开放后,中共中央提出先富带动后富,最终实现共同富裕。中共十六大报告强调,"制定和贯彻中共方针政策,基本着眼点是要代表最广大人民的根本利益,正确反映和兼顾不同方面群众的利益,使全体人民朝着共同富裕的方向稳步前进"①。中共十七大报告提出的科学发展观强调,尊重人民主体地位,发挥人民首创精神,保障人民各项权益,走共同富裕道路,促进人的全面发展,做到发展为了人民、发展依靠人民、发展成果由人民共享。中共十八大报告在兼顾公平与效益的基础上更关注公平,注重富裕的全民性、共同性,从中国特色社会主义本质要求和新发展理念的高度推动共享发展。在新时代,中国共产党将共同富裕从社会主义发展的最终目标转化为具体的发展目标,中共十九大、十九届五中全会为共同富裕目标的实现设定了具体的时间表,并规划了详细的路线图。中共二十大报告进一步强调,要实现到"十四五"时期末全体人民共同富裕迈出坚实步伐,到2035年全体人民共同富裕取得更为明显的实质性进展、到21世纪中叶全体人民共同富裕基本实现的目标。

从实践层面看,中共十八大以来,我国将共同富裕与社会主义现代化建设、人民对美好生活的向往、人的全面发展紧密联系起来,强调对共同富裕新内涵的全面深入实践。党领导人民自信自强、守正创新,坚持聚焦全面建成小康社会的突出矛盾,坚持落实精准扶贫方略,以全面深化改革筑牢共同富裕初步实现的生产关系基础,以共享发展奠定共同富裕初步实现的思想基础,以历史性解决绝对贫困问题夯实推进共同富裕的物质基础。进入新时代,党和国家取得了全面建成小康社会的历史性成就,为扎实推进共同富裕迈出了坚实的步伐。

---

① 江泽民.江泽民文选:第3卷[M].北京:人民出版社,2006:540.

✦ 第二节 ✦
共同富裕思想的新时代意蕴

进入新时代,共同富裕不仅成为中国共产党的一项重要愿景,而且被确立为中国特色社会主义建设的一项远景目标。中共十八大将共同富裕确立为中国特色社会主义的一项根本原则,中共十九大总体规划了推进共同富裕的时间表和路线图,中共二十大立足推进中国式现代化强调了实现共同富裕的现实意义。作为社会主义的本质要求,作为中国式现代化的一项重要特征,共同富裕在建设中国特色社会主义进程中有着丰富深刻的思想意蕴。

一、全体人民共同富裕与中国式现代化密切关联

(一) 共同富裕具有中国特色社会主义的鲜明特征

中共二十大报告对中国式现代化的内涵作了深入阐释,提出了推进的具体要求:坚持中国共产党领导,坚持中国特色社会主义,实现高质量发展,发展全过程人民民主,丰富人民精神世界,实现全体人民共同富裕,促进人与自然和谐共生,推动构建人类命运共同体,创造人类文明新形态。这一论断表明,共同富裕具有鲜明的时代特征和中国特色,即通过高质量发展满足人民日益增长的美好生活需要,通过扩大中等收入群体规模实现全体人民的共同富裕,通过缩小区域、城乡差距实现全域性共同富裕,通过共建共治人居环境和推动公共服务均等化实现人的全面发展和社会全面进步。

中国式现代化与西方现代化具有不同特征。中国式现代化遵循马克思主义中国化科学理论的指导,坚持把马克思主义基本原

理同中国具体实际相结合,中国式现代化与共同富裕具有内在统一性。中国式现代化是全体人民共同富裕的现代化,因此,共同富裕本身就是社会主义现代化的一个重要目标。中国共产党坚持以人民为中心,并致力于全面实现共同富裕,始终把满足人民对美好生活的新期待作为发展的出发点和落脚点。中国式现代化反映了人民共同发展的意愿,以人民福祉和人民幸福感、获得感的实现为奋斗目标,致力于构建共建共享的共同富裕大格局。以中国式现代化推进共同富裕的过程,就是实践"发展为了人民、发展依靠人民、发展成果由人民共享"的发展思想。

我国是世界上人口排名第二的国家,也是最大的发展中国家,要在这样一个超大规模的经济体中实现现代化、推动全体人民共同富裕,没有坚实的经济基础作为支撑是难以实现的。社会主义生产的目的是最大限度地满足人民日益增长的物质文化需要和美好生活需要,进而促进人的全面发展。在社会主义现代化建设过程中,人民是共同富裕的享受者,更是共同富裕的创造者。因此,从国家层面讲,要实现共同富裕,必须依靠人民,坚持以公有制为主体、多种所有制经济共同发展,以按劳分配为主体、多种分配方式并存,充分尊重人民群众的首创精神。从人民作为实践主体和历史创造者的视角看,共同富裕要靠人民的勤劳创新致富。

(二) 实现共同富裕是中国式现代化的一项基础任务

全体人民共同富裕是中国式现代化区别于其他现代化的一个重要因素。同时,共同富裕是社会主义制度优越性的充分体现。马克思和恩格斯批判资本主义的贫富分化,指出"历史的进步整个说来只是成了极少数特权者的事,广大群众则注定要终生从事劳动,为自己生产微薄的必要生活资料,同时还要为特权者生产日益丰富的生活资料"。在资本主义制度下,生产力和生产关系的矛盾始终存在,人类无法实现共同富裕和人的自由全面发展。只有在物质极大丰富和分配关系根本变革的基础上,共同富裕才有可能从理想变为现实。在社会主义制度下,生产以所有人的富裕为目的。中共二十大报告揭示了中国式现代化的科学内涵,强调全体人民共同富裕是中国式现代化的一项重要特征,同时它也是推进中国式现代化的实践要求。中国式现代化是我国不断探索的一条适合本国国情的发展道路,它实现了对西方现代化"线性发展"和"资本主导"的结构性弊病的超越。实现全体人民共同富裕,彰显了中国式现代化的发展特色,是区别于西方现代化道路的重要标志,将为解决共同富裕这个人类难题贡献中国智慧、中国方案、中国力量。

二、 全体人民共同富裕与人的全面发展相互促进

中共十九届五中全会将"人的全面发展、全体人民共同富裕取得更为明显的实质性进展"作为2035年基本实现社会主义现代化的一项远景目标。这一表述包含着共同富裕需要全体社会成员获得基础发展能力、具有同等发展机会的深刻内涵。有学者指出,新时代的共同富裕观"是以人的全面发展为价值指向的富裕观",只有将这种富裕观融入推进共同富裕的进程中并用其指导实践,才能更好地实现人的自由全面发展[1]。在新时代的发展要求中,共同富裕的实现与人的全面发展紧密关联,两者之间互为促进、高度统一,这为认识教育在共同富裕进程中的作用与价值提供了广阔平台和深刻启示。

(一) 共同富裕为人的全面发展提供基础条件

首先,共同富裕为满足个体发展的多种需求提供物质基础。马克思曾指出:"人以其需要的无限性和广泛性区别于其他一切动物。"[2]人的发展离不开人的需要的满足,人的需要也随着人的发展而不断改变。除了衣、食、住、行等物质需求,在社会关系中的人

---

[1] 钟明华. 人的全面发展:共同富裕的价值旨归[J]. 国家治理,2021(45):24-28.
[2] 马克思恩格斯全集:第49卷[M]. 张钟朴,等译校. 北京:人民出版社,1982:130.

还以其交往实践来满足和发展其精神需要。换言之,人若要实现全面发展,不仅需要在物质生活上得到保障,还需要在更高层次的精神需要上得到满足,这种发展性的需要体现了人的本质及其具体性①。在资本主义私有制的条件下,以资本逻辑为主导的物化世界片面发展了人对物质生活的需要,而人在商品和拜物教面前丧失了其精神力量。马克思认为,这是人的需要的异化。同时,"富裕社会"所创造的商品化需求使人处于被宰割的被动关系中,从而丧失了精神层面的能动性,也阻碍了社会历史的进步与发展。

其次,共同富裕为个体增强主体性创造了条件。共同富裕包含着全面性的内涵,不仅要实现衣、食、住、行等物质上的富裕,还要实现文化娱乐等精神上的富裕。习近平总书记指出,人本质上就是文化的人,而不是"物化"的人;是能动的、全面的人,而不是僵化的、"单向度"的人。② 人的物质生活和精神生活的片面发展都不是共同富裕的价值导向,人民日益增长的美好生活需要不仅包含物质方面的需要,同样包含精神方面的需要。在全面建成小康社会的基础上,满足人民群众的美好生活需要着重体现在获得感、幸福感、安全感等方面,即不断满足人民群众的多方面、多层次、多元化的精神文化需要,让人民群众在更高的精神追求中充分发挥才能,使人的发展更有保障、更加充实、更为主动。

最后,共同富裕为个体社会化创造了广阔空间。马克思认为,人在其现实性上,是一切社会关系的总和。一方面,人无法脱离社会关系来展开实践;另一方面,人的自由全面发展与社会的全面发展息息相关。社会实践、交往关系为人的发展提供了社会空间和条件,这种条件越丰富,个人实现发展的途径也就越广阔。社会由其制度而实现其本质,良好的社会制度和规则秩序为社会成员创造发展的空间。个体能动性发挥的空间需要良好的制度作为保障,人的全面发展离不开制度所创造的社会空间。中国特色社会

---

① 张当,郝立新.共同富裕与人的发展的关系之辨[N].光明日报,2022-04-18.
② 习近平.习近平谈治国理政:第1卷[M].北京:外文出版社,2019:211.

第二章　共同富裕思想的发展及其教育意涵

主义就是要建设社会主义市场经济、民主政治、先进文化、和谐社会、生态文明,促进人的全面发展,促进社会公平正义,逐步实现全体人民共同富裕。在中国特色社会主义制度的保障下,共同富裕的发展目标指引着各领域充分发展、高质量发展,从而推动文明和谐、团结有序、公平正义的社会环境建设。在此意义上,共同富裕通过促进人的交往实践和社会关系的全面丰富,为人的自由全面发展提供良好空间。

(二) 人的全面发展是共同富裕的动力源泉

首先,人是推进共同富裕的实践主体。马克思和恩格斯在《共产党宣言》中指出,人民群众是共同富裕的实践主体和价值主体,满足人民群众的物质利益和精神利益是实现共同富裕的鲜明价值指向。此外,人的全面发展是实现共同富裕的基本条件,这一观点也可以从人本主义、正义理论和社会契约等学理观点上展开论述。人本主义强调人的尊严和价值,认为人是社会发展的核心和最高价值,每个人都应当被平等对待,并有权利追求自己的全面发展。共同富裕的目标就是在这一框架下通过满足人们的物质和精神需求,使每个人都能够享受到尊严和幸福。正义理论指出,公平和正义是实现共同富裕的基础。共同富裕追求的是社会的公平分配和资源的合理利用,从而保障每个人在社会中享有平等的机会和权利。正义的原则要求我们关注那些处于劣势地位的群体和个人,在资源分配中给予他们更多的关注和支持,以实现社会的整体繁荣。此外,社会契约理论也支持人的全面发展与共同富裕之间的联系。社会契约理论认为,人们在社会中形成契约关系,共同决定社会规则和制度。在这个过程中,人们同意通过共同努力来实现共同富裕的目标。社会契约保障了每个人的基本权利和公平机会,为人的全面发展提供了制度性的支持。

进而言之,人的全面发展是共同富裕的原动力,每一个人的发展进步都将为整个社会创造更多的机会和财富,同时,只有推动人的全面发展,才可以实现资源的公平分配,提高整个社会的生活质量,最终实现共同富裕的目标。只有在每个人都能够充分发挥自己的潜力、享受到物质和精神的繁荣时,才能真正实现社会的共同富裕。

其次,人的全面发展是经济高质量发展的根本保障。习近平总书记指出,要坚持以人民为中心的发展思想,在高质量发展中促进共同富裕,正确处理效率和公平的关系,构建初次分配、再分配、三次分配协调配套的基础性制度安排①。高质量发展与人的全面发展有着密切联系。高质量发展指向满足人民日益增长的美好生活需要,关乎人的现实需要和全面发展。从实现途径来看,一是高质量发展以高质量的人力资源为基础。人才是当今时代发展的第一资源,也是创新驱动发展的第一动力。加强人才培养的投入,需要通过高质量综合性的教育体系来实现,而发展教育是提升人的能力的主要方式。二是优化和协调产业的布局和区域,合理减少城乡等区域差异所引发的分配不平等,引导人才和资源的自由流动,促进社会公平正义,实现更为平衡协调包容的发展,使物尽其用、人尽其才。三是以高水平的开放格局推进社会的交往实践。高质量的发展离不开高水平的开放,高水平的开放将会促进人与世界的交往,在交流互鉴中补齐短板,开拓进取。四是完善以人民为中心、以人的发展为目标的制度设计。制度是生产关系反作用于生产力的重要环节,良好的制度对人的发展、经济发展都具有根本性、全局性、长期性的作用,也是实现人的全面发展和共同富裕相互促进的应有之义,制度设计和及时供给是促进经济高质量发展的基础条件。

最后,每一名社会成员的幸福是共同富裕的着眼点。中国特色社会主义进入新时代,脱贫攻坚战的胜利和全面小康社会的建成推动人们对共同富裕的理解进入新的高度。党中央提出,必须把促进全体人民共同富裕作为为人民谋幸福的着力点,同时指出,共同富裕是全体人民共同富裕,是人民群众物质生活和精神生活

---

① 习近平.扎实推动共同富裕[J].共产党员,2021(21):5-7.

第二章　共同富裕思想的发展及其教育意涵

都富裕,不是少数人的富裕,也不是整齐划一的平均主义。也就是说,新时代的共同富裕观以人民幸福和人的发展为价值要旨。一方面,人的发展不只是单个人的进步与发展,而是所有人的发展,每个人的发展都是其他个体发展的前提。新时代共同富裕观强调全体人民的富裕,即要让广大人民群众共享发展果实。另一方面,新时代共同富裕观强调人的全面发展,即共同富裕不只是为人的发展提供物质基础,也要为人的发展提供精神动力。共同富裕需要人的自由自主发展,人的发展为共同富裕提供不竭动力,而共同富裕为人的发展创造更大的空间与更多的机遇。

三、新时代共同富裕的政策意涵与实践特征

新时代,推动实现共同富裕被摆上了更加重要的位置,我们必须深入准确把握共同富裕对相关领域政策设计和制度供给提出的要求。中共二十大报告提出,我们要实现好、维护好、发展好最广大人民的根本利益,紧紧抓住人民最关心最直接最现实的利益问题,坚持尽力而为、量力而行,深入群众、深入基层,采取更多惠民生、暖民心举措,着力解决好人民群众"急难愁盼"问题,健全基本公共服务体系,提高公共服务水平,增强均衡性和可及性,扎实推进共同富裕。这为包括教育在内的各项社会事业在新征程中更好地实现最广大人民的根本利益、更好地促进人的全面发展提供了政策指向与行动指南。

(一) 新时代共同富裕的丰富内涵

在静态意义上,共同富裕代表着社会财富的分布形态,既包括富裕水平高低的差异,也包括共同紧密度方面的差异①。在动态意义上,共同富裕是一种发展方式,要求富裕程度提高应以"共同"

---

① 胡承槐,陈思宇.关于共同富裕的若干重大理论和实践问题的思考[J].浙江学刊,2022(1):40-53.

的方式实现,即全体社会成员不论家庭经济基础、先天身体条件等存在何种差异,都拥有使自身潜能得到充分开发的权利。新时代下的共同富裕具有丰富的内涵,需要从多个维度理解。

第一,从实践主体和享有主体看,共同富裕是"全民共富"。发展中国家走向现代化过程中,从经济学角度来讲,比较理想的社会形态是"橄榄型"社会结构,就是中等收入群体占绝大多数,高收入者和低收入者都相对较少,这种结构更有利于社会实现持续稳定发展。一般认为,中等收入者约占70%、高收入者与低收入者各占15%的社会结构比较理想。如果参照该经济学理论模型,逐步推进我们共同富裕进程,目前我国最大的短板是中等收入群体占比偏低。按照国家统计局数据分析,我国中等收入者约4.1亿人,约占总人口的29.1%,与理论上占比达到70%的目标距离较远。因此,下一步促进共同富裕最紧迫的任务是提高中等收入群体在全社会中的占比,促进社会的和谐与稳定。可见,新时代下的共同富裕不是指总量富裕、平均富裕,而是全体人民普遍富裕基础上的差别富裕。实现这一目标,要求每一名社会成员都成为具有能动性的行为主体。全体人民共同富裕不仅仅是对不同个体间物质富裕、精神富裕程度结果的追求,而是主要依靠个体能动性实现这一结果的过程。因此,人的全面发展和主体作用的充分发挥,是实现全体人民共同富裕的手段和动力。就长期目标而言,共同富裕需要共同致富的能力,即可持续的创富能力和协调发展的能力才是推进、实现和维系共同富裕的"推进器"和"导航仪"。因此,共同富裕不是简单地分配财富,而是要持续提升人们创造财富的能力,加大对教育和健康的投资以赋能人力资本,加强社会组织、社会联系以赋能社会资本,在推动人的全面发展基础上促进社会关系更加和谐健康。只有将充分发挥人的主体作用作为基本条件推进全体人民共同富裕,才能获得源源不断的动力,中国特色社会主义建设的总体目标才能获得坚实基础。

第二,就实现内容看,共同富裕是"全面富裕"。一方面,共同富裕不仅要保证全体人民共同参与、人人尽力,还要让共创财富的

第二章 共同富裕思想的发展及其教育意涵

人共享财富。因此,实现共同富裕需要进一步缩小城乡差别、区域差别和行业差别导致的收入差距,减少人民群众在就业创业、健康医疗、教育、养老等方面的机会不平等,坚持和完善共建共治共享的社会治理制度,构建既充满活力又拥有良好秩序的现代化社会。另一方面,共同富裕是全方位的富裕。新时代下的共同富裕不仅仅是物质富裕,更是代表了政治、经济、社会、文化和生态环境五位一体高度综合协调的状态,不仅要满足人民的物质富裕需要,也要满足他们不同方面的精神富足需要,如享有政治权利和依法参与政治的民主需要,参与文化活动、享受文化产品和服务的文化需要,享有公共服务、接受教育、充分就业的社会需要,享有美好宜居环境的生态需要等。

第三,从推进过程看,共同富裕是"逐渐共富"。针对共同富裕的渐进性,习近平总书记指出,"共同富裕是一个长远目标,需要一个过程,不可能一蹴而就,对其长期性、艰巨性、复杂性要有充分估计,办好这件事,等不得,也急不得"①。共同富裕在本质上可被视为区域富裕程度和共同程度的均衡状态,即"在几何意义上,富裕程度与共同程度形成的合力构成了共同富裕"②。对共同富裕渐进性特征的认识,使共同富裕展现出了动态、立体、鲜活的形象,为认识教育对共同富裕的作用方式、分析政策影响、设计政策工具提供了新的思考空间。共同富裕代表了人类对未来发达的经济社会发展的美好愿望,而这一愿望付诸实践则需要漫长的探索过程。共同富裕不是同时富裕、同步富裕,而是允许且认可富裕时序的先后性。共同富裕不是整齐划一的平均主义,而是要分阶段逐步实现。共富观念的确立、社会经济制度的完善、基础条件的改善、致富能力的提升、实际占有财富状况等都在不断发生变化,实现共同富裕是个动态过程,需要遵循规律、逐步达成。事实上,合理的收

---

① 习近平.论把握新发展阶段、贯彻新发展理念、构建新发展格局[M].北京:中央文献出版社,2021:503.
② 席恒,王睿,祝毅,等.共同富裕指数:中国现状与推进路径[J].海南大学学报(人文社会科学版),2022,40(5):45-57.

入差距能体现劳动者能力和贡献的差别,有助于鼓励知识创新和技术创新,提升激励水平,刺激经济持续发展。追求共同富裕没有终点,因为人类对美好生活的追求是无止境的,即使实现了共同富裕,经济社会发展依然还有巨大向上空间。

第四,从推进路径看,共同富裕依赖"系统运行"。中共二十大报告提出"物质富足、精神富有是社会主义现代化的根本要求"。新时代共同富裕的推进,需要政府、人民群众和社会各方形成合力、系统运行。实现全体人民共同富裕的实践必须坚持"发展为了人民、发展依靠人民"的理念,"通过尊重人民群众主体地位和首创精神提高实现共同富裕的程度和水平,通过把人民群众中蕴藏着的智慧和力量充分激发出来加快实现共同富裕的速度"①。"主体性"作为共同富裕的一项实践特征,与近年来党对这两个方面"取得实质性进展"的要求是一致的。有研究者从系统性分析入手,对新时代扎实推动共同富裕的动力结构、运行机理与整合优化进行了分析,并提出党和政府主导驱动、人民群众主体驱动、党和政府同人民群众协作驱动、共同促进共同富裕的运行模型②,具体如图2-1所示。由这一模型形成的全方位和持久性的发展动力系统来看,共同富裕的内涵在新时代也呈现出多元、立体的系统特征。

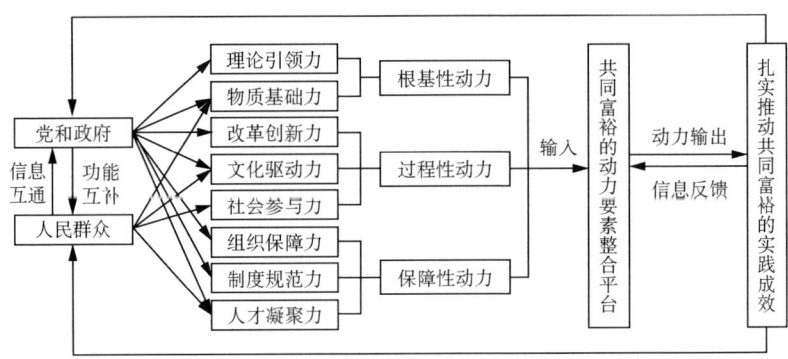

图2-1 新时代推动共同富裕的动力系统运行模型

---

① 方世南.新时代共同富裕:内涵、价值和路径[J].学术探索,2021(11):1-7.
② 胡洪彬.新时代扎实推动共同富裕的动力结构、运行机理与整合优化:一个系统性的分析框架[J].宁夏社会科学,2022(4):13-24.

第二章 共同富裕思想的发展及其教育意涵

(二) 推进共同富裕的社会政策载体

在新时代背景下,实现共同富裕可以从多种理论视角、依托多种政策进行实践,社会政策在各类政策中居于主导地位,财政政策为其提供保障,教育政策则从能力发展、规范传递等角度为社会提供政策目标。社会政策遵循公平、合理、可持续的原则,通过对收入财富的调节、公共服务的提供、社会保障体系的建立等措施以及激励和保障手段的协调使用,促进全体人民共享改革发展的成果,享有更加美好的生活。

一是优化税收体系,实现收入分配公平。税收是实现收入分配公平的重要手段。新时代背景下,我们应进一步完善税收体系,降低中低收入群体的税负,加大对高收入者的税收调节力度。具体措施包括:提高个人所得税起征点,减轻中低收入者税收负担;适时调整税率结构,减轻工薪阶层的税负;适当提高最高边际税率,加大对高收入者的税收调节力度;完善财产税制度,如房产税、遗产税等,调节财产分布,降低贫富差距;强化税收征管,打击偷逃漏税等违法行为,确保税收公平。

二是完善社会保障体系,提高社会保障水平。社会保障是实现共同富裕的基石。新时代背景下,我们应进一步完善社会保障体系,提高社会保障水平,为广大人民群众提供稳定的生活保障。具体措施包括:建立健全多层次养老保险制度,提高养老保险待遇;推进企业年金、职业年金等补充养老保险的发展,确保人民群众老有所养;改善失业保险、工伤保险制度,提高失业保险、工伤保险待遇,保障劳动者在失业、工伤等情况下基本生活不受影响;健全最低生活保障制度,动态调整、提高最低生活保障标准,确保困难群众基本生活得到保障。

三是加大公共服务投入,保障基本民生需求。公共服务是实现共同富裕的重要保障。新时代背景下,我们应加大公共服务投入,提高公共服务水平,确保全体人民享有基本的教育、医疗、住房等民生需求。具体措施包括:通过优先发展带动促进教育公平,加大对中西部地区、农村地区教育的投入,提高教育质量,保障每个孩子都能享有公平而有质量的教育;通过完善制度提高医疗保障水平,深化医改,健全基层医疗卫生服务体系,减轻群众就医负担,确保人民群众病有所医;通过强化公共保障实现住有所居,加大保障性安居工程建设力度,扩大住房保障覆盖面,使中低收入家庭和新市民的住房需求得到有效保障。

四是发挥第三次分配作用,关注弱势群体发展。第三次分配是实现共同富裕的重要补充手段。新时代背景下,发挥第三次分配作用的具体任务在于,促进慈善事业发展,引导和鼓励社会力量参与扶贫济困、关爱弱势群体等公益事业。具体措施包括:完善慈善法律法规,为慈善事业提供法制保障,明确慈善组织的地位、职责和运作机制,规范慈善行为,确保慈善事业健康发展;落实慈善税收优惠政策,鼓励企业、个人捐赠,对捐赠者给予税收减免,提高捐赠者的积极性;加强慈善组织能力建设,提高慈善事业的专业化、规范化水平,培养慈善专业人才,提升慈善组织的公信力和影响力。

五是推动区域协调发展,缩小地区发展差距。区域协调发展是实现共同富裕的重要途径。新时代背景下,我们应加大区域协调发展力度,推动资源优势互补,缩小地区发展差距。具体措施包括:完善区域发展政策,加大对中西部地区、东北地区的支持力度,促进资源优势转化为经济优势;加强基础设施建设,提高互联互通水平,促进区域间经济合作与发展;优化产业布局,推动产业梯度转移,促进各地区经济协调发展。

✦ 第三节 ✦

新时代共同富裕思想的教育意涵

在中国教育史上,富裕与人的精神境界提高具有密不可分的联系。孔子曾经指出,好的国家治理应该是庶之、富之、教之。①意思是先让人口数量增加,再让人民富足,然后进行教育。时代在发展,人们对富裕与教育的关系认识不断得到丰富和深化。教育在肇始缘起中的经世致用底色、在发展嬗变中的富民强国取向、在脱贫攻坚中的拔断穷根价值等,均彰显了其在共同富裕进程中突出的经济价值、民生属性和教化作用。新时代背景下,教育是扎实推动共同富裕的重要动力,也是实现全体人民共同富裕的重要依托。

一、共同富裕为教育发展提供良好环境和条件

改革开放以来,以经济建设为中心作为社会主义初级阶段的基本路线而被牢固地确立下来,引领我国经济快速发展和社会长期稳定,为全面建设社会主义现代化国家、实现全体人民共同富裕奠定了坚实的物质基础和社会基础。围绕经济建设这一中心任务,我国物质富裕程度不断提高,既为教育发展营造了良好的社会环境,也为教育发展提供了强大的物质基础。

(一) 共同富裕为教育发展营造良好的社会环境

中共十八大以来,我国面临的国内、国际环境发生了深刻的变化。

从内部环境来看,一方面,随着改革进入深水区,发展中的不平衡、不充分因素对高质量发展形成制约,表现为城乡区域之间的差距仍然较大,经济增长和生态环保之间的矛盾日益突出,民生保障存在短板,统筹发展与安全的必要性和困难性逐渐增强等。这些问题解决得好不好,直接关系到人民群众的获得感和幸福感,关系到经济的持续增长。另一方面,超大规模市场、基本完备的产业构成与全球规模最大的中等收入群体,为我国经济保持中高速增

---

① 具体见《论语·子路》。

长提供了内生动力。因此,现阶段坚持以经济建设为中心,既要在新发展理念的指导下积极推进高质量发展,妥善应对各类制约因素带来的挑战,又要主动谋求新的增长点,以构建新发展格局为战略基点,打通经济循环中的堵点,接续断点,"把实施扩大内需战略同深化供给侧结构性改革有机结合起来"①。

从外部环境来看,经济逆全球化趋势不减,世界百年未有之大变局加速演进,国际局势风云变幻,发展的不确定性大为增强。一方面,随着我国国际地位的提升,以美国为代表的西方国家开始在关键技术领域和产业链环节对我国"卡脖子",甚至不惜发动已被经济学界证明为零和博弈的经济制裁与贸易摩擦。另一方面,随着我国劳动力成本优势的减弱与资源约束的加重,"两头在外,大进大出"的模式难以为继,经济发展方式亟须转变,应增强自主创新能力,追求高水平自立自强。国内、国际环境的变化,对统筹中华民族伟大复兴全局与世界百年未有之大变局提出了更高要求,而坚持以经济建设为中心不动摇就是应对现阶段各类风险挑战的治本之策。只有牢牢抓住经济建设的中心地位,协调推进经济、政治、文化、社会、生态文明建设,才能够保持战略定力,为贯彻落实新发展理念找到关键的政策着力点。

在内外部多种因素的叠加影响下,要实现全体人民共同富裕,必须"做大蛋糕",通过技术变革和劳动生产率提高持续扩大国民生产总值,为收入分配功能改善提供良好的物质基础。我国仍处于社会主义初级阶段,只有坚持以经济建设为中心,才能不断提高社会物质产品的供给能力和供给质量,满足人民对美好生活的内在需求,在财富增长、民生改善、制度改进的正向循环中扎实推进全体人民共同富裕。关于分配和发展的逻辑关系,习近平总书记明确指出,从党对社会主义初级阶段和我国主要矛盾的判断出发,不能认为分配优先于发展,不能放弃以经济建设为中心的工作路

---

① 韩保江. 全体人民共同富裕的物质文明[M]. 北京:社会科学文献出版社,2022:166.

线①。共同富裕既是一个发展问题,也是一个分配问题。生产力的发展需要有效的市场激励,坚持按劳分配为主体、多种分配方式并存的初次分配原则有助于激发各类生产要素的活力,为共同富裕构建物质基础;建立公平分配制度的中长期目标是形成"橄榄型"收入分配结构,要通过再分配和三次分配达到"抽肥补瘦"的效果,也需要政府在民生保障领域的积极作为,这些政策的实施也离不开生产力的发展。因此,"做大蛋糕"和"分好蛋糕"、经济建设和共同富裕、发展和分配这三对目标在历史进程中是同时并举、协调推进的,而不是非此即彼的二分法关系。以经济建设为中心是促进共同富裕的必由之路,共同富裕的逐步推进也将助力经济高质量发展。

(二)共同富裕为教育发展提供强大的物质基础

马克思主义关于人的全面发展的目标,建立在高度发展的社会生产力之上。共同富裕在为人的全面发展提供了物质前提和社会基础的同时,也为教育制度创新并促进人的发展创造了条件。人类在创造物质文明和精神文明的同时,自身也得到物质文明和精神文明的反哺而不断进步。教育作为人类特有的社会实践活动和形态,其存在和发展的意义在于能够根据社会发展规律和需求去培养与造就社会所需要的人才。这些人才进一步改造世界,从而推动社会进步与人的发展。正确把握人与社会、教育之间的互动关系,在建设共同富裕社会过程中发展教育事业,推动人的全面发展,是社会主义现代化进程中实现共同富裕的必然要求②。

从我国教育发展历程来看,在经济发展和物质财富更加充裕的背景下,国家对教育的投入才会不断加大。教育部的相关数据显示,2022年全国教育经费总投入为61 344亿元,比2021年增长6%。其中,国家财政性教育经费为48 478亿元,比2021年增长5.8%。

---

① 中共中央党史和文献研究院. 十八大以来重要文献选编:下[M]. 北京:中央文献出版社,2018:169.
② 李立国. 共同富裕与人的全面发展[J]. 教育经济评论,2022(3):10-13.

2022年全国学前教育、义务教育、高中阶段教育、高等教育经费总投入分别为5 137亿元、26 801亿元、9 556亿元和16 397亿元,比2021年分别增长3%、6.7%、8.5%和6.2%;全国幼儿园、普通小学、普通初中、普通高中、中等职业学校、普通高等学校生均教育经费总支出均比2021年有所增长,增幅分别为7.3%、5.2%、3.6%、2.8%、1.2%和1.3%。此外,2012—2022年国家财政性教育经费投入占GDP的比例连续保持在4%以上,教育经费支出成为财政一般公共预算第一大支出;国家财政性教育经费十年累计支出33.5万亿元,年均增长9.4%,高于同期GDP年均名义增幅(8.9%)和一般公共预算收入年均增幅(6.9%)[1]。尽管这一比例不同年份有高有低,但始终没有低于4%。更为重要的是,2012—2022年教育投入基数持续加大,十年基本翻了一番。基数大了,意味着保障教育事业发展的物质基础更厚实了,这也有力地支撑起了世界最大规模的教育体系,有力推动了我国教育现代化总体发展水平跨入世界中上国家行列。

教育振兴和人的全面发展是社会物质和经济增长的基础,为建设富裕社会提供了人才与智力支撑。我国已经全面建成了小康社会,开启了建设社会主义现代化国家的新征程。我国人均GDP自2019年起突破1万美元,站在了迈向高收入国家的门槛上。依据世界银行2020年国别收入分类标准,我国目前属于中等偏上收入国家行列。预计到2035年,我国人均GDP将达到2万美元以上,稳步进入高收入国家行列。从远景目标看,到2049年新中国成立100周年的时候,我国人均GDP预计将达到5万美元左右,到2121年建党200周年的时候,我国人均GDP预计将进入世界前10%的行列。实现这些经济增长目标,打好富裕的根基,需要付出艰辛的努力,需要不断提高人力资本质量,提高科技进步水平和全要素贡献率。为此,教育领域要继续实施教育优先发展战略,系统推进教育供给侧结构性改革,破除制约教育高质量发展的体

---

[1] 赵婀娜,黄超.2022年教育经费总投入61 344亿元[N].人民日报,2023-07-02.

制机制障碍,切实解决好教育发展不平衡不充分的问题,努力构建有中国特色、世界水平的高质量教育体系,为提高人民综合素质、促进人的全面发展、推动经济社会高质量发展、增强中华民族创新创造活力、实现中华民族伟大复兴提供强大支撑。

二、教育是促进共同富裕目标实现的重要力量

新时代背景下,共同富裕已经突破了以往物质财富维度的内涵。习近平总书记指出,"我们说的共同富裕是全体人民共同富裕,是人民群众物质生活和精神生活都富裕"[①]。这一重要论述丰富了共同富裕的内涵,也包含着对教育在推进精神层面共同富裕应发挥更多作用的要求。因此,新时代的共同富裕本身就包含教育要素。从个体发展而言,教育是实现个人精神富裕和促进个体全面发展的关键因素。这一点在新时代共同富裕文献中可以发现,"人的全面发展"和"共同富裕"经常被并列提出。共同富裕包含精神富裕,最终要体现为人的全面发展,这是"人类社会发展的根本价值指向,也是新时代共同富裕的行动方向"[②]。从社会层面来看,新时代共同富裕是建立在"五位一体"总体布局基础之上,与教育密切关联。譬如,在《中共中央国务院关于支持浙江高质量发展建设共同富裕示范区的意见》中,共同富裕被归纳为物质福利、基本公共服务、人的发展、精神文明四个维度,与教育高质量发展密切相关[③]。教育既是居民物质福利的重要来源,也是基本公共服务的核心内涵,还是人的全面发展的起点投入要素,更是中国特色精神文明不可或缺的重要组成部分。

(一)物质共同富裕要求教育促进经济增长和技术变革

教育在经济社会发展中具有基础性、先导性和全局性作用,教

---

① 习近平.扎实推动共同富裕[J].求是,2021(20):3.
② 马凤岐,谢爱磊.教育平衡充分发展与共同富裕[J].教育研究,2022(6):148-159.
③ 中共中央国务院关于支持浙江高质量发展建设共同富裕示范区的意见[M].北京:人民出版社,2021:325.

育优质均衡发展不仅能促进教育公平,更能为人们实现自身发展创造条件,从而给更多人创造美好生活机会。中国特色共同富裕是包括精神文明在内的全面富裕,而不是西方国家通过简单福利转移的方式来实现单维度的结果富裕。中国共产党领导下的共同富裕体现各个主体的自我发展,是回应全体人民物质要求、精神需求的过程,故教育的作用就更加重要。文化是精神文明的重要体现,是新时代推进共同富裕的重要内容。教育公平是共同富裕的重要环节,文化繁荣为共同富裕提供精神动力和智力支持。教育提升有助于推进社会主义核心价值观实践,有利于达到物质与精神生活的双重富裕。共同富裕是物质文明、政治文明、精神文明、社会文明的有机结合,这些均与教育息息相关。

从财富创造的角度看,教育投资对社会物质生产和经济增长起着显著的推动作用。一是教育将个体知识、技能的积累与劳动要素结合成人力资本,这是生产函数中关键的要素投入,可以产生规模报酬递增效应,为经济持续增长提供稳定动能。同时,教育投资积累的人力资本还可以作为聚合各类生产要素的使能要素,提高物质资本边际回报率,从而加快投资,提高全要素生产率,进一步推动经济增长。二是现代物质生产过程的特征是由简单劳动过程向科学应用于生产过程的转化,教育可以传递、扩散和发展科学知识形态的生产力,从而促进物质生产的发展。[①] 三是大规模人口接受教育后引起的技术扩散、消费需求提升、社会交往半径扩大等,都有利于产业结构、需求结构、城乡结构、区域结构向更高级的形态跃升,实现高水平的经济增长。四是随着教育普及程度的提高,适应现代国家治理的国民文明素养更加厚实,这有利于扩大创新性制度的供给,减少市场交易费用,增强要素的流动性,提高经济效率[②]。五是教育本身作为基本民生需求,具有一定的市场属性,譬如民办学校

---

① 靳希斌.现代教育与社会物质生产过程[J].辽宁师范大学学报(社会科学版),1985(4):26-31.
② 李建伟,关成华,赵峥,等.激发我国教育服务业就业效应的政策建议[J].教育研究,2020(7):4-7.

和培训服务产业对于经济增长具有推动作用。广阔的市场空间,对教育和培训服务产业具有拉动作用,有利于增强经济增长的动力。

从财富分配的角度看,教育是影响个体以及社会收入分配的重要因素[①]。一是促进经济增长成果的共享。教育投资可以改善劳动力市场中的人力资本结构,这不仅有利于提高劳动报酬在初次分配中的比重,也有利于提高居民收入在国民收入分配中的比重,从而促进经济增长成果共享。二是改善个体初次分配格局。在市场经济按要素贡献决定报酬的机制下,个体参与初次分配的结果存在较大差距,而教育对个体人力资本的积累不仅可以提高要素占有不利者的自我发展能力和资源配置能力,还可以激发他们的内生动力和主动精神,这些群体因此可以在劳动力市场获得更稳定的工作和更高的收入,促进初次分配均衡化。三是改善代际收入流动性。一般来说,家庭经济状况较好的个体在初次分配中往往更加有利,而这种状况会弱化代际收入的流动性,不断再生产出不平等的社会经济结构。公平导向的教育则可以帮助家庭经济状况较差的个体通过教育阻断低人力资本状况的代际传递,实现家庭经济地位的赶超,从而优化代际收入分配结构。总而言之,教育虽然不直接参与财富的分配,但是对于财富分配却具有特殊的调节作用。当然,教育促进共同富裕的实现分析仅仅是理论上的。事实上,教育促进共同富裕并不是自动实现的,也不必然是正相关的关系。教育的数量、质量、结构、体制以及教育投资与产业、劳动力市场的匹配方式,都影响教育作用的有效发挥。

(二)精神生活共同富裕要求教育促进社会文明和群体认同

精神生活共同富裕是教育功能的应有之义。精神生活共同富裕是满足人民日益增长的美好生活需要的重要任务。中共十九大报告作出我国社会主要矛盾发生变化的重要判断,中共十九届六中全会再次强调要着力解决现阶段我国发展不平衡不充分问题。中

---

① 余宇,单大圣.论教育发展与共同富裕[J].行政管理改革,2022,8(8):14-22.

共二十大报告提出的用高质量发展来破解人民日益增长的美好生活需要和不平衡不充分的发展之间的矛盾,成为新时代党和国家工作重要的出发点和落脚点。美好生活需要是多层面的,既包括物质内容,也包括精神内容;既要有量的丰富,更要有质的提升。随着生活水平不断提升,人民比以往更加向往美好的精神生活。因此,在满足物质生活需要的基础上,我们必须充分认识精神生活共同富裕的重要意义,把实现精神生活高质量发展作为重要内容,不断满足人民群众日益增长的多样化、多层次、多方面的精神生活需要,坚持不懈推动精神生活共同富裕取得实质性进展,从而促进人的全面发展。

首先,我们应从建设人类文明新形态的高度认识教育的作用。实现中华民族伟大复兴既需要强大的物质力量,又需要强大的精神力量。新征程上,提升精神文明水平、推动精神生活共同富裕同样不可或缺。精神生活共同富裕是社会主义现代化强国建设的重要方面,同时也能够为社会主义现代化强国建设提供价值引导力、文化凝聚力、精神推动力。到 21 世纪中叶,当富强民主文明和谐美丽的社会主义现代化强国建成之时,全体人民的共同富裕将基本实现,中国人民精神生活共同富裕也随之基本实现。在这个过程,教育理应发挥其功能和作用。

精神生活共同富裕也是提高国家文化软实力的重要支撑。国家文化软实力是综合国力的重要内容,它与一个国家的精神文明水平密切相关,是一个国家基于精神文化而展现出的生命力、影响力。习近平总书记指出,提高国家文化软实力,要努力夯实国家文化软实力的根基[①]。随着中国特色社会主义文化建设的不断推进,我国人民精神生活水平正在大踏步前进,人民群众精神富裕的需要得到了更好满足。提升文化软实力,根基在全体中国人民。随着人民精神生活共同富裕的实现,中华文明必将以更加自信的姿态向世界彰显中国精神和中华文化的巨大吸引力。

其次,我们应基于人民群众的实际获得和感受发挥教育的作

---

① 中国共产党第二十次全国代表大会文件汇编[M].北京:人民出版社,2022:36.

第二章 共同富裕思想的发展及其教育意涵

用。随着经济社会的不断发展,精神生活共同富裕已成为推进实现共同富裕的重要内容,我们应该深刻认识其重要意义。精神生活共同富裕的实现程度关系人民群众的幸福感和获得感,影响着共同富裕的成色。

新征程上,全面把握好精神生活共同富裕的重要内容,有助于找准努力方向,更加精准发力。教育要有利于丰富人民群众精神生活,用高质量的精神食粮满足人民日益增长的精神需求。这是精神生活共同富裕的重要内容。改革开放 40 多年的发展使我国人民精神文化生活不断迈上新台阶,人民的科学素养、人文素养、审美能力等有了显著提升,同时也对精神文化产品的质量、品位、风格等有了更高要求。新形势下,要实现精神生活共同富裕,必须着眼于广大人民群众的新需求、新期盼,通过提升公共文化服务水平、推动文化产业高质量发展、开展多样化群众性精神文明活动等,通过多渠道、多形式给予人民群众更美好的精神文化享受,不断激发群众文化创新创造活力,不断增强人民群众文化获得感、满足感。

再次,教育要促进国民素质和社会文明程度全面提升。我国《到二〇三五年基本实现社会主义现代化的远景目标》指出,到那时,我国国民素质和社会文明程度要达到新高度。国民素质和社会文明程度关乎全面建成社会主义现代化强国,是精神生活共同富裕的重要体现。精神生活共同富裕体现了马克思主义关于人的全面发展理论的重要内容,其实现必须以国民素质和社会文明程度的提升为基础。社会文明程度和国民素质达到新高度意味着符合社会主义核心价值观的思想观念、价值理念在社会生活中得到广泛弘扬,意味着社会公德、职业道德、家庭美德、个人品德得到显著提升,意味着美好的道德意愿、道德情感以及正确的道德判断、道德责任不断形成,全社会道德水平达到一个新的高度。

最后,教育要促进社会凝聚力和国家认同程度明显提升。社会主义核心价值观是凝聚人心、汇聚民意的强大精神力量。要实现精神生活共同富裕,既要做到尊重差异、包容多样,又要能够抵御各种错误思潮、腐朽文化的影响和侵蚀,不断培育、深入践行社会主义核心价值观,进而不断提升全社会的凝聚力和向心力。在这一过程中,全体人民在理想信念、价值理念、道德观念上要更加紧密地团结在一起,对中国精神、中国价值的认同不断加深,使中国特色社会主义共同理想在全民族牢固树立,使全社会的凝聚力和向心力得到极大提升。

第三章

教育促进共同富裕的作用原理与着力点

实现全体人民共同富裕,要求缩小不同社会群体财富和收入差距,不断扩大中等收入群体,这从源头上对教育发挥何种作用提出了挑战。事实上,"教育"是一个涵盖各级各类教育的总体概念,不同级别、类型的教育对提升个体发展能力、缩小社会群体间发展能力差距的作用和途径存在差异。综观当前国内研究,针对促进共同富裕的研究或者整体地讨论教育的作用,或者直接就某级、某类教育的作用进行微观探讨,对各级各类教育作用差异的研究,并未受到重视。本章将在总体分析教育促进共同富裕的目标、作用方式和机制的基础上,对各级各类教育发挥作用的原理与着力点进行探讨。

✦ 第一节 ✦

教育促进共同富裕的作用原理

全面小康社会建成后,教育促进共同富裕的目标和作用方式发生了变化,不再局限于发挥消除贫困的作用。教育既要赋予个体参与社会生产的能力,还要激励个体融入社会活动,得到他人尊重,最终在社会成员之间形成积极的社会认同,形成和谐的社会氛围。在最终意义上,教育促进共同富裕的过程是促进个体实现全面自由发展的过程。

一、教育促进共同富裕的主要目标

进入新时代以来,中国共产党对"共同富裕"内涵的认识得到了发展,表现为对"人作为共同富裕实践主体"的认识更加深入,提升了"人的全面发展"在社会主义现代化建设中的地位。2022年10月,中共二十大报告强调"促进物的全面丰富和人的全面发展",为发挥教育的作用提供了总的指引。如何促进人的全面发展是研究教育促进共同富裕作用的主要目标和中心任务,具体表现为以下三个方面的目标。

(一)促进每一名社会成员成为具有能动性的实践主体

共同富裕不只是一种结果状态,而是一种所有社会成员参与的实践过程。有研究指出,共同富裕的差距并不在于微观主体之间的财富差距,甚至也不是个体能力的现实差距,而是表现为"各种机会不公平、起点不公平、规则不公平背景下的群体性能力差距"①。在机会向结果转换过程中教育如何发展自身作用,能力理论提供了重要启示:就教育而言,如何缩小群体间能力发展差距,是教育促进共同富裕作用的主要任务,也是教育应担负的责任。在能力理论语境下,能力在多种维度表现出促进人的全面发展的价值,该理论也主张能力的获得程度是可以被评价、被检验的。相关研究提出,在最低限度的意义上,十种核心能力的充裕是必须实

---

① 刘尚希,等.共同富裕与人的发展:中国的逻辑与选择[M].北京:人民日报出版社,2022:136.

现的,同时每一种核心能力都是不可替代的,也都是不可通约的①。1990年,美国劳工部成立的职场基本技能达成秘书委员会(Secretary's Commission on Achieving Necessary Skills,SCANS)专门对工作场所进行调研,并测定年轻人成功应对工作所需要的技能。因此,SCANS主导的能力分类特别关注有效率的工作者在工作场所工作所需要具备的能力,其出发点可以概括为"个人如何能够获得工作上的成功,国家未来经济如何高效发展,或者说如何通过个人工作上的成功促进国家未来经济持续高效发展"②。

(二) 赋予每一名社会成员自主选择职业的能力

赋予每一名社会成员自主选择职业和人生的能力,是教育促进共同富裕的另一项重要目标。在能力理论中,能力被视为一个社会成员实现全面发展具有的选择和行动机会。阿马蒂亚·森通过区分"主体性成就"与"个体福利成就"的含义和实现条件,探讨了能动性对实现个体追求目标的意义③。他将个体视为能动者,认为"作为能动者的个体不一定只受他的个体福利支配"。在此基础上,主体性成就进一步被定义为"个体追求他想要实现的目标和目的的总和的成功程度",而不是仅仅获得构成个体福利的事物。能力理论的这种认识是建立在个体具有获得自主选择职业、规划职业生涯的能力基础之上的。对于主体性成就,有研究者认为"不能仅从这些成就为他个人带来的福利水平来评价,还应从这些目标的实现程度来评价"②。获得自主选择职业的能力,既需要通过参与学校教育实现,也可以通过贯穿个体生命全程的不同形式的教育途径实现。

---

① 叶晓璐.纳斯鲍姆的可行能力理论研究:兼与阿马蒂亚·森的比较[J].复旦学报(社会科学版),2019,61(4):52-59.
② 万作芳.美国能力分类、培养及启示:以SCANS为例[J].教育与经济,2014(5):36-39.
③ 阿马蒂亚·森.再论不平等[M].王利文,于占杰,译.北京:中国人民大学出版社,2016:64-65.

(三) 促进每一名社会成员规划职业生涯、享有美好生活

习近平总书记强调了共同富裕目标长期性,提出要始终把满足人民对美好生活的新期待作为发展的出发点和落脚点,"在实现现代化过程中不断地、逐步地解决好这个问题"①。能力理论主张的发展是面向每一个人的发展。不论是阿马蒂亚·森还是纳斯鲍姆,对于能力的定义和能力理论的构建都是由作为个体的人开始的。正如纳斯鲍姆所言,能力理论信奉"每一个人作为目的"的原则,其目标是要"为每一个人、为所有的人培育能力",而不是"将有些人用作一种手段,以此去促进其他人或所有人的能力"②。2015年10月,中共十八届五中全会首次提出"坚持以人民为中心的发展思想",会议通过的《中共中央关于制定国民经济和社会发展第十三个五年规划的建议》提出,"把增进人民福祉、促进人的全面发展作为发展的出发点和落脚点"。这表明,"促进人的全面发展"应成为落实以人民为中心发展思想的基本要求。

二、教育促进共同富裕的作用方式

教育活动具有规定的目的,但在不同历史阶段和外部环境下,它的目的、功能含义会发生变化,从而影响着对教育活动方式的选择。新发展阶段,教育促进全体人民共同富裕存在着多种作用方式,具有复杂的作用机制,需要立足更广阔的理论视野加以讨论和认知。综合各学科的研究,从作用方式和效果上看,教育促进共同富裕具有间接性、隐蔽性、滞后性,对于实现"全体人民共同富裕"目标具有综合、整体的促进效果。教育促进共同富裕的主要作用方式可以概括为以下四个方面。

---

① 习近平.全党必须完整、准确、全面贯彻新发展理念[J].求知,2022(9):4-6.
② 玛莎·C.纳斯鲍姆.寻求有尊严的生活:正义的能力理论[M].田雷,译.北京:中国人民大学出版社,2016:25.

第三章 教育促进共同富裕的作用原理与着力点

（一）基本权利实现作用

保障受教育权是认识教育促进共同富裕作用的起点。联合国教科文组织发布的"教育2030行动框架"提出，教育是一项基本人权，是一项可行使的权利。为了实现这一权利，国家必须确保普及全纳、公平的优质教育和学习，不让一个人掉队[1]。通常，受教育权是指公民依法享有的要求国家积极提供均等的受教育条件和机会，通过学习发展其个性、才智和身心能力，以获得平等的生存和发展机会的基本权利[2]。在我国，受教育权得到了宪法和相关专门法律的保障，落实这一权利是依据宪法规定实现社会公正的要求。2020年10月，中共十九届五中全会通过的《中共中央关于制定国民经济和社会发展第十四个五年规划和二〇三五年远景目标的建议》提出"人民平等参与、平等发展权利得到充分保障"，其中，受教育权是构成参与和发展权利的重要组成部分。

保障公民受教育这项基本权利之所以成为教育促进共同富裕的作用方式，是因为它影响个体成为共同富裕实践主体的"资格"。其具体表现为，通过获得公共教育服务、接受国民基本教育而获得作为一名社会成员的身份认同。有研究者提出，从社会政策视角看，共同富裕立足于共同权利，生成于共同发展，实现于共同享用[3]。实践中，对于教育的基本权利实现作用，我们需要从多种角度加以认识和评价。

在静态意义上，受教育基本权利实现需要以社会公平为首要价值，为公民提供平等的受教育机会。对于受教育权，国家一般通过社会再分配方式予以实现，运用公共财政等手段予以保障。现有的收入差距经由市场主导的一次分配和政府主导的二次分配形成。由于单一的市场机制容易产生财富分配的"马太效应"，由政

---

[1] 徐莉,王默,程换弟.全球教育向终身学习迈进的新里程:"教育2030行动框架"目标译解[J].开放教育研究,2015(6):16-25.
[2] 龚向和.论新时代公平优质受教育权[J].教育研究,2021,42(8):48-58.
[3] 葛道顺.新时代共同富裕的理论内涵和观察指标[J].国家治理,2021(30):8-11.

府主导的公共教育服务等需要在二次分配中充分发挥作用。因此,作为一种广义的收入调整方式,提供均等的基本公共服务在保障全体社会成员接受教育基本权利的同时,还可以从源头上对促进共同富裕产生影响。

在动态意义上,受教育基本权利的实现还与人口要素流动存在着密切的关系。受教育基本权利的保障并非仅仅针对处于静止状态的人口,在教育对象迁移流动条件下也应当创造条件予以实现。21世纪以来,我国随迁人员子女异地受教育问题以及人口近距离流动产生的公共服务问题,仅仅依靠经济学理论很难给出系统性对策。例如,许多基本公共服务享有依然以当地户籍身份为条件,制约了流动人口实际生活水平的提高①。新的历史阶段,人口迁移流动对公共教育服务供应方式提出了要求。公共教育服务平等赋权关系到公民身份的确认,最终影响着个体能否成为完整意义上的共同富裕实践主体,应成为教育促进共同富裕研究中制度供给需要考量的重要议题。

(二) 知识能力提升作用

以往,对于认识教育对个体技能发展的影响,人力资本理论发挥了开创性作用,影响了社会科学各学科的认识。在人力资本理论获得广泛认可的基础上,我们仍有必要拓宽认识视野,揭示教育对于个体知识能力提升的作用规律。在继承其研究路线和基本主张的前提下,新人力资本理论通过由认知能力向非认知能力拓展丰富了能力的内涵。新人力资本理论把教育的作用机制分为两种形式:一方面,个体的教育选择、教育表现和教育回报率间接影响其收入水平;另一方面,教育投资是人力资本投资的主要部分,其收益率远高于物质资本投资。②

---

① 李实,杨一心.面向共同富裕的基本公共服务均等化:行动逻辑与路径选择[J].中国工业经济,2022(2):27-41.
② 李晓曼,于佳欣,代俊廷,等.生命周期视角下新人力资本理论的最新进展:测量、形成及作用[J].劳动经济研究,2019(6):110-131.

第三章 教育促进共同富裕的作用原理与着力点

首先,深入认识教育的回报价值及其在不同人生阶段的作用规律。有研究指出[①],受教育社会回报率表现出随经济发展水平提升而下降的趋势,但是私人回报率和社会回报率在不同教育阶段存在差异(表3-1)。总体上,就私人回报率而言,初等教育在不同收入水平国家均保持着较高水平,高等教育在低收入国家和中等收入国家明显高于高收入水平国家。就社会回报率而言,在不同收入水平国家,呈现出初等教育、中等教育、高等教育依次递减的总体趋势,同时初等教育均明显高于中等教育和高等教育。我国应从所处发展阶段和总体收入水平认识教育的回报价值。一方面,我国仍然是发展中国家,还将长期处于社会主义初级阶段,现有收入水平要求将发展高质量教育尤其是提供优质均衡的基本公共教育服务作为重点任务。另一方面,我们应深入认识教育的回报价值形成机制对不同区域和人群的意义,对于发展水平较低地区、收入水平较低人群,应重视高等教育机会对其私人回报的意义,在招生、成本负担方面采取更有效的支持性政策。与此同时,从政策制定上,我们应重视社会回报率的作用趋势对公共财政资金投入的要求,避免由于不同阶段教育发展的失衡影响社会总体收益。

表3-1 按收入和教育程度分列的回报率

国家人均收入水平	私人回报率			社会回报率		
	初等教育	中等教育	高等教育	初等教育	中等教育	高等教育
低	25.4%	18.7%	26.8%	22.1%	18.1%	13.2%
中	24.5%	17.7%	20.2%	17.1%	12.8%	11.4%
高	28.4%	13.2%	12.8%	15.8%	10.3%	9.7%
平均	25.4%	15.1%	15.8%	17.5%	11.8%	10.5%

其次,深入认识教育对缩小不同经济社会背景受教育者能力

---

① PSACHAROPOULOS G, PATRINOS H A. Returns to investment in education: a decennial review of the global literature[J]. Education Economies, 2018, 26 (05): 445-458.

差距的作用方式。在个体生命的不同成长阶段,其主体作用的发挥依赖的手段不同。经济学强化教育手段价值的基本主张受到了其他学科批评,尤其是在分析社会不平等问题的情境下更为明显。总体上,其在强调教育对受教育者个体能力本身影响的同时,忽略了教育对改变不同经济社会背景受教育者能力差距的作用。对此,阿马蒂亚·森提出应从能力缺失的角度而不是收入多少的角度来讨论贫困和富裕问题,并提出了一系列用于分析个体在贫困和富裕中作用的概念①。在此基础上,通过对"收入—能力"之间转化问题的探讨,他和纳斯鲍姆共同发展的能力理论开辟了对能力差异导致的群体间相对贫困的认识路径。国内也有学者也认为,"群体性能力差距"是现有研究中对不同群体间贫富差距产生的一种广泛认可的归因,也是制约低收入群体向中等收入群体跨越的关键因素②。这些新的认识为解释教育通过提升不同经济社会条件下个体的知识能力,开辟了新的认识途径,提供了重要借鉴。

最后,我们应反思以往主流教育价值理论的负面影响,警惕新的"读书无用论"的抬头。在多种因素导致的严峻就业形势下,"文凭贬值"思想在社会中开始发展蔓延,受此影响的新"读书无用论"也影响着受教育者的高等教育选择。新的阶段,能否协调个体需求和国家需求,作出长期受益的选择,是发挥好教育作用的一项新议题。在理论上,这需要对已经在资本主义国家产生显著影响的所谓主流理论保持理性认知。比如,筛选理论认为教育并不能提高人的劳动生产率,而仅仅是人与生俱来能力的反映③。事实上,这只是基于某种特定学科视角的认识。教育对人的作用涉及社会学、哲学、心理学的内容,影响方式是复杂的,不能完全通过经济模

---

① 阿马蒂亚·森. 再论不平等[M]. 王利文,于占杰,译. 北京:中国人民大学出版社,2016:123-130.
② 刘尚希,等. 共同富裕与人的发展:中国的逻辑与选择[M]. 北京:人民日报出版社,2022:136.
③ 高曼. 教育筛选理论研究的新进展[J]. 教育经济评论,2017(3):111-128.

第三章　教育促进共同富裕的作用原理与着力点

型来衡量。当前,要克服新的"读书无用论"的负面影响,就要充分认识教育的多重价值。不同阶段(类型)教育的特殊功能不应该仅仅局限于高等教育,或者仅仅通过就业岗位的获得机制对教育的价值加以解释。

(三) 精神需求满足作用

教育促进共同富裕对于精神需求的满足作用主要是指通过多样化、高质量教育公共服务的提供,满足个体的精神文化生活需求,为新阶段人民享有美好生活提供保障。中共十九届五中全会通过的《中共中央关于制定国民经济和社会发展第十四个五年规划和二〇三五年远景目标的建议》立足我国国情和未来发展目标,提出了"国民素质和社会文明程度达到新高度"的要求。在人民群众对美好生活的需求日益凸显条件下,我们需要强调教育对满足个体精神需求、提升社会文明程度的价值。这也是教育对于实现"人的全面自由发展"的一项基本要求。

首先,教育具有满足个体精神需求的作用。通过教育推动的人的全面发展是物质财富和精神财富的源泉,是实现共同富裕的内在要求和基础。教育的作用既可以反映在对物质富裕的促进上,也可以反映在对精神富裕的促进上。针对以往对教育作用的认识,有学者指出,应关注教育产出的多元性,既要重视经济产出和社会产出,又要重视人文产出[①]。有研究认为,一个人真正实现了全面发展之后,即可创造出自身再生产与他人和社会所需要的物质财富和精神财富,共同富裕社会形态会自然形成[②]。扎实推进共同富裕,应对精神富裕、物质富裕予以同等重视,发挥教育满足个体精神需求、更好享有美好生活的独特作用。

其次,教育具有促进群体认同和社会和谐的作用。教育不仅

---

① 张羽,刘惠琴,石中英.教育投入产出的人文属性[J].教育研究,2022,43(8):121-140.
② 栾海清.人的全面发展、教育公平与共同富裕:逻辑关系和政策支撑[J].学习与探索,2022(5):145-152.

具有个体发展功能,还具有促进社会团结功能。经济学理论在强调教育对个体能力影响的同时,忽略了教育对社会规范传递、社会群体间认同的影响。单独从个体发展视角认识教育对全体人民共同富裕的作用,容易将教育简化为受教育年限等定量指标,从而忽视教育对个体更好融入社会所应发挥的作用。针对社会资本理论难以解释整个社会是如何进行运作、改善跨社区间关系的条件是什么等固有缺陷,Andy Green 等揭示了教育平等与社会凝聚力之间存在的正相关关系,他们通过实证研究发现,教育更为平等的国家通常收入更高,而且在一系列社会凝聚力量度上级别更高①。与从个体发展视角论述教育作用的理论相比,该理论对教育对于精神财富创造、精神需要满足的作用作出更全面的解释。教育尤其是基本公共教育对社会凝聚力的影响与其内容、方法具有更高相关性,因此,在基本公共教育阶段,教育的目标不应仅仅局限于识字能力、计算能力和推理能力等认知技能目标,还必须同时关注其他目标的实现,如赋予学生公民技能,鼓励具有公民责任心的价值观,以及促进社会凝聚力②。

最后,教育还具有满足个体不同阶段教育需求的作用。个体在不同阶段因参与社会活动的内容不同而有不同的教育需求。教育应通过发展面向全生命周期的多种形式教育满足个体追求美好生活的需求。以当前我国老龄人口比重不断增加为例,进入退休阶段的老龄人口是高层精神需求的重要对象。由于老龄群体的异质性强、需求多样,我们应以需求为导向提供多样化的教育内容。

(四)劳动权利保障作用

通过作用于家庭成员,教育还可以为完善人口支持服务体系、

---

① Andy Green, John Preston, Jan Germen Janmaat. 教育、平等和社会凝聚力:一种基于比较的分析[M].赵刚,庄国欧,姜志芳,译.上海:华东师范大学出版社,2018:165.
② 世界银行.2018 年世界发展报告:学习 实现教育的愿景[M].胡光宇,赵冰,译.北京:清华大学出版社,2019:24,50.

第三章 教育促进共同富裕的作用原理与着力点

促进家庭与职业的协调提供保障。实质上,此时教育对于个体劳动权利提供了保障作用,即通过婴幼儿照护服务使劳动者获得充足的劳动时间,将成年劳动者从看护婴幼儿、承担额外教育费用的负担中解放出来。教育对个体劳动权利保障的作用影响人的整个生命周期参与社会劳动的机会和质量,具体表现如下。

首先,提供儿童照护、早期教育等服务,保证劳动者全身心地投入职业活动。因为正规照护服务能够对家庭环境产生积极影响并改善家庭功能,使父母(特别是母亲)能够更好地平衡工作和家庭角色[①]。就国内而言,在人口老龄化、"少子化"的背景下,通过提供儿童照护等相关服务来保障劳动者权利的政策需求也日益增长。研究指出,伴随着经济社会快速发展和工业化、城镇化水平显著提高,家庭结构逐渐小型化,女性普遍进入劳动力市场,加之单位制托儿所解体后社会对生育和家庭照料的支持大幅减少,婴幼儿照护已成为许多家庭面临的现实问题,育龄母亲在工作与育儿之间寻求平衡日渐困难[②]。因此,这种作用方式在受益对象上经常表现为家庭,即通过对家庭提供儿童照护和早期教育指导服务来保障家庭成员的劳动权利。

其次,向不同类型迁移流动人口子女提供公共教育服务,以保障其父母的劳动权利。一方面,农业转移人口随迁子女能否在流入地入学,影响这类群体安心进城与稳定就业。另一方面,新发展格局中完整内需体系建设要求加快技能型人才等劳动力要素流动,这对保障劳动力的基本公共服务权益提出了要求。在这一趋势下,需要由流入地提供公共教育服务的对象已不限于农村的务工人员,还包括特征更加多元的迁移人员,如求学、经商、工作调动等人员。对此,有研究者提出,中央政府应加大基础教育投入,实现基础教育资源可随人口流动而携带,形成促进流动人口子女在

[①] BIANCHI S M, MILKIE M A. Work and family research in the first decade of the 21st century[J]. Journal of Marriage and Family, 2010(3): 705-725.

[②] 洪秀敏. 全面二孩政策下如何加快构建托育服务体:基于全国十三个城市的调研与思考[N]. 中国教育报,2020-02-01(3).

父母工作地平等就学等措施[1]。上述教育作用的发挥,在国家相关部门倡导的同时,还需要地方政府从经济社会发展总体要求出发出台更加积极的政策措施。

三、 教育促进共同富裕的作用机制

上文论及的教育在四个方面的作用仅仅是从途径和内容指向上提出的,并没有反映作用的发生过程,尤其是它们分别如何影响个体经济社会地位提升、中等收入群体比重扩大等共同富裕的技术指标。探讨教育促进共同富裕的作用机制,还需要寻求相应的理论支持。

(一) 促进社会流动:认识教育促进共同富裕作用的一种主导视角

在个体经济社会地位、不同社会群体间认同等维度上,社会流动性理论表现出了系统整体的解释能力,在认识教育作用方面居于主导地位。受此影响,教育对于促进共同富裕的作用面临着认识视角的转变,即从经济收益视角的"提升教育回报率",向表现为经济社会文化等多种维度特征的"促进社会流动"转变。

1. 从"提升教育回报率"到"促进社会流动"

人力资本理论将注意力放在个体教育水平在劳动力市场上获得报酬的能力,集中表现为对教育回报率的关注,并提出相关行动建议。通常认为,教育回报率是指个人一生的收入价值与教育成本的净现值,分为个人回报率和社会回报率。但是,由于社会回报率的估计通常基于直接可观察到的教育的货币成本和效益,个人资本理论得到社会回报率通常低于私人回报率的结论[2]。这种受

---

[1] 陆铭. 教育、城市与大国发展:中国跨越中等收入陷阱的区域战略[J]. 学术月刊, 2016(1):75-86.

[2] PSACHAROPOULOS G, PATRINOS H A. Returns to investment in education: a decennial review of the global literature[J]. Education Economics, 2018, 26(05):445-458.

第三章　教育促进共同富裕的作用原理与着力点

研究视角选取影响而形成的趋势,既不利于个体作出理性的教育选择,也不利于全面衡量教育的社会价值。在理论上和实践上,我们应警惕这种缺陷可能造成的负面影响。

总体上,针对教育与社会平等之间的关系,通常存在着两种针锋相对的观点,即教育再生产社会不平等和教育促进社会平等。前者如威利斯通过田野调查发现的,工人阶级的孩子大都还是从事工人阶级的工作①;后者如吉登斯和萨顿对保加利亚的研究中发现的,财政支出尤其是教育费用的减少,引起了代际流动性的大幅下降②。相对而言,前一种观点得到了更多研究者的支持,这种对教育再生产功能的认识,以不同形式表现在其他理论中。在《资本主义美国的学校教育——教育改革与经济生活的矛盾》一书中,塞缪次·鲍尔斯(Samuel Bowles)和赫伯特·金蒂斯(Herbert Gintis)用符应原则(correspondence principle)概括了学校再生产阶层结构的机制。这一发现揭示了学校教育制度以不同形式服务于劳动力的发展和分化。主要观点包括:第一,学校教育生产满足将来工作表现所需要的技术性技能与认知性技能;第二,教育制度协助将经济关系的不平等合法化,基于教育的客观主义取向与功绩主义取向引导人们接受由工作职位获得而完成的阶层分工;第三,学校生产、奖赏并标定与层级制度中职位等级有关的个人特征;第四,通过对代表教育程度的学历区分,对应并强化了社会分等的阶层化意识。依据这一研究结果,教育本身就是社会不平等再生产的重要作用机制。

要正确认识教育对于共同富裕的作用与价值,一方面应该对这种局限性予以警惕,另一方面应该确立更加全面的认识视角。国内外相关研究通过作用机制的精细化解释揭示了可以促进平等的途径。有研究者认为,学校教育对于社会流动的作用存在着方

---

① 保罗·威利斯.学做工:工人阶级子弟为何继承父业[M].秘舒,凌旻华,译.南京:译林出版社,2019:54.
② 安东尼·吉登斯,菲利普·萨顿.社会学基本概念[M].2版.王修晓,译.北京:北京大学出版社,2019:159.

向相反的两种作用:一是为各阶层实现阶层跃迁和影响力的代际传递提供动力;二是为优势社会阶层维护自身优势地位、实现地位传承提供现实手段①。在理论上,"社会流动"是指个体或群体在不同社会经济地位之间的位置变化。代内流动关注一个个体在其一生中能够向上或向下流动多远;代际流动探讨的是与父代或祖代相比,后代能够自社会阶梯上向上或向下流动多远②。尽管在不同社会制度和不同历史时期下教育对于社会公平的影响趋势会发生变化,但是教育仍然被证明具有赋予个体改变社会地位的能力。因而,教育是促进共同富裕历史实践中可以依靠的重要力量源泉。这是本书展开研究的基本依据。

鉴于经济学思维过分追求可见效果的局限性,教育对促进共同富裕的作用研究要避免类似单一认识取向的影响,深入揭示教育与共同富裕多种维度的作用关系。为此,本书从社会流动促进社会群体间公平的视角,对教育作用发生的内在机制进行探讨。

2. 教育促进社会流动的现实困境:如何化解"黏性地板"效应

在肯定教育对于社会流动的积极价值的同时,不得不面对的现实是,教育促进社会流动在经验观察层面面对着越来越多的挑战。例如,在国际范围内,"黏性地板"(sticky floors)效应拷问着人们原有的理论认识。OECD研究发现,社会流动性并非在所有群体中分布均匀,"黏性地板"效应制约了出生在社会底部家庭的个体向上流动的机会。相关调查表明,在经合组织国家,大多数人认为社会流动性是有限的,60%的贫困儿童成年后仍将贫穷,大约10%的工作年龄段公民担心他们的经济保障不如父母,几乎同等比例的人担心他们的孩子会更加不安全。

与此同时,社会流动的一些新趋势甚至反向推动了理论的创新与发展。拉夫特里(Raftery)和豪特(Hout)通过分析爱尔兰的

---

① 李煜. 制度变迁与教育不平等的产生机制:中国城市子女的教育获得(1966—2003)[J]. 中国社会科学,2006(4):97-109.
② 安东尼·吉登斯,菲利普·萨顿. 社会学基本概念[M]. 2版. 王修晓,译. 北京:北京大学出版社,2019:156.

数据资料发现,该国教育总量扩张并未导致各阶层受教育机会的平等化趋势。他们提出的"最大化维持不平等"(maximally maintained inequality,MMI)理论认为,教育扩张不一定会导致教育平等,因为上层阶级或优势阶层才是教育供给增加的受益者,除非这些上层阶级的教育需求达到饱和,教育机会才会惠及下层阶级,从而出现平等化趋势,否则教育不平等将以最大化的形式维持着。但是,相关的理论主张也受到了不少质疑。比如,MMI 理论仅仅关注总体受教育机会(数量)的不平等,忽略了教育质量的差异。仍有许多国家(如德国、荷兰和瑞典等)的经验表明,随着教育供给的增加,教育机会不平等程度确实减轻了。关于低估教育和人力资本的作用,近年来出现了一些较为极端的观点。比如,皮凯蒂在定义"资本"时把"人力资本"排除在外,理由是"人力资本无论何时都不能被另一个人使用,也不能在市场中永久交易"[1]。因此,他并未将人力资本视为改变不平等扩大、社会固化现象的因素,与以往的主流学术观点形成了针锋相对的态势。这种极端观点在学术界也引发了争议。

本书认为,认识教育究竟是扩大了社会不公还是促进了社会公平,需要将教育的作用与其他影响因素加以剥离,以避免盲目夸大教育的作用或"不知情"地低估教育的作用。通过对相关主张的分析,本书的观点是要客观理性地认识教育与其他因素作用的关系。在推进共同富裕的新阶段,尽管从理论上和经验观察上均存在着一定阻力,但是教育通过促进社会流动推动社会公平仍是我们应该坚守的观点。当前,这种阻力集中表现为如何化解"粘性地板"效应的现实困境,这需要分别从宏观层面和微观层面深入探讨教育促进社会流动的作用机制。

(二) 教育如何促进社会流动:政策选择的主要方向

国内的实证研究显示,近一百年来我国教育代际流动性以

---

[1] 托马斯·皮凯蒂.21世纪资本论[M].巴曙松,陈剑,余江,等译.北京:中信出版社,2014:46.

1966年为界分为两个阶段[1];1966年以前为增强期,70%以上的年份为流动性增强的年份;1967—1999年,教育固化的年份有27个,占该阶段年份的81.8%。这些研究要求我们重新认识教育作用发挥的条件。关于教育对于社会流动性的影响,我们仍然应回归到"能力"议题内展开讨论。为此,本书先关注教育可以对个体、社会群体产生的直接作用,进而探讨其与共同富裕之间相互转化的复杂机制。这些理论在具体而细微地分析某一阶段、类型教育的政策措施时,均应在教育活动发生的具体时空条件下进行。同时,我们应将教育的作用与家庭的作用加以区分,由此探讨一种可以通过政策干预教育发挥作用的机制。

1. 注重改善非家庭的先赋条件

教育促进社会流动的作用并不是独立发生的,而是与其他因素共同作用的。正如人力资本理论所解释的那样,经济资源投入、非经济资源投入、遗传是影响个体社会地位代际传递的三类因素,个体在不同阶段接受的不同形式教育、培训属于非经济资源投入,但与另两类因素的作用具有关联性。为此,认识教育促进全体人民共同富裕的作用,应将教育和人力资本的影响与物质资本、个人禀赋等因素的作用加以严格区分。家庭背景等先赋因素对教育不平等的影响路径有多种模式,布东等提出了"首属效应"(primary effect)与"次属效应"(second effect)模式[2]。首属效应是指一种总体性的、社会阶层间的文化不平等,例如,父母为子女直接提供各种重要的学习资源、文化资本和经济方面的支持,以助推儿童达到更好的学业成就,使不同阶层的儿童之间产生文化不平等。次属效应是指不同阶层的家庭在升学选择偏好和激励方式方面的差异。例如,当一个家庭因儿童的升学、入学或教育形式而需要做出决定的时候,它总是根据自身所处的社会经济位置、条件而作出理

---

[1] 吕国光,胡一,张燕.中国教育代际流动性研究[J].中国社会科学,2008(5):101-116.

[2] RICHARD B, GOLDTHORPE J H. Explaining educational differentials[J]. Rationality and Society, 1997, 9(3): 275-305.

第三章 教育促进共同富裕的作用原理与着力点

性选择。总体上,首属效应关注家庭资源对儿童能力分化的作用,次属效应关注阶层地位在教育激励以及选择不同教育机会方面的重要性。

国内研究者刘精明也指出,先赋因素对儿童教育机会的影响,需要依据影响路径的不同分别讨论。针对非教育系统的干预性政策,刘精明将影响儿童教育机会与学业成就的先赋性结构原因区分为家庭资源与非家庭的先赋条件。[①] 非家庭的先赋条件表现为城/乡、贫困/非贫困地区及其他重要的制度性区隔等。这些因素对儿童教育机会的影响主要表现为一种纯粹的结构效应,即因处于外部结构的某种位置,便自然地被授予附着在该位置上的资源与机会。此外,一些重要的制度性规定也是导致儿童教育机会差异的重要因素。吉登斯和萨顿使用英国儿童发展研究的数据证明,职业成就最为关键的决定因素是能力大小和努力程度,而不是阶级背景[②]。在影响个体社会地位代际传递的因素分析中,对于经济资源投入、非经济资源投入、遗传三类因素的区分,使人们获得了揭示共同富裕形成机制、精细设计政策工具的理论支撑。

本书主张深入认识不同阶段教育和技能培训,对社会流动的影响。进入新发展阶段,城乡融合发展、区域协调发展等战略措施持续推进,将有更多社会成员因迁徙流动而产生公共教育服务需求。在"市民""区域居民"等身份限制条件下,"黏性地板"效应对阶层固化的影响将进一步加剧。例如,刘精明将城乡户籍制度、划片入学规定等视为规定不同人群的教育机会的制度性设置。[①] 这些本身已经被固化的制度因素是认识教育促进共同富裕作用机制需要加以系统考察的,也是讨论制度供给时需要面对的。对此,政府应从改善非家庭的先赋条件入手,通过非教育的政策设计,为教育促进社会流动提供主动的制度供给。

[①] 刘精明.中国基础教育领域中的机会不平等及其变化[J].中国社会科学,2008(5):101-116.
[②] 安东尼·吉登斯,菲利普·萨顿.社会学基本概念[M].2版.王修晓,译.北京:北京大学出版社,2019:158.

2. 注重采用积极的干预手段和政策工具

当前,对于促进共同富裕的干预手段,学界还存在着较大争议,尤其是在对教育分流、教育分级等手段的负面影响方面。教育分流在不同教育文化中具有不同的现实作用,在推进共同富裕背景下是一项可以对社会流动产生影响的制度。客观上,教育分流的推崇者认为完善的分流体系有助于学习者在同质性更高的环境中学习,教师也能够采取针对性强的教学策略提高教学效率[①]。典型国家包括德国、英国、匈牙利等,推崇严格的分流体制,依托技术选择的手段较早地将学生分为普通类学生和职业类学生。但是在更大的范围内,在"职业"和"学术"之间进行的教育分流也因其人群分化作用而异化为一种制造社会不平等的工具。关于教育促进共同富裕的研究,我们在选择干预手段、设计政策工具时,应把握以下原则。

其一,创造完善的外部条件,促进受教育者作出基于自身理性判断的分流决策。研究发现,在许多国家中上阶层的孩子更可能进入学术教育轨道,毕业后获得更高地位的职业,而下等阶层的孩子则更可能进入职业教育轨道,从而影响了他们获得高等教育的机会和相应更高的职业地位。因此,发挥教育促进社会流动的作用,应在分流时间、分流方式上遵循自身作用规律,防止分流成为直接进行阶层再生产的工具,从而实际上造成社会不平等的负面作用。在相关政策设计和使用中,我们应综合施策。一方面,根据经济社会发展阶段性特征,通过多种配套制度设计适当延迟分流时间。一般而言,社会经济越发达,社会分化程度越高、速度越快,社会成员所具备的文化素质就越高,分流时间相对就越晚。分流过早会影响到学生真正兴趣的确定及对未来前程的抉择,分流过晚又会影响社会劳动就业及对社会紧缺人才的及时培养[②]。另一

---

① 谢金辰,卢春天.教育分流程度与学业成就不平等研究:基于PISA2018的国际比较[J].教育与经济,2022,38(4):48-59.
② 王晓燕.迈向"有差异的优异":发达国家基础教育分流模式与特征[J].教育研究,2019,40(9):71-86.

第三章　教育促进共同富裕的作用原理与着力点

方面,为了避免不当分流方式产生的社会群体分割,政府部门在分流方式上应促成受教育者及其家庭在更长时间内作出理性选择,避免弱势阶层对升学的风险承担能力较弱或者对教育预期收益评估较低,进而导致他们过早地退出竞争,丧失未来可能的选择机会。

其二,应避免各级学校教育过程中的不当分级。教育分级是指根据成绩将学生分成不同层次,安排到不同类型的学校或同一学校的不同班级,也被称为能力分组或选择性教育。在我国,过分重视分级手段应用已经成为高中教育引发个体间机会不平等的一个制度性障碍。研究表明,一个国家教育分级得越早,家庭背景的影响也就越大,瑞典、芬兰、荷兰、德国的分级改革的经验表明,推迟教育分级可以提高公平性,并且在平均成绩水平上不会显著产生逆效应[1]。国内研究者通过中学阶段的重点学校教育分流来考察社会分层机制,更加清楚地揭示了家庭优势地位传递的过程[2]。在招生入学、质量评价制度改革方面,决策者和相关部门应努力避免不当分级给受教育者能力发展和选择机会带来的负面影响。

其三,应实现教育系统中宏观和中观政策与微观实践的相互配套。教育能否促进社会流动,与在校期间的微观实践活动和制度存在着较大的相关性,同时还依赖于宏观和中观政策与之配套的协同作用。例如,在年级、班级中依据考试成绩实施学生分组等教育活动;延长法定义务教育年限,提高特定阶段教育质量标准;增加个体受教育年限的总长度,如提高高中阶段教育的普及水平,提供受教育者在不同学校制度之间进行灵活选择的制度。

3. 注重展现对个体不同阶段影响的差异

教育通过增强社会流动性促进共同富裕的作用在时间分布上

---

[1] 埃里克·哈努谢克,卢德格尔·沃斯曼因.国家的知识资本:教育与经济增长[M].银温泉,等译.北京:中信出版社,2017:184-185.
[2] 王威海,顾源.中国城乡居民的中学教育分流与职业地位获得[J].社会学研究,2012,27(4):48-66.

具有覆盖完整生命周期的特征。个体生命周期大体可以分为早期、中期、后期三个阶段,教育对各阶段的作用内容和作用目标具有不同的规律,研究者需要加以精细考察。同时,政策工具的设计和实施应结合我国当前各级教育发展水平,尊重不同阶段教育对个体发展影响的差异。

一方面,我们要认识和尊重教育对个体不同生长阶段作用的差异性。相关实证研究表明,义务教育促进代际流动的原因在于,通过缓解家庭的约束显著促进家庭社会经济地位较低的儿童接受教育①。刘精明提出的"三路径模式"强调,在一个稳定统治的社会里,家庭背景等先赋因素对教育获得的影响有三个主要路径:一是通过促进儿童间的能力分化而产生机会不平等;二是因个体或者家庭的选择偏好而引发机会不平等;三是通过直接干预机会配置结构而导致机会不平等②。在不同教育阶段,这些机制表现形式不同,作用效果也存在差异。

另一方面,我们应加强早期阶段教育的积极干预。就不同阶段比较而言,公认的观点是对早期教育的作用应予以普遍关注。OECD的调查表明,在教育方面,根植于社会经济地位的差距在学生一生中不断扩大,甚至在青春期已经很明显;学校教育中的隔离和低社会混合会加剧机会不平等;教育质量差异导致获得高质量工作的机会不同,尤其是来自弱势背景的个体将面临更大的流动障碍。相对而言,学前教育和义务教育是个体发展早期干预的重点,是构成中期、后期教育作用发挥的基本条件,我们应促进其向后一阶段自然延伸,增强其作用的连续性、持续性,以产生最大化的积极影响。

总之,针对教育对社会流动性存在的积极作用和消极作用,政策制定者和实践者应确立坚定信念,将其积极作用发挥至最大程

---

① 陈斌开,张淑娟,申广军.义务教育能提高代际流动性吗?[J].金融研究,2021(6):76-94.
② 刘精明.中国基础教育领域中的机会不平等及其变化[J].中国社会科学,2008(05):101-116.

度。一方面,重视新的制度供给,积极利用教育对阶层跃升和代际向上流动的作用;另一方面,发挥评价的引导作用,研究制定教育促进群体公平、社会公平程度的评价指标,将其作为推进共同富裕实践中监测社会流动性的一项工具。无论是发挥其积极作用还是作为监测工具,我们都应该通过发挥其联结社会政策价值和现实目标的作用,使教育成为促进社会流动的有意义的行动选择。

✦ 第二节 ✦
各级各类教育促进共同富裕的着力点

国外对于各级各类教育作用差异的相关探索,为本书探索这种差异的表现和成因提供了条件。柏林自由大学哲学教授戈泽帕特(Gosepath)根据学校系统的不同目的和层次区分出三种层次的教育:面向所有人的基础教育,对个人天赋与能力的培养,以及对高等教育与就业市场的选择。相应地,在共同富裕语境下,关于促进社会成员之间的平等,不同教育层次具有不同的要求:在基础教育层面,应面向所有人群;在培养天赋方面,应确保权利平等;在选择高等教育和更高职位方面,应保证机会均等。

在能力理论语境下,本书认为,能力可以在"人的全面发展"与"全体人民共同富裕"之间建立联系,构成讨论教育促进共同富裕着力点的依据。为了对促进共同富裕的政策选择提供依据,本书拟从以下三个维度分析教育作用的差异性:一是各级各类教育的目的与功能的规定性;二是该阶段(类型)教育对个体能力发展的主要目标及其与其他阶段(类型)教育的差异性;三是与该阶段(类型)教育能力发展目标相适应的政策选择,着重从公共财政投入责任差异进行讨论。经过对不同阶段(类型)教育功能及能力发展目标差异的分析,本书提出以下类型化方案(表3-2)。这一类型化探索试图对各级各类教育在共同富裕实践中的作用形成总体认识,目的在于通过比较认识该阶段(类型)教育作用的独特性。

表 3-2 不同层次教育的价值定位与政策目标

价值定位	涉及的教育类型和阶段	政策目标
所有社会成员都应该获得相同的基础能力	义务教育;基础阶段各级特殊教育(ISCED:1级,2级);托育服务;学前教育(ISCED:0级)	推动公共教育服务普及普惠、均等化,义务教育优质均衡发展
依据个人优势去发展所有特别有价值的才能	高中阶段教育(ISCED:3级);终身教育	增强选择性,培养创新人才,促进人的充分发展
竞争更高的教育、更好的工作、更高的收入以及在社会等级中更高的地位	职业教育;高等教育;继续教育(ISCED:4级、5~8级)	促进科技创新和技术进步,促进产教融合

参见:经济合作与发展组织.教育概览:OECD指标[M].中国教育科学研究院,译.北京:教育科学出版社,2019:1-5.

依据上述类型化结果,教育促进共同富裕的政策设计,应遵循不同阶段(类型)教育功能规定性及其对个体能力发展影响的差异性,并据此分析不同阶段(类型)教育促进共同富裕的政策设计着力点。

一、早期教育与基本公共教育的着力点

早期教育与基本公共教育位于个体教育经历的起点,是个体受教育权实现的关键阶段,在政策实践中经常被称为"基础教育"。其按照公共性程度分为基本公共教育服务和非基本公共教育服务:前者包括义务教育、基础阶段各级特殊教育;后者包括托育服务、学前教育。

(一) 教育功能的基本定位

早期教育与基本公共教育对个体发展具有奠基性意义。联合国教科文组织在《教育:财富蕴藏其中》报告中将基础教育解释为

第三章 教育促进共同富裕的作用原理与着力点

"每一个人(无论他是儿童、青年还是成人)都应能获益于旨在满足其基本学习需要的受教育机会"①。1990年,世界全民教育会议将"基本学习需要"列举为:"为生存下去,为充分发展自己的能力,为有尊严地生活和工作,为充分参与和发展,为改善自己的生活质量,为作出有见识的决策,为继续学习所需的基本学习手段(如识字、口头表达、演算和解题)和基本学习手段"②。近年来,一些学科倾向于分层次地认识教育活动,基础教育的特殊功能由此逐步得到关注。在戈泽帕特区分出的三种层次教育中,排在首位的是面向一个社会所有儿童的、作为国家普遍义务的基础教育,其中一个主要原因在于它所具有的"准超验价值",即缺乏最基础的教育和知识个体将无法生存③。从主要受益对象看,这种价值主要归属于个体价值。

对于共同富裕目标的实现,早期教育与基本公共教育的价值并不限于影响个体基础发展能力的获得,还表现为对传递社会基本规范、形成社会认同的影响。针对共同富裕的新内涵,早期教育与基本公共教育通过发展个体的社会情感技能和伦理意识促进精神文明与社会财富同步增长。这也可被视为早期教育与基本公共教育的社会价值。Green等人的研究提出,除了通过改变收入、机会和社会地位对社会凝聚力产生间接影响,教育对社会凝聚力的影响还表现为通过价值观和身份感的形成促进学生的社会化④。该理论从单纯解释物质积累和经济增长对精神财富创造的影响方面作出了更全面的解释。

因此,早期教育与基本公共教育对共同富裕目标实现具有奠

---

① 联合国教科文组织.教育:财富蕴藏其中[M].联合国教科文组织总部中文科,译.北京:教育科学出版社,2012:81.
② 联合国教科文组织.教育:财富蕴藏其中[M].联合国教科文组织总部中文科,译.北京:教育科学出版社,2012:序言第10页.
③ Kirsten Meyer.教育、公正与人之善:教育系统中的教育公平与教育平等[M].张群,汪雯,王杰,等译.上海:华东师范大学出版社,2018:107.
④ Andy Green, John Preston, Jan Germen Janmaat.教育、平等和社会凝聚力:一种基于比较的分析[M].赵刚,庄国欧,姜志芳,译.上海:华东师范大学出版社,2018:165.

基性作用。其既直接决定个体基础发展能力的平等和充分获得程度,也将影响个体全生命周期接受其他教育和参与社会生产的效果。与个体价值主要表现为提升个体劳动能力和社会经济地位不同,社会价值表现为对基本社会规范的确立和传播,以及建立适应新的社会分工的规范,教育的作用对象可以拓展至社会群体。

(二) 能力发展的主要目标

早期教育与基本公共教育促进个体能力发展的主要目标可概括为"基本能力平等"。在能力理论视野中,能力与个体尊严联系在一起,"核心能力"或"基本能力"尤其承担着这样的作用。纳斯鲍姆将人性尊严置于能力框架的核心,认为多元能力清单关涉最低限度正义社会的尊严、体面与绝对门槛,不具备这些核心能力将不可避免地导致人的尊严受损。阿马蒂亚·森在讨论功利主义平等、总效用平等、罗尔斯式平等三种特定的平等的局限性基础上,提出了另一种类型的平等——"基本能力平等"。显然,对于早期教育和基本公共教育,我们应在结果平等意义上看待其基础性。

其一,"基础性"意味着对个体后续教育学习过程和结果持续、潜在的影响。其主要表现在两个同等重要的方面:一方面是能力发展的基础性,另一方面是社会规范获得的基础性。哈努谢克和沃斯曼因的实证研究发现了儿童早期教育对于后续阶段教育成果及学术成绩的影响,并将其概括为"学习促进学习"[①]。相关数据表明,完成义务教育的学生成绩与学前教育有关,高中教育的公平性与一国学前教育周期的持续时间和学前班招生正相关。《教育:财富蕴藏其中》指出,基础教育提供一种适合于所有人的教育,"它既能使人们为今后的学习打下坚实的基础,也能使人们获得积极参加社会生活的基本能力"[②]。基础教育的目标不应仅仅局限于

---

① 埃里克·哈努谢克,卢德格尔·沃斯曼因.国家的知识资本:教育与经济增长[M].银温泉,等译.北京:中信出版社,2017:184.
② 联合国教科文组织.教育:财富蕴藏其中[M].联合国教科文组织总部中文科,译.北京:教育科学出版社,2012:82.

第三章 教育促进共同富裕的作用原理与着力点

识字能力、计算能力和推理能力等认知技能目标,还必须同时关注其他目标的实现,如"赋予学生公民技能,鼓励具有公民责任心的价值观,以及促进社会凝聚力"①。SCANS 报告指出,支撑工作场所能力的三类基础恰恰是教育必须给予学生的,它除了包括传统的读、写、算,还包括会思考,会结合具体工作情境创造性地解决问题,以及良好的个性心理品质②。

其二,"基础性"意味着无论是基本能力发展还是社会规范发展,都应该达到规定标准。其中,义务教育还应该达到国家规定的义务教育质量标准。这种强制规定性是由基本公共教育"结果平等"要求所决定。正如戈泽帕特针对基础教育的目标提出的"所有的社会成员都应获取相同的基础能力",从我国实践看,实现基本能力平等还需要克服过早以重点校、重点班等形式实施分级教育的弊端。早期阶段是否获得优质教育对后续教育的路径分流有决定性的影响,且早期获得重点学校的机会是有累积性优势效应的③。这意味着,如果早期教育和义务教育采用精英教育形式,将会扩大阶层差距。这与促进社会公平、实现共同富裕的目标是背道而驰的。

其三,"基础性"还意味着早期教育与基本公共教育能力发展目标的实现,离不开家庭的参与和支持。从所有 OECD 国家看,家庭对成绩和收入影响的研究表明,推迟分级年龄会减轻家庭对学生成绩和后续收益的影响④。对于早期教育与基本公共教育,家庭不仅是受益者,也是一种无法缺席的教育途径,家庭的充分参与将有助于提高这一阶段教育对个体知识能力获得的影响程度。

---

① 世界银行.2018 年世界发展报告:学习 实现教育的愿景[M].胡光宇,赵冰,译.北京:清华大学出版社,2019:24.
② 万作芳.美国能力分类、培养及启示:以 SCANS 为例[J].教育与经济,2014(5):36-39.
③ 吴愈晓.教育分流体制与中国的教育分层(1978—2008).社会学研究,2013(4):179-202.
④ 埃里克·哈努谢克,卢德格尔·沃斯曼因.国家的知识资本:教育与经济增长[M].银温泉,等译.北京:中信出版社,2017:185.

总之,从教育机构角度看,实现"基本能力平等"是政府促进社会公平的基本职责,是教育促进共同富裕过程中有别于其他基本权利实现的一种作用方式,是最能代表教育活动本体价值的一项目标。

(三) 公共财政投入的重点任务

对于早期教育和基本公共教育,公共财政投入的责任重点是保障"基本能力平等"目标的实现。公共财政投入过程中,我们需要根据这一根本目标确定政府与受教育者个人各自承担责任的比重。吴忠民从公正分类视角区分了不同类型公正实现所需的社会成本和个人成本的此消彼长关系[①]。针对早期教育和基本公共教育,公共财政成本投入的基本价值取向是"普惠性公正",表现为政府投入的成本相对较大、个人成本相对较小。公共财政集中表现为承担以下两方面相互配合的义务。

一是为全体成员获得符合规定标准的教育服务提供普遍性保障。这一义务依据公共性程度不同,通过不同程度的公共预算负担比例实现,以公共资金为物质保障条件。依据2023年发布的基本公共服务清单,基本公共教育服务主要包括义务教育服务、住宿、营养午餐,以及基础教育各阶段学生资助。无论是政府直接提供,还是以购买服务方式由社会组织负责生产,政府应全部承担达到规定质量标准的服务成本,为个体平等获得基本公共教育提供物质条件。获得基本公共教育的需求始于个体生存发展要求,这也构成该项权利受宪法保护的条件。国家通过制定义务教育法等专门法律和政策对基本公共教育的办学条件、学业质量应达到的基本标准作出规定;同时,这一类型教育的具体内容和实现程度是发展变化的,而不是恒定的、静态的。因此,就特定历史阶段实现的具体内容和程度而言,早期教育与基本公共教育呈现出一种动

---

① 吴忠民.普惠性公正与差异性公正的平衡发展逻辑[J].中国社会科学,2017(9):33-44.

态发展特征,表现为国家关于教育服务的内容清单是动态变化的,相应的教育服务标准化的目标也是渐次推进的。

二是为确保特殊群体获得规定标准的基本公共教育进行额外补偿。作为一种人类发展的新范式,能力理论格外重视分配,尤其关注那些传统上受排斥或被边缘化的群体的奋斗①。对于早期教育和基本公共教育,国家财政应提供额外的资源投入。如果人们想要达到相同水平的选择和行动能力,特别是在不同社会地位的情况下,他们就可能需要不等量的资源①。依据提高全体人民富裕程度的基础要求以及"扩大中等收入群体"这一核心要求,基本公共教育为每一个社会成员创造社会财富与价值提供了基本手段。由此,针对家庭经济条件困难和身体条件不足的个体进行的补偿,主要体现为对于家庭经济困难学生、残疾学生等特殊群体施加增强型、个性化的保障手段。政府对于家庭自身支付能力不足或需要特殊支持的受教育者提供额外补偿的主要意义在于,通过补偿其基础发展能力从总体上缩小不同群体之间的能力差距,为他们参与社会生产活动提供平等的起始条件。

二、高中阶段教育的着力点

高中阶段教育在个体教育经历中居于承上启下的位置,可能成为个体接受教育与参与就业的分界点,因此其功能定位和能力发展目标与前一阶段教育具有明显差异。中共二十大报告强调,"坚持高中阶段学校多样化发展",为制定高中阶段教育政策指明了方向。

(一) 教育功能的基本定位

不同于基本公共教育以满足全体社会成员的共同需要为目

---

① 玛莎·C.纳斯鲍姆.寻求有尊严的生活:正义的能力理论[M].田雷,译.北京:中国人民大学出版社,2016:129.

的,高中教育阶段是各种才能的选择和充分发展的时期。国际21世纪教育委员会主张把中等教育设想为每个人生活中的"一个十字路口",在这里"青年们应能根据自己的爱好和能力决定自己的未来","他们能够获得有助于他们成人阶段的生活圆满成功的能力"①。该委员会在向联合国教科文组织提交的报告《教育:财富蕴藏其中》中这样描述中等教育对于学生能力获得的作用:

> 中等教育应当适应青少年走向成熟的不同过程。这些过程因人而异,因国家不同而有很大区别。这一级教育还应适应经济和社会生活的需要;应使学生的学习途径多样化,以便适应他们多种多样的才能;还应增加学习指导阶段,提供补课或改变学业方向的机会。最后,委员会对发展工读交替制度予以坚决支持。这不仅仅是进一步密切学校与职业界的关系,同时也是向青少年提供应对社会和职业现实的手段,从而使他们认识自己的弱点和优势。这种做法无疑将有助于他们走向成熟。

我国的高中阶段教育尤其是中等职业教育发展还受到自身国情制约。有学者指出,中等职业教育的存在正在遭遇严峻的学理质疑,而且比其他任何因素对中等职业教育办学带来的威胁都要严重②。在新的发展形势下,认识高中阶段教育功能定位的变化,是高中阶段教育通过发展个体的拓展性能力、促进共同富裕的基本议题,同时还将成为中等职业教育突破当前发展阻碍的重要转折点。针对中等职业教育在减贫致富方面的重要作用,相关学者已有深入研究,这为本书相关政策研究提供了参考借鉴。有研究通过混合能力促进效应模型验证了中等职业教育可以提升人们的

---

① 联合国教科文组织.教育:财富蕴藏其中[M].联合国教科文组织总部中文科,译.北京:教育科学出版社,2012:78.
② 徐国庆.中等职业教育的基础性转向:类型教育的视角[J].教育研究,2021,42(4):118-127.

第三章 教育促进共同富裕的作用原理与着力点

两类混合能力;中等职业教育将使人们拥有抗风险能力和更高程度的工作技能①。相关研究深刻揭示的高中阶段教育与早期教育、基本公共教育的功能差异,是提供相关政策建议的重要依据。

(二)能力发展的主要目标

高中阶段教育能力发展目标可以概括为为个体提供"多样化选择"与"自主发展"的机会。由于获得的能力对继续从事学术事业或进入就业市场的影响,这一阶段教育相对于基本公共教育更加受到劳动、就业等部门的重视,由此也对教育部门提出了"外部"的期望和挑战。联合国教科文组织在相关文件中指出,应该使后期的中等教育多样化,使之与就业或培训相结合,使所有青年根据需要及能力在教育上有所选择,学生可以就业或进入高等教育。OECD 的研究报告指出,毕业通常被认为是成功融入劳动力市场的最低要求,失业率随着教育程度的提高而下降,受教育程度较低的成年人的失业率特别高②。在产业结构快速变化形势下,这一阶段教育还受到职业形态变化的影响。如有学者指出,"新职业主义"是国际上表达职业教育性质转向的一个概念,"新"是相对过去狭隘的、针对某一具体工作进行训练的旧职业主义来说的③。根据其涉及的能力层次特征,这一阶段教育在教育内容和方法上也面临新的要求④,可以概括为:

> 中等教育应是各种才能显露和充分发展的时期。应当充实和更新公共课内容(语言、理科、文化常识),以便反映各种

---

① 邢芸,胡咏梅.中等职业教育可以缓解相对贫困吗?:基于能力贫困理论的实证分析[J].中国职业技术教育,2022(21):73-86.
② OECD. Education at a glance 2021:OECD indicators[ED/OL]. (2023-09-16)[2024-11-12]. https://doi.org/10.1787/b35a14e5-en.
③ 徐国庆.中等职业教育的基础性转向:类型教育的视角[J].教育研究,2021,42(4):118-127.
④ 联合国教科文组织.教育:财富蕴藏其中[M].联合国教科文组织总部中文科,译.北京:教育科学出版社,2012:89.

现象的日益事件化、文化间相互了解的必要性以及将科学用来为人的持久发展服务等情况。

高中阶段教育在学术与职业之间以及在中等与高等教育之间的衔接和枢纽地位,受到了政策和学术领域的共同关注。新发展阶段,产业结构变革促进了职业形态的快速变化,新的职业形态不断涌现,这对高中阶段教育能否增强个体选择能力、更好地适应新职业形态提出了要求。高中阶段教育如何促进共同富裕的研究重点和难点主要表现为以下几个方面。

一是在"普职分流"政策中,如何减少选择机会匮乏导致的群体间不公平。在能力理论视野下,纳斯鲍姆认为在培养个体核心能力的目录中,应当赋予个体选择的权利,而且这种对选择的强调必定塑造着政策制定者应该考虑的实施策略①。社会学研究认为,将教育系统划分为学术和职业轨道是实现教育机会平等的障碍之一。吴愈晓的研究证实②,子女在高中阶段对普通高中和职业高中的路径选择更多受父母教育(家庭文化资本因素)的影响,父母的教育程度越高,家庭文化资本越丰富,子女更可能选择普通高中(学术教育路径);在其他因素保持不变的条件下,父母受教育年限每增加1年,子女升入职高(相对于普高)的概率下降约4%。国内外研究都揭示了教育分流对不同群体发展及社会公平的影响。哈努谢克和沃斯曼因的研究也揭示了分流与家庭背景的关系③:来自较贫困家庭的孩子往往最终选择职业课程,来自较富裕家庭的孩子往往选择通识课程。国内的实证研究表明,教育分流是家庭背景影响子女教育获得的中间变量,当控制教育分流效应时,家庭背景的效应开始减弱或消失,因此教育分流也就成了家庭

---

① 玛莎·C.纳斯鲍姆.寻求有尊严的生活:正义的能力理论[M].田雷,译.北京:中国人民大学出版社,2016:69.
② 吴愈晓.教育分流体制与中国的教育分层(1978—2008)[J].社会学研究,2013(4):179-202.
③ 埃里克·哈努谢克,卢德格尔·沃斯曼因.国家的知识资本:教育与经济增长[M].银温泉,等译.北京:中信出版社,2017:184-185.

第三章 教育促进共同富裕的作用原理与着力点

背景代际传递的中间机制之一[①]。为此,高中阶段教育通过减少对个体职业定位的过早干预促进高中阶段教育的差异性公正价值实现。

二是避免不合理的分级对个体基础能力发展的制约。分级是当前我国高中阶段教育实践的显著特征,通常是指根据成绩将学生分成不同层次,安排到不同类型的学校。分级也被称为分流、能力分组或选择性教育。在共同富裕目标实现条件下,高中阶段教育普遍存在的分级面临着多种价值与伦理的挑战。这主要表现在两个方面。一方面,如何避免不合理分级对个体选择机会的影响。从 OECD 国家看,家庭对成绩和收入影响的研究表明,推迟分级年龄会减轻家庭对学生成绩和后续收益的影响。为此,我们可以通过规范高中阶段教育过程中的分级行为延迟分级计划实施,整体上扩大高中阶段教育普惠性公正的基石。另一方面,针对高中阶段教育的多样化,当前还存在着另一种值得关注的观点,即将基本能力保障放在首位。有学者认为,学生可行能力的整体提升要优先于能力差异,即确保高中阶段的教育质量公平,缩小不同类型学校学生在可行能力方面的差距[②]。然而,这种符合科学认识的主张在实践中并未得到重视,作者认为这一主张亟须引起决策者重视。

三是通过促进高中阶段教育多样化发展增强个体的职业选择能力。OECD 的调查显示,与完成高中后非高等教育和完成高等教育的两类人群相比,未完成高中教育的人群就业率更低,失业率更高(图 3-1)。中等职业教育与个体职业选择能力的形成具有密切的联系。在按照类型定位发展职业教育过程中,中等职业教育正在经历由以往的就业导向教育向应用型人才培养的基石发展。依据中等职业教育的多样化发展思路,相关部门应有计划地引导部分办学

[①] 王威海,顾源.中国城乡居民的中学教育分流与职业地位获得[J].社会学研究,2012,27(4):48-66.
[②] 潘小芳,程红艳.能力平等视域下教育质量公平的意蕴及其实现[J].教育与经济,2023(1):37-46.

质量好的中等职业学校和部分技术内涵深的中等职业教育专业逐步转向职业基础教育[①]。在新的应用型人才培养体系中,技术知识与思维模式的独立性决定了应用型人才培养体系的相对独立性,而应用型人才的能力特征决定了其培养体系构建要以中等职业教育为基础。

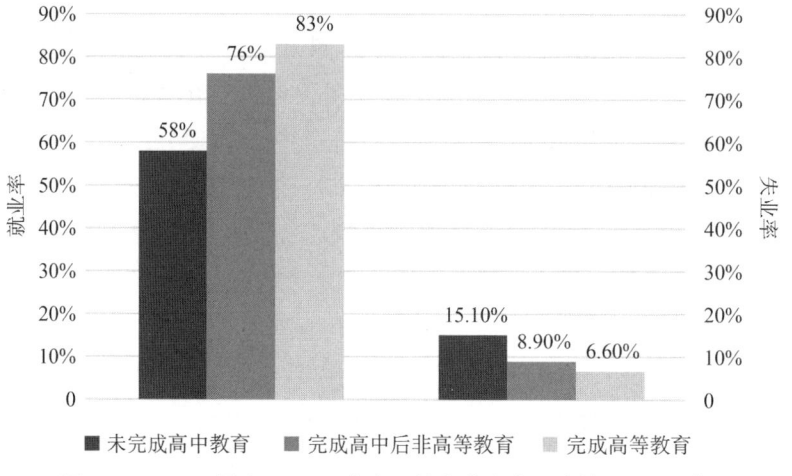

图3-1　OECD国家25～34岁人口就业率和失业率情况(2020年)

(三) 公共财政投入的重点任务

政府与家庭对特定阶段(类型)教育的投入和成本分担具有相互影响的关系。相关研究已经揭示,政府公共教育财政投入增长既具有减少家庭教育投入的作用,即"挤出效应"(crowd-outeffect),也具有引起家庭教育投入增加的作用,即"挤入效应"(crowd-ineffect)[②]。同时,公共教育财政投入与家庭教育投入之间的影响效应存在群体异质性[①],即不同收入、户籍身份、流动情况及儿童受教育阶段的家庭可能作出不同的家庭教育投资决策。

---

① 徐国庆.中等职业教育的基础性转向:类型教育的视角[J].教育研究,2021,42(4):118-127.
② 郑林如.社会支持政策对贫困家庭教育投入的影响:文献综述与展望[J].社会保障研究,2021(4):87-96.

第三章　教育促进共同富裕的作用原理与着力点

在高中阶段,与普通教育为学术型人才培养奠定基础不同,职业教育主要是为应用型人才培养奠定基础。当前,我国正在围绕"职普融通""多样化发展"等目标推进高中阶段教育改革,其中的一项重要任务是按照类型化方向改变职业教育的作用和地位。这项改革的成功取决于两个前提条件[①]:一是大幅度扩充面向中等职业学校学生的本科教育资源;二是构建与普通高考平行的职教高考制度。由此可以推断,中等职业教育应成为基础教育的组成部分。在实践中,我们应以提高多样化的拓展性能力为重点,提高职业教育对个体摆脱相对贫困能力的贡献度。研究发现,选择中等职业教育可以提升通过劳动力市场实践表现的混合能力,且具备更佳混合能力的个体更有利于摆脱相对贫困[②]。因此,中等职业教育在缓解贫困影响机制中的关键作用是提升人们的抗生存风险能力和工作技能。

高中阶段教育具有在中等教育与高等教育之间的衔接作用。该阶段的教育投入应由用人主体、个体、政府共同承担,通常依据各自的受益性划分责任。但是,推进"差异性公正"则需要个人支付特定的私人成本,承担与"自主决策"相适应的发展性风险[③]。一方面,由此形成的政府与受教育者个人(家庭)之间的责任分配方式反映了不同层次教育对个体能力获得的影响差异,即某一层次教育对于发展特定类型的能力具有独特性。另一方面,这种分配方式也将对两类主体产生相应的激励(约束)作用:就受教育者个体(家庭)而言,主要表现为激励作用,提高社会成员接受该层次教育的主动性。这样的责任分配方式将是选择教育促进共同富裕的政策供给着力点的依据。随着我国高中教育向多样化、特色化转变,政府对于高中阶段教育的财政投入应确立"普惠性公正"与

---

① 徐国庆.中等职业教育的基础性转向:类型教育的视角[J].教育研究.2021(4):118-127.
② 邢芸,胡咏梅.中等职业教育可以缓解相对贫困吗:基于能力贫困理论的实证分析[J].中国职业技术教育,2022(21):73-86.
③ 吴忠民.普惠性公正与差异性公正的平衡发展逻辑[J].中国社会科学,2017(9):33-44.

"差异性公正"并重的价值原则。

三、 职业教育、高等教育和终身教育的着力点

从世界范围内看,高等教育阶段总体上是围绕职业教育进行设计的,其作用特征可以概括为"沟通、衔接和渗透"。具体表现为:促进职业教育和普通教育功能的充分发挥,创建一个有效的渗透性、开放的教育体系,在职业教育与培训和普通高等教育之间建立一个沟通与衔接的桥梁,促进学生从一个领域向另一个领域过渡,共同支持实现一个综合性的终身学习目标[①]。

(一) 教育功能的基本定位

通常认为,相对于基础教育,高等教育对增强人们创造财富的能力具有更直接的影响,对共同富裕的促进作用更为直接。其原因包括:高等教育培养的高级专门人才能够极大地增强人们的创新创业能力;以就业为导向的职业技术教育能造就大量经济社会发展所急需的职业技能型人才[②]。此外,分布于高等教育阶段、多种形式的终身教育在为个体提供多样化选择机会和提高充分发展程度方面具有重要意义。中共二十大报告强调,"建设全民终身学习的学习型社会、学习型大国"。国际组织和各国教育法律法规对职业教育、高等教育和终身教育各自的功能均有明确定位。

对于职业教育的目的,联合国教科文组织在《关于技术与职业教育的建议(2001)》中指出,技术与职业教育应当与所有其他教育部门密切配合,为学习者提供畅通连贯的学习渠道,重点是与以往的学习工作经历相联系,并作出鉴定,给予承认。对于高等教育,

---

① 国家发展改革委社会发展司,上海市教育科学研究院. 中国职业教育发展战略及制度创新研究[M]. 北京:中国计划出版社,2015:25.
② 闵维方,曹晓婕. 教育促进共同富裕的作用机制研究[J]. 教育经济评论,2022(6):3-20.

第三章 教育促进共同富裕的作用原理与着力点

联合国教科文组织在《教育:财富蕴藏其中》中指出,"高等教育机构应把实行公平原则和培养优秀人才结合起来,向所有社会群体和经济团体的成员敞开大门,而不考虑他们以前的学业情况"[①]。终身教育则是采取不同形式满足个体能力提升和怡情等不同需求,从而影响个体选择和行动能力。随着劳动者群体的日渐扩大,以及生产率提高后在岗劳动者闲暇时间和生活需求的增长,丰富不同年龄群体的精神生活、提升其生活品质,将成为推进共同富裕目标实现的现实需要。1972年,时任联合国教科文组织终身教育部部长E.捷尔比将终身教育概括为"学校教育和学校毕业以后教育及训练的统和",即终身教育不仅包括以学校教育为主的正规(制度化)教育,也包括非学历教育在内的非正规教育和非正式教育等。

在实现上述基本功能的基础上,职业教育、高等教育和终身教育在促进社会公平方面还共同担负着为弱势人群提供进一步补偿与支持的责任。21世纪以来,联合国教科文组织提出的"面向所有人的职业技术教育"理念认为,职业技术教育应成为体现对弱势群体关怀、解决社会公平问题的重要手段[①]。在政策实践中,政府尤其要为失业者和辍学者、残疾人、农村贫困人口等各种处境不利人群提供各种正规与非正规的职业技术教育。国内有研究指出,我国高等教育步入普及化阶段后,政府要注重通过补偿性的再分配政策来保障和提高弱势阶层子女获得优质教育的机会,减少由出身造成的教育机会的差异[②]。

(二) 能力发展的主要目标

在新发展阶段,高等教育、职业教育和终身教育在促进共同富裕上面临"转换行动逻辑"的要求。经济学视角下的主导逻辑表现

[①] 联合国教科文组织.教育:财富蕴藏其中[M].联合国教科文组织总部中文科,译.北京:光明日报出版社,2012:78.
[②] 刘保中.中国高等教育步入普及化阶段背景下的阶层差异与教育公平[J].北京工业大学学报(社会科学版),2021(3):116-126.

为资本增量的"功利化"逻辑,其主要依据是内生增长理论,即劳动投入过程中包含着因正规教育、培训、在职学习等形成的人力资本,物质资本积累过程中包含着因研究与开发、发明、创新等活动而形成的技术进步,这些人力资本和技术进步等要素的内生化使经济获得长期增长。在新发展阶段,"人的全面发展"被纳入并成为"全体人民共同富裕"目标的组成部分,是促进共同富裕的行动逻辑。教育面临着以"能力提升"为核心的人的全面发展逻辑转换要求。

其一,发挥促进共同富裕的作用要兼顾质量整体提升和弱势群体质量平等。在步入普及化阶段之后,我国高等教育公平面临两个新问题,即如何从教育机会的数量均等化转向教育机会的质量均等化,以及如何从起点的单维公平走向"起点—过程—结果"的多维公平[①]。一方面,我们要针对普遍对象意义上的对象提高高等教育质量,提升人才培养水平,由此影响个体创造社会财富的能力。1990年,美国劳工部成立SCANS,SCANS特别关注工作者在工作场所工作所需要具备的能力,其出发点可以概括为,"个人如何能够获得工作上的成功,国家未来经济如何高效发展,或者说如何通过个人工作上的成功促进国家未来经济持续高效发展"[①]。这也是进入普及化阶段后高等教育本身面临的任务。另一方面,我们要为经济社会中的弱势群体提供更加周全的保障支持措施,使他们获得更好的教育质量。在学生从高等学校向就业市场转换过程中,高等教育直接影响中等收入群体规模扩大这一共同富裕的指标。2021年8月17日,习近平总书记在中央财经委员会第十次会议上指出,"高校毕业生是有望进入中等收入群体的重要方面,要提高高等教育质量,做到学有专长、学有所用,帮助他们尽快适应社会发展需要"。这既是经济社会财富增长的要求,也是促进社会团结、实现社会和谐的要求。

---

① 万作芳.美国能力分类、培养及启示:以SCANS为例[J].教育与经济,2014(5):36-39.

第三章　教育促进共同富裕的作用原理与着力点

其二,发挥促进共同富裕的作用对深入实施"三教融合"提出了要求。新的发展阶段,在产业结构转型和职业形态的持续迭代更新趋势下,高等教育、职业教育、终身教育很难在独立运作状态下增强个体在经济社会发展中的作用,也难以实现促进人的全面发展的目的。中共二十大报告强调,"统筹职业教育、高等教育、继续教育协同创新,推进职普融通、产教融合、科教融汇,优化职业教育类型定位"。这是新的历史阶段我国深化现代职业教育体系建设、提升高等教育和继续教育(终身教育)时代功能的重大战略举措。研究表明,由于我国的全要素生产率主要是由技术进步贡献的,技术效率的运用仍显不足[①],提升我国劳动力的技术利用效率非常重要,相关院校应调整人才培养方式,提高人才的技术水平与熟练度,培养出具有丰富科技知识和操作能力、能够高效消化吸收与应用前沿技术的人才。中共二十大后,中共中央、国务院发布首个教育改革指导性文件《关于深化现代职业教育体系建设改革的意见》,针对"拓宽学生成长成才通道"专门提出,"建立健全多形式衔接、多通道成长、可持续发展的梯度职业教育和培训体系,推动职普协调发展、相互融通,让不同禀赋和需要的学生能够多次选择、多样化成才"。

其三,发挥促进共同富裕的作用还面临受教育者能力补偿、技能强化以及精神需求满足等多种要求。高等教育阶段的继续教育(终身教育)的对象覆盖各种年龄的人群,教育需求差异决定了教育功能具有多样性[②]:面向高中毕业水平群体的继续教育属于补偿性教育;专科、本科和研究生毕业参加工作后接受的继续教育属于发展性教育;在社会生产与生活的闲暇时间所接受的具有一定专业性的兴趣爱好教育则属于怡情教育。通过补偿性高等继续教育获得的学历和学位证书具有政府认可的特点,是进入劳动力市

---

① 张心悦,闵维方.教育在提高全要素生产率中的作用研究:基于线性与非线性视角[J].北京大学教育评论,2021,19(3):101-124.
② 别敦荣.高等教育普及化背景下发展高等继续教育的深度思考[J].终身教育研究,2022,33(3):15-22.

场的条件,因此补偿性高等继续教育可以促进个体社会流动,应成为教育促进共同富裕政策设计的着力点。

(三) 公共财政投入的重点任务

促进全体人民共同富裕目标对职业教育、高等教育、终身教育如何促进个体能力发展与缩小不同群体间能力差距有着不同要求。这可以概括为:在实现个体更充分发展的同时,更加关注来自不同经济社会条件的个体的机会获得;在实现机会公平基础上,通过资助等多种形式促进弱势群体在教育过程和教育质量上的公平;为接受教育的个体在学术发展、进入就业市场之间提供适合自身的选择机会。

总体而言,针对高等教育、职业教育、终身教育,政府投入的公共财政成本的基本价值取向是"差异性公正",表现为政府投入的成本相对较小,个人成本相对较大。补偿性高等继续教育区别于普通高等教育的地方在于,它兼具国民教育和非国民教育的双重属性。对此,有研究者主张,政府主要负责补偿性高等继续教育,通过普通高校的继续教育学院或成人教育学院、开放大学等开展成人高等教育,而发展性和怡情性高等继续教育则主要由民间组织和个人举办①。

与此同时,我们需要认识到,针对弱势群体受教育者能力补偿、技能强化、精神需求满足等方面,政府需要另行投入财政资金,以发挥其对个人成本的补偿作用。这是新阶段推进全体人民共同富裕的必然要求,也是实现每一名社会成员全面自由发展的应有之义。

---

① 别敦荣.高等教育普及化背景下发展高等继续教育的深度思考[J].终身教育研究,2022(3):15-22.

第四章

教育促进共同富裕的政策实践

中国共产党几代领导集体薪火相传,始终致力于推进共同富裕。在这项伟大实践中,随着对共同富裕认识的不断深入,党和国家通过确立与各发展阶段适应的政策取向,采取相应行动,使教育在促进经济社会发展中发挥了重要作用。中华人民共和国成立以来,党和国家始终把发展教育事业作为推动社会公平、促进人的全面发展的重要途径,从而提高了社会成员发展致富能力,促进了社会阶层流动,提升了全社会精神文明程度,使其为不同历史时期推进共同富裕发挥了重要作用。

✦ 第一节 ✦

改革开放前的教育政策实践

中华人民共和国成立初期,我国国民整体受教育程度较低,文盲率较高。据教育部统计,1949—1952年我国学前教育毛入学率为0.4%,小学学龄儿童净入学率为20%,初中阶段毛入学率为3.1%,高等教育毛入学率仅为0.26%,高等教育在学总规模为11.7万人。在当时的国情下,首要任务是提升劳动者的技能与劳动生产效率,发展社会生产力,以增加社会总财富,而实现这些目标的关键在于人的发展。在艰难的条件下,我国在增加公民受教育机会、提升受教育水平、促进社会物质财富增长方面进行前所未有的探索和实践,取得了显著成就。

一、开展业余教育

中华人民共和国成立初期,我国文盲人口占全国人口的70%~80%。以上海市为例,1949年在全市106万产业工人中,文盲和半文盲率高达65%。为改变这种落后的面貌,迅速提高全民族的教育文化水平,我国积极开展全民扫盲教育,并组织干部、职工、农民和手工业者参加业余学习,全面开展业余教育。

(一) 开展全民扫盲教育

1952年9月,《中共中央关于推行速成识字法开展扫除文盲运动的指示》提出:"从工农兵劳动人民及工农干部中扫除文盲,是我们的国家实行经济建设与民主建设的必要条件。各地各部门必须根据不同的对象和不同情况与条件,拨出一定时间,集中力量,采取各种方式实行突击。"1956年1月,《教育部党组关于扫除文盲工作的请示》获得中央批示,其中明确提出了扫除文盲工作的规划和意见:"根据城市、乡村的不同情况,七年内基本上扫除全国文盲,即总共扫除22 000万文盲,占文盲总数的71%。"同年3月,《中共中央 国务院关于扫除文盲的决定》进一步指出:在社会主义工业化和农业合作化的过程中,工农群众由于发展生产的需要,也迫切地要求学习文化。按照该文件精神,中央和地方均设立扫除文盲委员会,区级以上机关团体的工农干部主要采取分批抽调离职方式,以两三个月为一期,分期分批集中进行学习。

随着全民性扫盲教育的开展,我国人口中的文盲数量和文盲率不断下降。截至1964年,文盲数量由3.2亿人下降到2.33亿人;15周岁以上成人文盲率由1949年的80%以上降低到57.3%。根据国家统计局第三次、第四次全国人口普查及1995年全国1%人口抽样调查数据推算,青壮年文盲率1982年为20.56%,1990年为10.38%,1995年为6.14%。由于少数民族聚居地区文盲率普遍高于全国平均水平,在全民性扫盲教育中,国家实施民族平等和对少数民族地区倾斜的政策,使少数民族地区的文盲率大幅度下降[①]。

(二)组织业余学习

根据人民群众的特点,业余学校的设立大致可分三类:一是以有组织的工人和干部为对象的职工业余教育学校,即职工业余学校;二是以城市中无组织的普通劳动群众为对象的劳动人民业余教育学校,即劳动人民业余学校;三是以郊区农民为对象的农民业余教育学校,办学形式有"冬校"和农民业余学校(以下简称民校),前者办学有季节性,后者是具有常设性质的比较正规的办学。工人作为城市生产的主力,提升其生产生活能力和劳动技术水平迫在眉睫,因此城市中的工人教育成了重点。以北京市为例,1950年4月,北京设有业余学校26所,学生20 523人,其中工人约占3/4以上。业余学校的招生一般秉承为社会生产服务的原则,因此在招生过程中实行"先干部、后产业工人"的原则。劳动人民业余学校招收学员时也强调招收店员、学徒或干苦力活的人,以增加劳动人民的数额。民校招生的对象开始主要是村干部、积极分子及青年男女,后来逐渐推广到一般农民[②]。由于学习群体工作和生活方式的差异,业余学校的组织形式也有很大的差异。职工业余学校是以单位或行业为单位,劳动人民业余学校和民校一般以地域为单位。

---

① 我国扫盲工作的主要成就[EB/OL].(2019-09-08)[2023-12-15]. https://edu.sina.com.cn/l/2002-09-08/31259.html.
② 杨光红.新中国成立初期海淀区的扫盲运动[J].北京党史,2008(3):55-57.

业余教育在条件许可下采取正规的教育形式,在条件不足或无法正规化的地方,多采取举办识字班、文化班等形式。

业余教育提高了居民的文化素质,人民群众识字量增加,可以阅读有关生产技术的通俗书刊,从而提高了工作能力和生产技术。一些学员通过夜校学习后重新选择了职业,一些人还顺利地考上了机关部门的工作。部分街道市民通过夜校学习摆脱了文盲状态,具备了就业条件,积极参加了国家生产建设。业余教育从整体上提高了我国工人、农民的科学文化水平,为社会生产力的发展奠定了基本的文化基础。

二、基础教育开始走上正轨

在促进共同富裕的过程中,基础教育是提升人的全面发展能力的前提和关键途径,是一种普惠性的人力资本投资。中华人民共和国成立之初基础教育薄弱,文盲和半文盲人数占总人口的80%以上,学龄儿童入学率仅有20%左右。普及教育,尤其是普及小学教育,成为新中国教育工作的重中之重。

(一)恢复学前教育的政策实践

1949年12月,全国第一次教育工作会议提出:有计划地培养典型,创造经验,打好基础,准备迎接在经济建设高潮到来后的文教建设高潮中发展学前教育的新任务。随后,国家出台系列政策改造和接收学前教育机构。1951年10月,中央人民政府政务院颁布《关于改革学制的决定》,明确将学前教育纳入学制体系,学前教育成为国民基础教育的重要组成部分。该文件规定,"幼儿园招收3足岁到7足岁的幼儿,使他们的身心在入小学前获得健全的发育""幼儿园应在有条件的城市中首先设立,然后逐步推广"。随后,为了增加学前教育机构数量和规范学前教育机构办学,1952年3月教育部颁发试行《幼儿园暂行规程(草案)》,对幼儿园的任务、目标、学制、教养原则与教养活动项目、入园与结业、经费与

第四章 教育促进共同富裕的政策实践

设备、组织与制度以及幼儿园的任务作了明确的规定。1955年,国务院发布《国务院关于工矿、企业自办中学、小学和幼儿园的规定》,对工矿、企业办园作了规范。1956年,教育部等部门联合发布《关于托儿所幼儿园几个问题的联合通知》,明确学前教育的领导体制,提出要按照"全面规划、加强领导""又快、又多、又好、又省"的原则积极发展托儿所和幼儿园,按照统一领导、分级管理的原则,托儿所由卫生行政部门领导,幼儿园由教育行政部门领导。此外,教育部又颁布了一系列相关文件对幼儿园教师的福利待遇、培养、工作以及学前教育督导等多个领域作出初步规范。截至1957年,教育部门主办的幼儿园有4 367所,其他部门主办的幼儿园有3 433所,民办幼儿园有8 620所。1973年,全国有幼儿园4.55万所,1975年发展到17.17万所,1976年增长到44.26万所。

(二) 恢复义务教育体系的政策实践

根据全国第一次教育工作会议确定的总方针,1951年我国颁布第一个学制文件《关于改革学制的决定》,对各级各类学校的地位、年限和互相衔接的关系作了新的规定。"初等教育包括儿童的初等教育和青年、成人的初等教育。对儿童实施初等教育的学校为小学,应给儿童以全面的基础教育。小学的修业年限为五年,实行一贯制,取消初、高两级的分段制。"1952年,《小学暂行规程(草案)》和《中学暂行规程(草案)》正式颁布,全面规范了我国中小学教育教学,形成了我国中小学学校课程设置的基本框架。同时,根据这两份文件,教育部制定了新的小学、中学各科教学大纲,初步建立起了我国的基础教育课程体系。

1954年9月,"中华人民共和国公民有接受教育的权利和义务"被正式写进《中华人民共和国宪法》。1957年3月,毛泽东同志在全国普通教育工作座谈会上讲道:要大力支持农村发展基础教育,惠及更多农民子女。此后,我国乡村义务教育迎来空前大发展,基本实现了"小学不出村,中学不出队,高中不出社",大幅改善了农村孩子接受教育的境况。到1965年年底,我国义务教育得到了全面的恢复,中等学校学生达到1 432万人,小学在校生达到11 626.9万人,分别比1946年增长了6.9倍和3.9倍,学龄儿童入学率达到85%。普通中等教育为国家培养了2 000多万毕业生和大批的劳动后备力量,为高级专门人才的培养奠定了基础。截至1976年,全国小学学校为1 044 174所,在校学生数为15 005.5万人;全国普通初中学校猛增至192 152所,在校学生数为5 836.58万人,其中初中生人数为4 352.94万,高中生人数为1 483.64万人。在很多省市,适龄小学生就读率达到80%,初中就读率达到70%[①]。

三、 全面恢复高考制度

共同富裕建立于社会公平之上,没有社会公平就难以谈及共同富裕目标的实现。高考制度的全面恢复与实施是教育领域推动社会公平的重要举措,其不仅赋予了人民群众接受高等教育的权利,而且对人才的选拔与培养、社会阶层的流动等都具有深远影响。

(一) 恢复高考制度的政策推进

1952年我国创建了全国统一的高考制度,1966年遭到废止。1977年8月13日至9月25日,第二次全国高校招生工作会议在北京召开,会议起草通过了《关于一九七七年高等学校招生工作的意见》,决定恢复高等学校新生入学考试。1977年10月12日,国务院正式批转了教育部《关于一九七七年高等学校招生工作的意见》。

全面恢复高考制度后,教育部对招生对象与条件作了重新规定。一方面,扩大了招生对象,包括工人、农民、上山下乡和回乡知识青年(包括按政策留城而尚未分配工作的)、复员军人、干部和应届高中毕业生,年龄不超过25周岁,未婚;对实践经验比较丰富或确有专长的,年龄放宽到30岁,婚否不限。另一方面,改革招生对

---

① 教育部计划财务司.中国教育成就统计资料(1949—1983)[M].北京:人民教育出版社,1984.

象条件规定,从政治、文化、身体方面提出了具体条件:关于政治条件,要求政治历史清楚、拥护中国共产党,热爱社会主义、热爱劳动、遵守纪律、决心为革命学习;关于文化条件,要求具有高中毕业或相当于高中毕业的文化水平;关于身体条件,要求身体健康。招生条件改革的重点内容包括:一是对长期实行的阶级路线和唯成分论的破除和果断的调整;二是普遍提升了对招生对象的文化要求,变革了之前初中毕业即可报考的规定;三是招生方法改革,为了保证招收新生的质量,在各级党委领导下,贯彻群众路线,根据德、智、体全面衡量,择优录取的原则,实行自愿报名,统一考试,地市初选,学校录取,省、市、自治区批准的办法;四是招生计划与分配计划、招生经费和学生待遇方面的改革,强调加强党的领导,坚决反对"走后门"。①

(二) 全面恢复高考制度的意义

1977年,我国全面恢复高考,这也是我国教育和社会发展历史上的一个重要拐点,570万名考生从山村、渔乡、牧场、工厂、矿山、营房、课堂等奔向考场,加上1978年夏季的高考,两季考生达到了1160万人。1977年当年的报考人数为570万,录取人数为27万人,录取率为4.7%。恢复高考的政策决定既着眼于重建与实现教育公平与公正,同时也促进了社会公平与公正的重建。

恢复高考是现代社会公平、公正的深切要求。高等教育机会向更广泛的人群开放,废除了"血统论""出身论"的政治条件禁锢,强调重在个人表现。同时,高考对考生的文化条件有了统一的标准和要求,高考录取过程也变成了一种公平公正运作的过程。恢复高考意味着在全社会范围内重建公平公正的社会制度,客观上促进了全体社会成员享有平等接受高等教育的机会,有利于提升社会财富创造的水平。

---

① 钟秉林,王新凤. 我国高考改革的价值取向变迁与理性选择:基于40年高考招生政策文本分析的视角[J]. 教育研究,2017,38(10):12-20.

四、恢复和兴办职业教育

职业教育在提高劳动力素质、"做大蛋糕",促进农民致富和弱势群体就业、缩小城乡收入差距,以及开展技术技能培训,促就业、惠民生等方面具有不可替代的作用。在中华人民共和国成立前夕举行的中国人民政治协商会议上,与会代表的共识是新社会人民当家作主,根据国家需要,每个人都会有合适的工作岗位,人民生活也要有充分保障,人民群众要掌握劳动本领和提高业务技术。

(一) 中专和技校的建立

1949年12月13日,全国第一次教育工作会议确定了教育工作的总方针:教育必须为国家建设服务,学校必须为工农开门。会议明确提出,中等技术学校的任务是培养工业、农业、交通等方面的中级和初级技术型人才。1952年3月,中央人民政府政务院发布的《关于整顿和发展中等技术教育的指示》提出:"各类各级中等技术学校,均应根据各业务部门的具体需要,明确规定其方针与任务,并逐步地与适当地实行专业化与单一化,务求学用一致,使所培养的人才确能适应各业务部门的需要。"调整后这种类型学校都有特定的专业方向和实施领域,统称为"中等专业学校",简称"中专"。当时,中等技术教育的另一类机构是技工学校,简称"技校"。随着经济的恢复和发展,生产部门急需补充技术工人,于是技工教育制度被提上日程。1953年,中央人民政府政务院决定由劳动部门对技工学校进行综合管理。1954年4月,劳动部制定《技工学校暂行办法(草案)》,规定技工学校按产业部门分别设置,学校按设定工种进行教学,"以培养四级技工为主"。技校学生享受人民助学金,其待遇比照中专学生标准支付,毕业生由其产业管理部门分配工作。1957年,全国有中专(未含中师)728所,在校生48.2万人;有技校144所,在校生6.7万人。

(二) 职业教育的恢复与起步

1949年,初中与高中在校生的比例约为4∶1,1957年这个比例扩大为近6∶1。这意味着不能升学的毕业生比例大大提高,而且总人数的规模巨大,再加上更大数量的小学毕业生升不了学,社会影响面大增,特别是农村学校的毕业生出路更窄。中专、技校毕竟起点较低,且办学受自身需求和条件所限,难以全面扩展。要使不能升学的学生掌握一技之长以便就业,还必须开辟新的途径。1958年3月,中共中央宣传部在南京召开的民办农业中学座谈会上,号召动员群众的力量办各种职业中学,特别是创办农业中学,这是自新中国成立以来官方首次提倡职业教育。1963年3月,中共中央在《关于讨论试行全日制中小学工作条例草案和对当前中小学教育工作几个问题的指示》中强调,要认真贯彻普通教育与职业教育、技术教育并举的方针。同年5月,时任教育部部长杨秀峰在教育部和劳动部联合召开的城市职业教育座谈会上指出:在中等教育事业中要对普通教育与职业教育进行全面合理的安排;应把职业教育作为我国学制中的一个重要组成部分,逐步建立起完备的职业教育体系。

1958—1965年是我国职业教育的一个良好发展时期,原有的中专、技校有了进一步发展。1965年,全国有中专1 265所(含中师394所),在校生54.7万人(含中师15.5万人);有技校400所,在校生18.3万人;职业中学(包括农业中学)发展到61 626所,在校生443.3万人。

✦ 第二节 ✦

改革开放和社会主义现代化建设时期的教育政策实践

改革开放后,邓小平同志提出了"让一部分人先富起来,先富带动后富"的共同富裕理念,对教育领域产生了深远影响。20世纪80年代中期,教育秩序恢复不久,小学教育刚刚普及,仍有2亿多人处于文盲和半文盲状态。教育领域通过推行一系列重大政策举措,不断加大对各级教育的投入,增加教育资源配置,真正实现人民群众"有学上",奠定了实现全体人民共同富裕的教育基础。

一、学前教育的政策实践

在学前教育阶段,国家通过推动公办、民办幼儿园共同发展,使学前教育规模不断扩大,形成了覆盖城乡的学前教育体系。

(一)全面提升学前教育普及化水平

改革开放初期,学前教育资源严重不足,城乡学前教育机会差异较大,"有园上"的问题十分突出。1979年10月我国召开全国托幼工作会议,提出我国托幼教育坚持"两条腿走路"的方针,允许企业和社会力量参与举办幼儿园、托儿所,这为丰富学前教育资源供给奠定了制度基础。

1987年,《国务院办公厅转发国家教委等部门关于明确幼儿教育事业领导管理职责分工的请示的通知》(国办发〔1987〕69号)提出,除地方政府举办幼儿园外,主要依靠部门、单位和集体、个人等方面力量发展幼儿教育事业。1997年7月,《全国幼儿教育事业"九五"发展目标实施意见》明确,在地方政府举办幼儿园的同时,探索"适应社会主义市场经济的办园模式和内部管理机制,逐步推进幼儿教育社会化"。2003年3月,国务院办公厅转发教育部等部门《关于幼儿教育改革与发展的指导意见》,肯定学前教育社会化的改革方向。2003年9月,《中华人民共和国民办教育促进法》施行,我国民办幼儿园开始了飞速发展,在扩大学前教育资源规模、丰富服务类型供给方面发挥了重要作用。2003年,全国共有幼儿园11.64万所,在园幼儿(包括学前班)达2004万人,其中民办幼儿园5.55万所,占比约为48%,在园幼儿480.23万人,占比约为24%。在社会力量参与下,截至2010年年底全国共有幼儿园15.04万所,在园幼儿达到2 976.67万人,学前教育普及水平得到了明显提高。

(二)初步建立城乡学前教育公共服务体系

在改革开放之初,与城市学前教育得到了良好发展相比,农村地区学前教育发展十分薄弱。为促进地方进一步落实发展学前教育责任,完善办园、投入、用人和管理等方面的体制机制,2010年11月,《国务院关于当前发展学前教育的若干意见》要求"把发展学前教育摆在更加重要的位置"。随后,国家出台一系列政策,开展重大项目建设,推动农村地区学前教育发展,构建覆盖城乡的学前教育公共服务体系。

2010年,教育部、国家发改委实施了"农村学前教育推进工程",重点支持中西部农村地区新建一批布局合理、安全适用、办园规范,面向区域内适龄儿童的普惠性幼儿园,以提供基本的、有质量的农村学前教育。试点资金重点向贫困落后地区和少数民族地区倾斜。在第一阶段的3年时间里,国家投入55.6亿元,建设乡村幼儿园3 149所,新增幼儿园学位63万余个。"十二五"期间,中央财政安排500亿元,先后实施校舍改建、综合奖补、幼师培训和幼儿资助四大类七个重点项目,支持中西部地区和东部困难地区发展农村学前教育,其中包括利用农村闲置校舍改建幼儿园,利用农村小学富余校舍资源增设附属幼儿园,对家庭困难儿童、孤儿和残疾儿童入园给予资助。这为扩大农村儿童接受学前教育机会、全面提高基础教育水平发挥了奠基作用。

2014年,全国幼儿园总数达21万所,在园幼儿数为4 051万人,学前教育连续3年毛入园率达到70.5%,"入园难"问题得到缓解。2009年,我国学前教育普及程度还低于发展中国家平均水平,2014年我国已达到中高收入国家平均水平。

二、义务教育的政策实践

提升教育质量、实现教育公平是通往共同富裕道路的关键环节。进入改革开放以来,邓小平同志提出,物质生活的富裕、精神文化生活的丰富与人的自身文明素质的提高有机结合是构成社会主义共同富裕的特征。这些特征与教育事业发展息息相关。在世界范围内,为了培养合格公民,义务教育是现代政府为适龄儿童提供的最基本的教育服务。改革开放和社会主义现代化建设时期,义务教育阶段实现了"两基"①和"普九"②,充分保障了每位儿童的受教育权利。

(一) 确立义务教育制度,保障儿童接受义务教育权利

义务教育是造就每个人走向社会、参与社会、享受社会发展成果、走向共同富裕能力的必由之路。③ 改革开放后,我国进入全面开创社会主义现代化建设新局面的阶段。为了满足适龄儿童接受义务教育的需要,培养经济社会发展需要的人才,1982 年修订的《中华人民共和国宪法》明确提出我国要"普及初等义务教育",这是新中国成立以来首次以宪法形式确定在我国普及义务教育,这意味着我国开始实行小学、初中义务教育。

1985 年,《中共中央关于教育体制改革的决定》首次提出我国"有步骤地实行九年制义务教育"。为了实现普及九年义务教育的宏大目标,根据当时国情,中央政府将发展基础教育的责任交给了地方政府,要求调动地方发展基础教育的积极性,同时依靠人民群众办教育。义务教育体制改革促进了我国义务教育的

---

① "两基"是指基本实施九年义务教育和基本扫除青壮年文盲。
② "普九"是指 1986 年《中华人民共和国义务教育法》颁布实施后逐步提出的一项目标,即到 20 世纪末在全国基本普及九年制义务教育。
③ 推动义务教育走向更加优质均衡[EB/OL].(2022-07-01)[2023-12-19]. http://www.moe.gov.cn/jyb_xwfb/s5148/202207/t20220701_642351.html?eqid=83bab3ef001ef4510000000464297d65.

快速发展。为了保证义务教育的顺利实施,1986年,九年制义务教育被写入新颁布的《中华人民共和国义务教育法》,使普及义务教育获得了专门法律保障,适龄儿童接受义务教育的权利从此有了法律保障。

(二) 全面实现"两基"目标与开展"普九"攻坚战

改革开放初期,我国农村义务教育在校学生多达1.5亿人,我国城乡义务教育资源配置不均衡,教育质量差异明显。在这种背景下,西部地区"两基"攻坚计划的实施有力促进了西部地区教育发展,使劳动者素质得到普遍提高。

1992年,中共十四大提出"到20世纪末,基本普及九年义务教育,基本扫除青壮年文盲"的重要目标。1993年,中共中央、国务院印发《中国教育改革和发展纲要》,将"两基"作为新的奋斗目标。1994年,全国教育工作会议提出了"双八五"目标和三片地区"三步走"的实施方法。其中,"双八五"是指到20世纪末,在占全国总人口85%的地区普及九年义务教育,初中阶段毛入学率达到85%;"三步走"是指1996年在40%～45%的人口地区"普九",1998年在60%～65%的人口地区"普九",2000年在85%的人口地区"普九"。2000年年底,全国"普九"人口覆盖率达到85%,青壮年文盲率下降至5%以下,基本实现"两基"。

2003年,国家提出"力争到2010年在全国实现全面普及九年义务教育和全面提高义务教育质量"的目标,力争用5年时间完成西部地区"两基"攻坚任务。在一系列政策推动下,截至2007年,西部地区"两基"人口覆盖率达到98%,比攻坚计划实施前的77%提高了21个百分点,超出计划提出的85%的目标13个百分点;初中毛入学率达到了90%以上,青壮年文盲率降到5%以下。同时,农村义务教育财政预算内拨款从2002年的990亿元增加到2006年的1881亿元,义务教育阶段的入学率、巩固率显著提高,城乡义务教育差距进一步缩小。"两基"目标的达成,实现了农村义务教育经费由农民部分承担转变为由政府全部承担,全面减轻了学龄人口接受义务教育的负担;农村义务教育管理由原来的以乡镇为主转变到以县为主。同时,国家确立了农村义务教育经费保障实施"两免一补"的新机制,即免除农村义务教育阶段学生学杂费,向学生免费提供教科书,补助家庭经济困难寄宿生的生活费。"两免一补"惠及1.5亿农村孩子,解决了农村孩子上学难的问题。此外,"两基"目标的实现也大力推进了农村中小学教育教学改革。国家先后投入111亿元,其中,中央专项资金50亿元,地方投入61亿元,覆盖中西部36万所农村中小学和1亿多农村中小学生。到2006年,农村小学和初中教师的学历合格率分别达到了98.7%和95.8%。同时,"大学生志愿服务西部计划"和西部地区的"特岗计划"有力地补充了农村教师队伍。

(三)部署推动义务教育均衡发展

2011年11月,我国全面完成基本普及九年义务教育和基本扫除青壮年文盲的战略目标。我国作为占世界人口约1/5的国家全面实现"两基",为全人类文明进步作出了伟大贡献,也为我国实现全体人民共同富裕奠定了坚实的基础。

2010年,针对推进义务教育均衡发展,《国家中长期教育改革和发展规划纲要(2010—2020年)》提出"率先在县(区)域内实现城乡均衡发展",逐步在更大范围内推进的目标。随后,教育部陆续实施"农村义务教育学生营养改善计划""全面改薄"等基础教育重大系列工程。2011年12月,中共中央、国务院印发《中国农村扶贫开发纲要(2011—2020年)》,提出"一达标、两不愁、三保障"的目标。① 教育作为阻断贫困代际传递的根本手段成为"两不愁、三保障"的底线任务和标志性指标。国家以保障义务教育为重要举措,为更广大人群迈向共同富裕奠定了知识技能基础。

---

① "一达标"即农民家庭年人均纯收入达到国家现行扶贫标准;"两不愁"即稳定实现农村贫困人口不愁吃、不愁穿;"三保障"即保障其义务教育、基本医疗和住房安全。

第四章　教育促进共同富裕的政策实践

三、职业教育的政策实践

改革开放以来,我国不断建构并完善职业教育发展体系,为职业教育的发展制定了较为完整的规范。我国职业教育取得了长足的发展,建成全球规模最大的职业教育体系,一方面为经济社会发展培养了大量的产业工人及高技能人才,为社会财富的创造贡献了重要力量;另一方面也为个体提升劳动技能和致富能力创造了更加平等的机会。

(一) 调整中等职业教育结构,提升中职人才培养质量

随着党和国家将工作中心转移到经济社会发展与建设上来,各行各业都需要大量的人才。1978年我国中等职业学校在校生仅占高中阶段学生总数的7.6%,结构严重失衡。1978年召开的全国第一次教育工作会议提出,要积极推进中职教育改革试点工作。随后,国务院、教育部出台了一系列促进中职教育结构调整的政策文件。1983年中央出台《关于加强与改进农村中等职业教育若干问题的通知》,要求中央及地方各个部门应该强化自身职能,切实做好协调管理工作,积极制定农村中职教育发展规划。1985年颁布的《中共中央关于教育体制改革的决定》明确要求改变中等职业学校直接按照学校划拨办学经费的做法,确立按照学生人数来划拨办学经费的规定,并加大对贫困学生的资助。

在上述政策推动下,1978—1995年我国中等职业教育发展呈现出勃勃生机。1985年,我国中职专业学校的学生人数比1978年增加了29.3%。1996年,中职学生招生比例占到了高中阶段招生比例的57.9%,在校学生总数占到了高中阶段学生总数的56.4%。2008年,全国中等职业学校(包括普通中专学校、技工学校、职业高中、成人中专学校)共有14 767所,招生达到810万人,在校生人数达到2 056万人。中等职业教育通过满足不同年龄段、不同文

化阶层多样化的教育需求,提升进城务工人员等群体的职业技能,增加了低收入群众的收入,为推进共同富裕奠定了基础。

(二) 建立多元化职业教育体系,保障弱势群体受教育权

随着我国市场经济的快速发展,职业教育结构与类型的需求发生了变化。但是,以中职教育为主体的职业教育已经无法适应经济社会发展的需要。

1996年颁布的《中华人民共和国职业教育法》,以法律形式明确了职业教育的地位、体系构成以及政府和有关方面在发展职业教育中的责任。在寻求新的突破过程中,发展高等职业教育开始被提上议事日程。1999年6月,《中共中央 国务院关于深化教育改革全面推进素质教育的决定》首次明确提出:"要大力发展高等职业教育,培养一大批具有必要理论知识和较强的实践能力,生产、建设、管理、服务第一线和农村急需的专门人才。"我国在促进公办、民办协调发展,不同区域职业教育均衡发展的基础上,在职业教育体系上强化了对不同群体教育机会公平的保障,出台了保障弱势群体受教育权的政策措施。

到2010年,全国各类民办职业院校、专科学校、独立学院共计698所,在校学生总数达到了198万人;民办职业培训机构超过2万所,占到了职业培训机构总数的36.9%。

四、 高等教育的政策实践

共同富裕的实现不仅要建立在更为丰富的社会财富的基础上,还要依托科技的进步和创新。发展高等教育既可以推动科技进步,同时也可以促进社会阶层流动,为扩大中等收入群体提供新生力量。改革开放和社会主义现代化建设新时期,我国全面推进高等教育的大众化发展,前所未有地扩大了高等教育的规模,为推进共同富裕作出了重要贡献。

第四章　教育促进共同富裕的政策实践

（一）高等教育恢复常态化发展

新中国成立初期,制度不健全严重阻碍了我国高层次人才的选拔与培养。1980年2月12日,第五届全国人大常委会第十三次会议审议通过的《中华人民共和国学位条例》对我国独立培养、选拔专门人才,特别是高层次专门人才起了重要作用。1985年5月27日,《中共中央关于教育体制改革的决定》提出,"为了调动各级政府办学的积极性,实行中央、省（自治区、直辖市）、中心城市三级办学的体制"。据此,一批经济高速发展的中心城市,尤其是长三角和珠三角地区的中心城市,在地方党委、政府支持下建起了一批地方院校,使得我国高等教育分布格局更加合理。

此外,我国还积极推进高等教育法治建设。1998年,我国首部关于高等教育的专门法律《中华人民共和国高等教育法》正式颁布,使高等教育发展不仅有法可依,而且逐步跨入了依法办学、依法治教的轨道。这些法律法规的颁布保障了受教育者的权利,为提高高等教育质量、促进教育公平奠定了基础。

（二）扩招政策推动高等教育大众化

20世纪末,知识经济初露端倪,高等教育在综合国力竞争中的地位日益凸显。世界银行统计数据显示,扩招前我国18~22岁适龄青年上大学比例仅为4%（含成人教育）。同一时期,这一比例在人均GDP不及中国半数的印度和与中国发展水平不分伯仲的菲律宾却分别为8%和20%,而韩国更高达51%。这说明我国高等教育发展明显滞后。1999年《关于深化教育改革全面推进素质教育的决定》明确提出"扩大高等教育的规模,通过多种形式积极发展高等教育"的方针,高校扩招势在必行,应运而生。1999年,我国1071所普通高等院校共招生159.68万人。1999—2007年,高校每年的扩招人数均保持在40万人以上,8年的平均年增长率达到23%。其中,1999年的扩招幅度竟高达47.4%。

同时,为满足广大人民群众接受高等教育的诉求,补充公办高等教育资源不足的问题,我国开始积极探索发展民办高等教育。民办高等教育从高等教育自学考试补习班开始,逐渐发展成为民办高等学校。

(三) 多措并举全面提高高等教育质量

进入20世纪90年代,在改革开放不断深入和经济体制转轨的双轮驱动下,我国高等教育在扩大高等教育规模的同时,开始全面转向内涵建设。

自改革开放以来,我国共进行了四次大规模的学科目录和专业设置调整工作,改变了过去过分强调"专业对口"的教育观念和模式,同时,部署开展了一系列高等教育建设工程。1995年11月,经国务院批准,国家计委、国家教委和财政部联合下发了《"211工程"总体建设规划》,"211工程"①正式启动。这是新中国成立以来党和国家在高等教育领域进行的规模最大、层次最高的重点工程。1998年5月4日,在庆祝北京大学建校100周年大会上,江泽民同志表示:"为了实现现代化,中国要有若干所具有世界先进水平的一流大学。"据此,教育部决定实施《面向21世纪教育振兴行动计划》,重点支持北京大学、清华大学等部分高等学校创建世界一流大学和高水平大学,并以江泽民同志在北京大学100周年校庆上的讲话时间(1998年5月)将其命名为"985工程"。据统计,截至2011年,全国共有112所高校进入"211工程",39所高校进入"985工程"。2003年教育部又启动"高等学校教学质量与教学改革工程",2007年教育部颁布《关于进一步深化本科教学改革全面提高教学质量的若干意见》,积极推进高等教育教学改革和质量评估。

五、继续教育的政策实践

促进共同富裕的进程中,发展继续教育是政府公共服务的重

---

① "211工程"为简称,是指面向21世纪、重点建设100所左右的高等学校和一批重点学科的建设工程。

要内容,继续教育可以通过满足个体接受学历教育之外的学习需求,提高人们的生活质量,其功能积极适应了推进共同富裕的要求。今天,终身教育、终身学习和学习型社会已经成为人们普遍接受的教育和社会发展理念。

1993年,中共中央、国务院发布《中国教育改革和发展纲要》,提出了20世纪90年代成人与继续教育的发展目标,将成人教育界定为传统学校教育向终身教育发展的一种新型教育制度。1998年12月教育部颁布的《面向21世纪教育振兴行动计划》指出,"终身教育将是教育发展和社会进步的共同要求",并提出"逐步建立和完善终身教育体系"。此后,终身教育开始被上升为国家战略。2002年,中共十六大报告将"形成全民学习、终身学习的学习型社会,促进人的全面发展"作为全面建设小康社会的重要目标。2007年,中共十七大提出要将"现代国民教育体系更加完善,终身教育体系基本形成"作为全面建设小康社会的新要求,并提出了"发展远程教育和继续教育,建设全民学习、终身学习的学习型社会"的战略任务。

党和国家的一系列规划、部署和政策措施推动了我国继续教育的发展。一是加强了法治建设。1995年制定的《中华人民共和国教育法》明确提出国家实行职业教育制度和成人教育制度,从业人员有依法接受职业培训和继续教育的权利和义务;1996年颁布的《中华人民共和国职业教育法》明确规定"实行学历证书、培训证书和职业资格证书制度";1998年颁布的《中华人民共和国高等教育法》明确提出高等教育包括学历教育和非学历教育,国家实行高等教育自学考试制度;1995年11月国家颁布实施《全国专业技术人员继续教育暂行规定》。二是高度重视农民工培训。在城镇化进程中,农村富余劳动力的转移就业任务艰巨,农民工素质亟待提高。各级政府不断加大农民工培训投入,逐步形成了政府引导、多元投资的投入机制,以劳动力市场需求为导向,以项目运作的方式开展培训,实行政府、用人单位和农民工个人共同分担的投入机制。三是职工岗位培训向纵深发展。部门、行业积极推进社会化培训工作,企业职工培训制度逐步完善,继续教育培训市场逐步形成;专业技术人员开始进入到其他教育培训机构学习,有了更多的选择性。四是成人现代远程教育得到迅速发展。教育部先后批准了67所高校及中央广播电视大学作为网络教育试点学校,中央广播电视大学开展了"人才培养模式改革和开放教育"试点工作。五是继续教育新领域开始出现。在构建终身教育体系过程中,社区学院、社区学校、市民学校等新型社区教育机构相继出现,基本形成了城区、街道、居委会三级社区教育网络。同时,信息技术催生了一系列新的成人与继续教育类型、内容及手段,国家开展了现代远程教育和开放教育试点,建立了终身学习卡制度、电子化社区、"下午四点钟"社区学校、居民大学听课证等。

✦ 第三节 ✦

中国特色社会主义新时代的教育政策实践

新中国成立以后,特别是经过改革开放以后,我国经济社会的发展进步令世界瞩目,站上了历史的新起点,新的时代对教育发展提出了新的要求。中共十九大报告提出,我国社会主要矛盾已经转化为人民日益增长的美好生活需要和不平衡不充分的发展之间的矛盾。这意味着我国经济社会发展一方面要高质量地创造更多的社会财富,另一方面要更高水平地实现社会公平。中共十八大以来,我国在教育领域实施多项政策措施,使得学前教育普及程度显著提升,城乡学前教育差距明显缩小,普惠性学前教育资源广泛覆盖,学前教育质量全面提升;通过对义务教育农村薄弱学校的改进实施义务教育精准扶贫,县域义务教育实现均衡发展;不断加大职业教育投入,建立现代职业教育体系;扶持西部促进高等教育均衡发展,全面提升高等教育质量。这一系列的政策举措与实践,切实保障了全体人民平等受教育的权利,使教育发展水平和公平程度迈上了新的台阶,为全体人民共同富裕作出了重要贡献。

第四章 教育促进共同富裕的政策实践

一、学前教育的政策实践

中共十八大以来,我国学前教育领域出台了一系列政策文件,全面推动学前教育的新发展,进一步完善了学前教育管理体制、办园体制和政策保障体系,为学龄前儿童享受更加充裕、更加普惠、更加优质的学前教育提供了根本保障。

(一)持续增加学前教育经费投入

中共十八大、十九大和二十大分别作出"办好学前教育""在幼有所育上取得新进展"和"强化学前教育普惠发展"的部署。为此,各级政府积极完善学前教育经费投入机制,形成了"政府投入为主,家庭合理分担"的学前教育投入机制。2020年,我国财政性学前教育经费达到2532亿元,财政性教育经费占比从2011年的2.2%提高到2020年的5.9%。2011—2020年,中央财政支持学前教育发展专项资金累计投入超过1700亿元,有效保障了家庭经济困难儿童、孤儿和残疾儿童公平享有学前教育的权利。2012—2022年,我国学前教育资源总量迅速增加,2022年全国幼儿园数达到28.91万所,比2012年增加10.78万所,增长了59.46%,有力保障了不断增加的适龄幼儿入园需求(图4-1)。毛入园率持续快速提高,2022年全国幼儿园在园幼儿数达到4627.55万

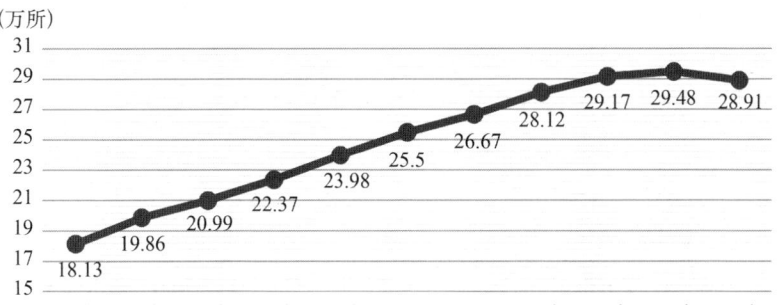

图4-1 2012—2022年幼儿园数量

人,比2012年增加941.79万人,增长了25.55%(图4-2)。其中,中西部和农村发展最快,全国80%左右新增的幼儿园集中在中西部,60%左右分布在农村,学前教育区域、城乡差距明显缩小。

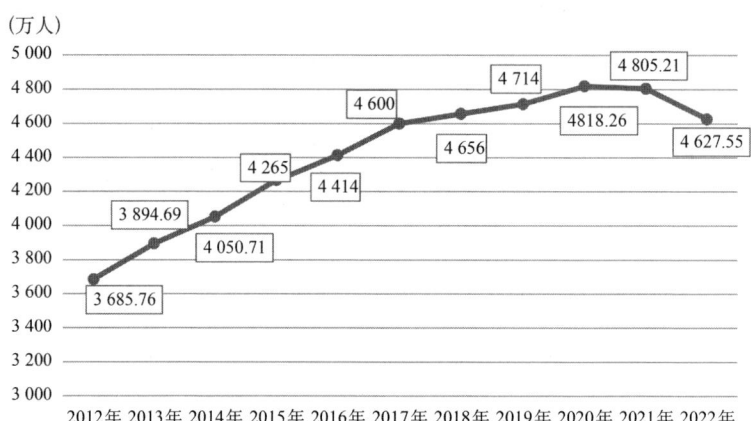

图4-2 2012—2022年幼儿园在园幼儿数量

(二) 不断增加学前教育普惠资源供给

围绕构建以普惠性资源为主体的办园体系,我国学前教育公共服务网络逐步完善,普惠性资源供给不断增加。除了在城市扩大普惠性资源、大力发展公办幼儿园,国家也加大了对农村地区普惠性幼儿园的投入建设。2021年,我国农村普惠性幼儿园覆盖率达到90.6%,每个乡镇基本办有一所公办中心幼儿园,实现大村独立办幼儿园、小村联合办幼儿园。在推进普惠性学前教育资源覆盖的过程中,国家先后出台了系列政策,不仅积极推动公办普惠性幼儿园建设,也积极扶持民办幼儿园提供普惠性服务。

2018年,中共中央、国务院发布《关于学前教育深化改革规范发展的若干意见》,提出到2020年学前三年毛入园率达到85%,普惠性幼儿园覆盖率(公办幼儿园和普惠性民办幼儿园在园幼儿占比)达到80%。2019年,为进一步落实《关于学前教育深化改革规范发展的若干意见》精神,国务院出台了《国务院办公厅关于开展城镇小区配套幼儿园治理工作的通知》,着力构建以普惠性资源为主体的学前教育公共服务体系。随着成本分担机制的建立,各省逐步出台了公办幼儿园生均公用经费标准或生均财政拨款标准以及普惠性民办幼儿园补助标准,并根据事业发展需要不断完善标准。

2021年全国普惠性幼儿园在园幼儿占比达到87.8%,比2016年增长20.5个百分点,其中12个省份超过90%。这有效保障了绝大多数幼儿享受普惠性学前教育的权利。城乡学前教育公共服务体系基本建成,基本满足了人民群众在家门口入园的愿望。

(三) 不断提升学前教育质量

在推进"普及"和"普惠"的基础上,使幼儿享有公平的高质量学前教育成为学前教育发展的重要任务。中共十八大以来,教育部先后印发《幼儿园教育指导纲要》《3—6岁儿童学习与发展指南》《关于大力推进幼儿园与小学科学衔接的指导意见》等文件,建立了比较完善的专业指导体系,为科学保教提供了强有力的专业引领;同时印发了与幼儿园工作规程、收费办法、卫生保健、幼小衔接等相关的规范性文件,开展了幼儿园办园行为和县域学前教育普及普惠督导评估。这些举措提高整体办园水平和保教质量。

此外,国家高度重视幼儿园教师队伍建设,不断改善幼儿园教师的社会地位和工资待遇,提升幼教职业的吸引力。2022年,全国学前教育专任教师总数比2012年增加156.67万人,增长了93.39%(图4-3);生师比从2012年的26∶1下降到2022年的

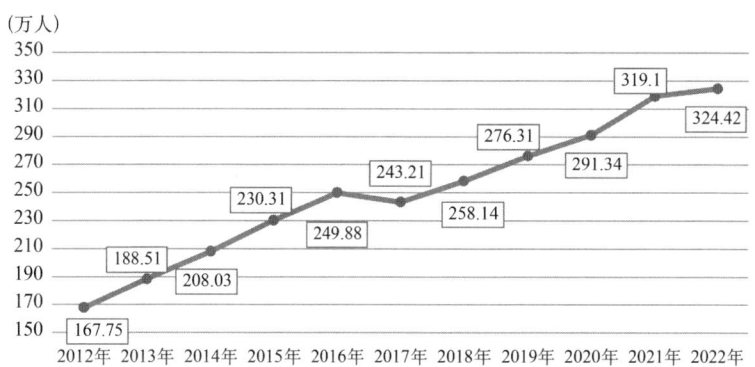

图4-3　2012—2022年学前教育专任教师数量

15∶1。从学历层次来看,2022年专科以上学历的园长及专任教师占比达到87.8%,比2012年提高了24个百分点。

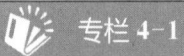

教育部印发《县域学前教育普及普惠督导评估办法》并认定148个学前教育普及普惠县

2020年2月,教育部印发《县域学前教育普及普惠督导评估办法》,建立了县域学前教育普及普惠督导评估认定制度,从普及普惠水平、政府保障情况、幼儿园保教质量保障情况等3个方面,提出了17条具体指标和标准。此番认定148个县(市、区、旗)为学前教育普及普惠县,重点把握五个方面。第一,普及普惠程度达标。一是学前三年毛入园率达到85%,基本解决"入园难"问题;二是普惠性幼儿园覆盖率达到80%;三是公办幼儿园在园幼儿占比达到50%。第二,保教质量合格。一是幼儿园以游戏为基本活动,特别要保证幼儿户外活动;二是注重全面发展,幼儿园活动内容要涉及健康、语言、社会、科学、艺术五大领域;三是没有"小学化"现象。第三,教师队伍建设合格。一是教师数量达标,落实每班"两教一保"(即两名专任教师,一名保育员)要求;二是教师资质合格,专任教师要全员持证上岗;三是教师待遇有保障,公办幼儿园编内编外教师要"同工同酬";四是师德师风规范。第四,经费保障到位。一是公办幼儿园生均公用经费拨款标准不低于600元每年每人,并及时拨付到位;二是落实普惠性民办幼儿园补助,扶持普惠性民办幼儿园健康稳定发展。第五,群众满意。社会认可度要达到85%以上。2020年12月,教育部正式启动国家督导评估认定工作。目前已有21个省份的190个县通过了省级评估认定。通过这项工作,各地普遍加强了对学前教育的重视,加大了对学前教育的投入,强化了幼儿园教师队伍建设,提升了教职工待遇保障水平,解决了许多制约学前教育发展的困难和问题,取得了实实在在的成效。通过县级自评、市级初核、省级评估、国家认定的督导评估程序,教育部2023年认定上海市金山区等148个县(市、区、旗)为学前教育普及普惠县。

资料来源:教育部官方网站。

二、义务教育和高中阶段教育的政策实践

(一) 全面实现县域义务教育均衡发展

在实现全面普及的基础上,缩小城乡差距,实现县域义务教育基本均衡发展,是推进我国教育公平的重要任务。为此,国家出台了一系列政策,推进多项重要工程建设,全面推动县域义务教育均衡发展。

1. 实施义务教育扶贫制度保障重大项目

中共十八大以来,为了深入贯彻落实党中央、国务院的脱贫攻坚决策部署,教育部以扶贫工程为引领,先后出台了《教育部等七部门关于实施教育扶贫工程的意见》《国家贫困地区儿童发展规划(2014—2020年)》《教育脱贫攻坚"十三五"规划》《推普脱贫攻坚行动计划(2018—2020年)》《深度贫困地区教育脱贫攻坚实施方案(2018—2020年)》等政策文件。在相关政策保障下,国家启动了一系列重大工程项目,包括全面改善贫困地区农村义务教育薄弱学校基本办学条件;实施农村义务教育学生营养改善计划,覆盖所有国家级贫困县,让3700万名农村学生受益;实施消除义务教育大班额计划,减少大班额数量;实施乡村教师支持计划,提高乡村教师素质。

2. 全面改善县域义务教育薄弱学校办学条件

2013年,教育部、国家发展改革委和财政部联合印发《关于全面改善贫困地区义务教育薄弱学校基本办学条件的意见》,对全面改善薄弱学校基本办学条件的重点任务进行了部署。2016年5月,中央全面深化改革领导小组审议通过了《关于统筹推进城乡

义务教育一体化改革发展的若干意见》,提出了十项统筹推进城乡义务教育一体化改革发展的举措。

2012—2021年,我国财政性义务教育经费从1.17万亿元增加到2.29万亿元,占国家财政性教育经费投入的比例始终保持在50%以上。2012—2021年,小学生均经费支出从每生每年7 447元增至14 458元,初中生均经费支出从每生每年10 218元增至20 717元。全国义务教育学校生均教学及辅助用房面积从3.7平方米增至5平方米,生均体育运动场占地面积从7.3平方米增至8.2平方米,互联网接入率由25%提升到近100%,大班额比例由17.8%降至0.71%。中央财政累计投入4 000多亿元,带动地方投入超1万亿元,着力解决"乡村弱、城镇挤"问题,缩小城乡学校办学条件差距,全国近3 000个县的义务教育基本均衡发展水平总体上达到了国家标准要求。

3. 实施农村义务教育精准扶贫

打赢脱贫攻坚战是党中央、国务院作出的重大决策部署,也是实现全面建成小康社会目标的重要标志。2016年12月16日,《教育部等六部门关于印发〈教育脱贫攻坚"十三五"规划〉的通知》提出,把精准扶贫、精准脱贫作为基本方略,以国家扶贫开发工作重点县和集中连片特困地区县(以下简称贫困县)及建档立卡等贫困人口(含非建档立卡的农村贫困残疾人家庭、农村低保家庭、农村特困救助供养人员)为重点,精确瞄准教育最薄弱领域和最贫困群体,实施教育脱贫攻坚战。为此,我国不断完善和加大学生资助政策与投入力度,将民族地区、原集中连片特困地区、原"三区三州"学生资助比例分别提升至46%、43%和82%,远远高于全国26%的平均资助比例。同时,"两免一补"政策(免除学杂费,免费提供教科书,为家庭经济困难学生发放生活补助)实现城乡学生全覆盖。2020年,我国共资助建档立卡学生1 472万人,资助金额344亿元,完成教育脱贫攻坚任务。2021年,我国继续资助脱贫家庭和脱贫不稳定家庭学生1 400多万人,资助低保家庭学生700多万人、特困救助供养家庭学生10余万人、孤儿学生20余万人、残疾学生100多万人,年资助金额572亿元。

(二) 实施招生考试制度改革,保障入学公平

1. 实施免试就近入学和"公民同招"政策

为进一步健全公平入学长效机制,保障学龄儿童平等接受义务教育的权利,教育部不断深化普通中小学招生入学改革。2021年,中共中央办公厅、国务院办公厅印发《关于规范民办义务教育发展的意见》,对义务教育阶段民办学校招生作了明确的规定:严禁义务教育学校违规跨区域招生,严禁通过考试、面试等方式选拔生源;民办义务教育学校招生报名和录取工作由市地级或县级政府教育行政部门统一组织实施,在学校审批机关管辖区域内招生,并与公办学校同步招生,优先满足学校所在县(市、区、旗)学生入学需求,所在市(县、区、旗)招不满且审批机关为市地级及以上政府教育行政部门的,可以在审批机关管辖区域内适当跨县(区、旗)招生,不得跨设区的市招生;对报名人数超过招生计划的,实行电脑随机录取;公办、民办义务教育学校应各自独立招生,不得混合招生;民办义务教育学校不得以公办学校或公办学校校区、分校的名义招生,也不得以"国际部""国际课程班"等名义招生。

2. 保障特殊群体入学

2021年,义务教育阶段进城务工人员随迁子女在公办学校就读和享受政府购买民办学校学位服务的占比达到90.9%。2022年,教育部办公厅印发《关于进一步做好普通中小学招生入学工作的通知》,明确提出要保障特殊群体入学:要求各地要健全"控辍保学"长效机制,深入推进"两为主、两纳入、以居住证为主要依据"的随迁子女义务教育入学政策,加快推进随迁子女在公办学校就读或以政府购买民办学校学位方式入学就读;要求各地认真落实《居住证暂行条例》关于在流入地居住半年以上和有合法稳定就业、住所等规定要求,完善随迁子女入学政策,全面清理取消不合规的随迁子女入学证明材料及时限要求,不得要求提供户籍地无人监护等无谓证明材料;实行积分入学的地方要完善积分规则,切实保障符合《居住证暂行条例》规定条件的随迁子女能在流入地接受义务教育。

3. 深化高考制度改革

2014年9月,以国务院印发的《关于深化考试招生制度改革的实施意见》为标志,我国开启了自1977年恢复统一高考以来最全面、最系统的一轮高考改革,确立了分类考试、综合评价、多元录取的考试招生模式。同年,上海、浙江率先启动高考综合改革试点。同年,新高考率先在上海、浙江试行。截至2022年,全国绝大部分省份都实行了新高考改革。2016年,教育部发布《关于进一步推进高中阶段学校考试招生制度改革的指导意见》,之后,大部分省市先后公布了适合本地区的中考改革实施方案。

(三)推进优质均衡发展,保障义务教育过程公平

以2017年教育部发布的《县域义务教育优质均衡发展督导评估办法》为标志,我国义务教育由"基本均衡"进入"优质均衡"阶段。截至2018年年底,全国92.8%的县(市、区)通过义务教育均衡发展督导评估。在关注教育机会公平获得程度的前提下,我国在基础教育方面正着眼于人民群众获得过程的品质和获得结果的满意程度,全面系统地提升教育质量。2019年,国家首次开展了县域义务教育优质均衡发展督导评估认定工作。2022年4月,教育部办公厅发布《关于公布义务教育优质均衡先行创建县(市、区、旗)名单的通知》,确定了经过3至5年的努力,在各省创建一批率先实现义务教育优质均衡发展的县(市、区、旗),并指出要加快缩小县域内义务教育校际差距,推动义务教育从基本均衡向优质均衡迈进。

(四)实施特色高中建设,满足多元教育需求

中共十八大以来,我国普通高中教育加快普及发展步伐,政府投入力度进一步加大,高中阶段教育普及水平显著提升。2012—2022年,全国高中教育学校数量由1.35万所增加到1.5万所

(图4-4),全国高中教育在校生人数由2 467.17万人增加到2 713.87万人(图4-5)。2022年,全国高中阶段毛入学率达到91.6%,比2012年提高6.6个百分点。其中,中西部地区普及水平提升幅度最大,显著缩小了区域教育发展差距。多年来,政府连续实施普通高中改造计划和教育基础薄弱县普通高中建设项目,累计新建改扩建普通高中4 570所,大班额比例大幅下降。2012—2022年,我国不断强化高中阶段教师队伍建设,高中教育学校专任教师人数由159.5万人增加到213.3万人(图4-6)。同时,各地不断加强课程体系建设,通过丰富学校选修课程、培育学校优势学科,推动学校由分层发展转向分类发展,形成了普通高中多样化、有特色的办学新格局。

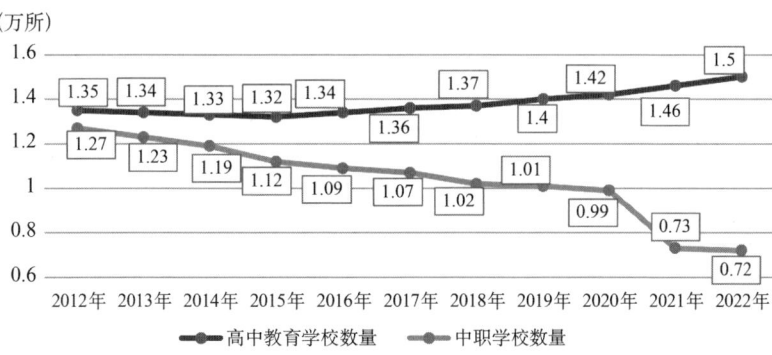

图4-4 2012—2022年高中阶段学校数量

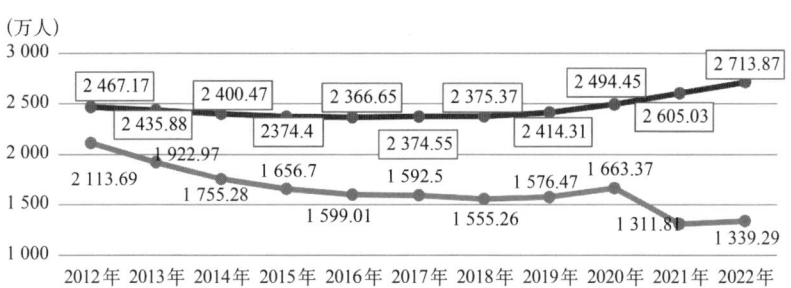

图4-5 2012—2022年高中阶段在校生人数

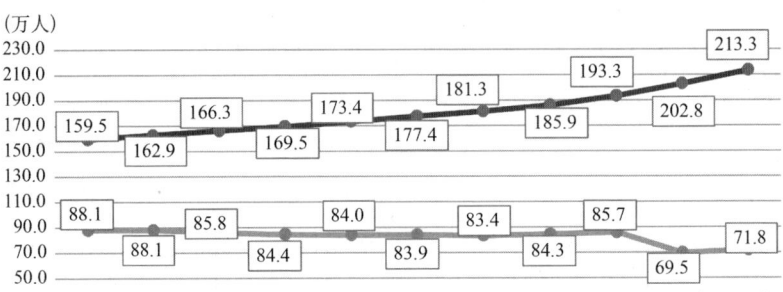

图4-6 2012—2022年高中阶段学校专任教师人数

三、职业教育的政策实践

职业教育是与经济社会发展联系最为直接且最为密切的一种教育类型。发展职业教育,一方面能够提高生产力水平,提升职业教育的经济贡献率,另一方面也能为社会弱势群体提供创业致富的平等机会。进入新时代以来,为了促进职业教育服务经济社会发展,我国深入推进职业教育变革,优化职业教育结构,提升职业教育服务能力,为促进全体人民共同富裕奠定了职业教育基础。

(一)职业教育服务能力不断提升

中共十八大以来,党和国家出台一系列政策推动中国特色现代职业教育体系建设。2013年,中共十八届三中全会通过的《中共中央关于全面深化改革若干重大问题的决定》明确提出建设现代职业教育体系,标志着中国特色现代职业教育体系进入加快建设阶段。2014年,国务院印发《关于加快发展现代职业教育的决定》,要求建设具有中国特色、世界水平的现代职业教育体系,并完整阐述了中国特色现代职业教育体系的基本内涵,明确提出举办本科职业教育。2017年,中共十九大报告明确提出"完善职业教育和培训体系",要求将职业教育和职业培训作为一个有机整体进行建设。2021年,党中央、国务院召开全国职业教育大会,提出建设技能型社会的理念和战略,加快构建面向全体人民、贯穿全生命周期、服务全产业链的职业教育体系,加快建设国家重视技能、社会崇尚技能、人人学习技能、人人拥有技能的技能型社会。这对职业教育发展提出了更高层次的要求:职业教育的发展应在技能型社会建设中发挥重大作用,发展成为一种对经济社会和个体发展具有特定功能的教育、一种有着广泛需求基础的教育、一种与普通教育同等重要的类型教育。

1. 构建职普融通的职业教育体系

作为一种类型教育,职业教育的服务对象不再局限于传统的中高等职业院校学生,而是在国家教育体系改革与现代职业教育体系建设的总体安排下,面向所有受教育者。新时代以来,职业教育开始打破壁垒,横向上实现职普相互融通,纵向上实现与不同层次职业教育有效贯通。职普融通体系的建立为选择职业教育的受教育者提供了不同成长阶段的多样化选择和多路径成才的畅通渠道,推动了职业教育与其他类型教育的有机衔接和协调发展。

建立"职教高考"制度的建立和"文化素质+职业技能"考试招生办法的完善,为中职学生和普通高中学生提供更适合的多样化发展机会。2014年,《国务院关于深化考试招生制度改革的实施意见》印发后,高职分类考试规模逐年扩大,目前已经成为职业学校学生和普通高中学生接受高等职业教育的主渠道。近年来,我国在改革中进一步巩固中职的基础地位,不断强化专科高职的主体地位,稳步发展职业本科教育和研究生教育。中等职业学校注重为高等职业教育输送具有扎实技术技能基础和合格文化基础的生源。从"国家骨干高职院建设项目"到"国家优质校建设项目",再到"中国特色高水平高职学校和专业建设计划",一批引领改革、支撑发展、具有中国特色和国际水平的高职学校和专业逐步成长起来,有效支撑起国家区域发展战略和产业转型升级。本科层次职业教育破冰起航,打破了职业教育止步于专科层次的"天花板"。在研究生阶段,我国积极完善专业硕士、专业博士的培养制度,使职业教育体系不断健全完善。

2017年,中共十九大报告明确提出要"完善职业教育和培训体系",要求将职业教育和职业培训作为一个有机整体进行体系建设,为新时代职业教育体系建设指明了方向。《国家职业教育改革实施方案》要求完善学历教育与培训并重的现代职业教育体系。对此,我们应坚持引导和鼓励职业院校将社会培训和技术服务作为重要办学内容之一,推动"学历教育与培训并举"的法定职责落地,完善学历教育与培训并重的现代职业教育体系,不断加大技术技能人才供给。

2019年,国务院印发的《国家职业教育改革实施方案》指出,"职业教育与普通教育是两种不同教育类型,具有同等重要地位",正式提出开展本科层次职业教育试点。2020年9月,教育部等九部门印发《职业教育提质培优行动计划(2020—2023年)》,要求加快构建纵向贯通、横向融通的中国特色现代职业教育体系,并且提出把发展本科职业教育作为关键一环,稳步推进试点工作。

2. 深入推进产教融合

产教融合、校企合作是职业教育的基本办学模式,也是职业教育最突出的办学优势。在明确职业教育类型的基础上,职业教育领域对标经济社会发展不断深化改革,深入推进产教融合。国家层面陆续出台并实施《关于深化产教融合的若干意见》《建设产教融合型企业实施办法(试行)》《职业学校校企合作促进办法》等政策规定,开展现代学徒制、产教融合型城市等一系列试点,建立健全政府主导、行业指导、企业参与的办学机制,鼓励行业企业全面参与教育教学各个环节,推进产教融合、校企一体办学,促进专业与产业、企业、岗位对接。校企合作已呈现出多样化格局。2016年,根据职业院校教学实际与行业企业需求,教育部制定了高职专业教学标准347个,中职教育专业教学标准210个,职业学校专业(类)顶岗实习标准136个,促进了职业教育与社会需求的衔接。2019年,教育部制定了中职思想政治、语文、历史等多门必修课程的实施方案,使职业教育相关教学有了"国家标准",人才培养工作日渐标准化、规范化与科学化；全国组建了1 500多个职业教育集团(联盟)，涵盖了企业、学校、行业、科研机构在内的4.5万余家成员单位，形成了资源共享、责任共担、合作发展的具有中国特色的职业教育办学模式。世界500强企业中，有175家企业参与职业教育集团化办学。全国培育了3 000多家产教融合型企业，试点建设了21个产教融合型城市，构建起以城市为节点、行业为支点、企业为重点的产教融合新模式。在"土地＋财政＋税收"政策激励下，职业学校与企业共建实习实训基地2.49万个，年均增幅达8.6%，现代学徒制试点覆盖1 000多个专业点，惠及10万余学生(学徒)，逐步形成专业共建、人才共育、过程共管、资源共享、责任共担的校企合作新局面。

(二) 建成了全世界最大规模的职业教育体系

我国已建成全世界规模最大的职业教育体系，2021年全国高职学校招生557万人，中职学校(不含技工学校)招生489万人。中高职学校每年培养1 000万人左右的高素质技术技能人才，为经济社会发展提供了源源不断的技术技能人才。与此同时，国家先后出台《职业技能提升行动方案(2019—2021年)》《职业院校全面开展职业培训促进就业创业行动计划》，启动"1＋X"证书制度试点。目前，全国1万余所职业学校每年开展各类培训上亿人次，在开展新型职业农民培训服务的高职院校中，有141所院校年培训量超过5 000人/日，86所院校年培训量超过10 000人/日。

为加快西部地区职业教育发展，充分发挥职业教育在精准扶贫中的重要作用，2017年教育部办公厅印发了《职业教育东西协作行动计划滇西实施方案(2017—2020年)》，该实施方案要求上海、天津、江苏、浙江这4个东部省(市)和东部10个职教集团对口帮扶滇西10州(市)职业教育发展的平台，开展中等职业学校东西部联合招生合作办学对接活动，加大职业教育东西协作工作力度。

高职院校响应国家号召，近几年连续扩大招生规模。此外，教育部陆续批准设立了32所职业本科学校。2021年，全国高职招生556.72万人,其中职业本科招生4.14万人,占比仅为0.74%。此后,通过扩大招生规模,预计到2025年,职业本科学校每年招生规模将达50余万人。

四、高等教育的政策实践

高等教育在促进人民共同富裕的历史进程中具有独特的作用。我国已经全面建成小康社会,处于中等偏上收入国家行列,开启了建设社会主义现代化强国的新征程。高等教育为经济社会发展和强国建设培养人才,贡献科技创新成果,是实现共同富裕的重要支撑。同时,高等教育对于跨越"中等收入陷阱"、扩大中等收入群体规模和比重等具有重要作用。在促进全体人民共同富裕的进程中,高等教育领域进行了诸多政策探索与实践,取得了丰硕的成果。

(一) 持续扩大规模,推动实现高等教育普及化

当前,我国已建成世界规模最大的高等教育体系。截至2022年,全国共有高等学校3 013所,包括普通本科学校1 239所(含独立学院164所)、本科层次职业学校32所、高职(专科)学校1 489所、成人高等学校253所,另有培养研究生的科研机构234所。各种形式的高等教育在学总规模为4 655万人,高等教育毛入学率为59.6%。普通本科学校校均规模为16 793人,本科层次职业学校校均规模为19 487人,高职(专科)学校校均规模为10 168人。

2021年年底,我国一共有本科高校1 270所,包含公办的本科高校849所、各部委直属高校114所。在各部委直属高校中,教育部直属的高校有76所,其他部委直属高校有38所。2020年,全国教育经费总投入为46 135亿元,高等教育经费总投入占全国总数的26.04%,高等教育经费总额为12 013亿元。2020年,教育部直属的75所高校总预算为4 487.26亿元,占高等教育总经费比例的37.35%;工信部直属的7所高校预算经费总额是703.76亿元。

第四章　教育促进共同富裕的政策实践

(二) 扶持农村和西部,促进高等教育区域间均衡发展

为切实促进教育公平,让更多的农村学生上大学,2012年3月,教育部会同国家发展改革委等有关部门发布了《关于实施面向贫困地区定向招生专项计划的通知》。该通知要求在普通高校招生计划中专门安排适量招生计划,面向集中连片特殊困难地区生源实行定向招生,以引导和鼓励学生毕业后回到贫困地区就业创业和服务。这是一项面向贫困地区定向招生专项计划,因此也被称为"高考农村专项计划",是独属于农村学生的福利。就2014年到2020年的招生数据来看,专项计划的招生方式切实提高了农村学生的优质教育入学机会,提高了重点高校中农村学生的生源比例,越来越多的学生在高校专项计划中受益。

西部区域高等教育在我国高等教育现代化建设、西部区域经济社会发展和扎实推进共同富裕中具有重要的地位与作用。振兴西部区域高等教育要以促进高等教育资源配置优化为突破口,通过解决东、中、西部地区的高等教育不平衡和西部区域内部的高等教育不均衡,带动解决其他方面的不平衡,提升高等教育服务经济社会发展的能力,增加不同区域人群接受优质高等教育的机会公平。2012年起,教育部围绕"四点一线一面"战略布局,会同国家发展改革委启动中、西部地区高校基础能力建设工程,累计支持173所中、西部地区高校教学基础设施建设项目300余项。"十三五"期间,我国累计安排中央预算内投资107亿元。2013年起,教育部会同财政部,在没有教育部直属高校的13个中、西部省区和新疆生产建设兵团,各支持1所地方有特色、高水平大学的建设。"十三五"以来,教育部与相关部委、大型企业、地方政府深入开展共建教育部直属高校和地方高校工作,新增共建中、西部地区高校39所。"十三五"期间,中、西部地区省部共建高校经费大幅增长,总计超500亿元,首批"双一流"建设高校重点共建带动中、西部地区各地政府投入建设资金超190亿元。

专栏 4-2

高校银龄教师支援西部计划

2023年8月10日,教育部办公厅印发《关于做好2023—2024学年高校银龄教师支援西部计划有关实施工作的通知》,明确继续将第一、第二、第三批试点高校列为受援高校,新增伊犁师范大学、新疆理工学院、西宁大学为第四批试点高校;鼓励对口支援关系表外的部属高校、部省合建高校等"双一流"建设高校积极支持本校优秀退休教师参加;鼓励各省份结合实际情况自主实施本地银龄教师支援计划,调动优秀退休教师继续投身教育事业的积极性,提升区域高校发展水平。

该通知要求支援高校按计划完成对口援派任务,鼓励向其他有需求的受援高校选派具有学科、专业优势的银龄教师。根据受援高校需求,援受双方协商完成选派计划,具体遴选方案、学科需求由受援高校与对口支援高校衔接落实。该通知对教师资格和主要工作作了相关规定,要求长期银龄教师,支援服务时间原则上不少于1学年,每学年承担不少于64课时的教学工作,参与指导1项课题研究,通过传、帮、带等方式指导青年教师,组织开展若干学术讲座、教研等活动;鼓励考核合格的银龄教师持续开展支援服务,等等。

在经费保障方面,长期银龄教师税前补助标准为正高级职称教师10万元/年、副高级职称教师8万元/年,按月发放。受援省份和高校根据实际情况,可适当提高补助标准,高出部分由受援省份和高校自行负担。短期银龄教师税前补助标准为正高级职称教师8 000元/月,副高级职称教师6 400元/月。通过在线教育、同步课堂等柔性方式支教,课时费为100元/课时。受援省份和高校根据实际情况,可适当提高课时费标准,高出部分由受援省份和高校自行承担。

在政策保障方面,银龄教师服务期间人事关系、现享受的退休待遇不变;长期银龄教师享受受援高校同类同级别人员的各

第四章 教育促进共同富裕的政策实践

项福利待遇,按受援地有关规定正常享受探亲和寒暑假;未休假的,按有关规定可由受援高校报销1名家属往返受援地的交通费。受援高校应为银龄教师创造良好的工作环境,提供必要的教学科研设备和食宿等生活条件,做好日常服务工作,落实相关待遇与保障措施。银龄教师服务期间因病因伤发生医疗费用,按本人医疗关系和有关规定办理;援受双方可通过商业医疗保险、校内医疗互助基金等多种方式灵活提供补充支持。患有慢性疾病需定期开药的教师,支援高校应为其提供必要的便利。服务期间生病或受伤的银龄教师,参照受援学校相关制度,给予探望慰问等待遇;急性病、意外伤害致病可在当地急诊就医,按规定报销诊疗费用。

119所中央部门所属高校和东部地区高水平地方高校积极开展支援103所中、西部地区高校工作,实现了西部12个省(区、市)和新疆生产建设兵团全覆盖,面向西部地区高校提供近14万门慕课及小规模订制课程服务,帮助西部地区高校开展混合式教学超200万门次,极大地改善了学校通识课程资源和师资缺乏的局面。我国通过对口支援共选派900余名干部到中、西部地区高校挂职工作,选派9 700余名学术水平高、教学经验丰富的教师到受援高校开展实地授课、学术讲座等交流活动。此外,为加强中、西部地区卫生健康人才供给,我国实行单列志愿、单设批次、单独划线、提前批次招生等方式,实施"两免一补"政策,确保"上得来"。目前,我国已为中、西部地区22个省份3万个乡镇卫生院培养了7万余名定向医学生。

(三) 全面提高高等教育质量,着力提升人才培养质量

随着我国高等教育大众化水平稳步提升,建设高等教育强国、促进高等教育现代化成为新的时代追求。2012年,教育部《高等教育专题规划》提出"2020年全面提高高等教育质量,建设高等教育强国"的战略目标,中共十八大报告也提出要提高高等教育质

量、推动高等教育内涵式发展,高等教育要走将外延式发展方式转变为以提高质量为核心的内涵式发展之路。

2015年国务院发布《统筹推进世界一流大学和一流学科建设总体方案》,明确提出要"加快建成一批世界一流大学和一流学科"。中共十八大后,高等教育以"双一流"建设为抓手,全面深化改革,促进教育质量提升。中共十九大报告再次强调"加快一流大学和一流学科建设,实现高等教育内涵式发展",随后教育部又出台了《统筹推进世界一流大学和一流学科建设实施办法(暂行)》,公布了"双一流"建设高校和建设学科名单以及《关于高等学校加快"双一流"建设的指导意见》等"双一流"建设配套措施。2022年,我国已经认定8 031个国家级、8 632个省级一流专业建设点,遴选认定首批3 559门国家级一流课程。

2018年9月10日,全国教育大会提出高等教育"要提升教育服务经济社会发展能力,调整优化高校区域布局、学科结构、专业设置"。2019年,《中国教育现代化2035》也将"高等教育竞争力明显提升"作为发展目标。

2018年,教育部等六部门联合发布《关于实施基础学科拔尖学生培养计划2.0的意见》,在77所高校布局建设了288个基础理科、基础医科、基础文科的创新拔尖学生培养基地,累计吸引1万多名优秀学生投身基础学科。以新工科、新医科、新农科和新文科"四新"建设为推进,高等教育人才培养质量全面提高,强调"以本为本""四个回归",打响全面振兴本科教育攻坚战。

此外,研究生教育规模稳步扩大,已成为国家创新体系的重要组成部分。2021年,在学研究生为333万余人,研究生招生数为117万余人,千人注册研究生数从2012年的1.27提升到2.36,研究生教育规模稳居世界第二。研究生教育规模稳步调整,形成涵盖14个学科门类、113个一级学科、47个专业学位类别的学科专业目录,覆盖国民经济和社会发展的主要领域。全国现有博士、硕士学位授予单位779个,博士学位授权点4 461个,硕士学位授权点13 981个,研究生导师队伍由2012年的29.8万人增加到

2021年的55.7万人,向经济社会发展主战场输送60多万名博士生和650多万名硕士生。科教融合、产教融合模式更加成熟。高校与科研院所、高水平企业联合培养的格局逐步形成。

在服务国家重大战略上,多年以来,高等院校通过承担国家重大项目、校企合作、科技成果转化、人才输送等一系列措施,将科技成果应用于国民生活改善的方方面面,推动中国水电火电核电、国防工业、信息技术领域、农业和基础设施建设的全面发展。高等院校主动将自身发展"小逻辑"服务服从于国家经济社会发展"大逻辑",不仅为社会总财富的增加作出了重要贡献,而且积极实现了人的全面发展,促进了人们致富能力的高水平提升,奠定了共同富裕的高等教育基础。

五、 继续教育的政策实践

一个国家的核心竞争力取决于一个国家在职员工知识和技能更新的程度,而知识与技能更新主要依靠在职继续教育。在推进全体人民共同富裕进程中,发展继续教育对促进每个人的终身发展、共享教育事业发展成果、推动社会公平都具有重要意义。中共十八大以来,继续教育领域实施了诸多政策实践,取得了显著成效。

一是积极推进农民工培训。我国逐步建立了统一的农民工培训项目和资金统筹管理体制,使培训总量、培训结构与经济社会发展和农民劳动力转移就业相适应;积极推进继续教育供给的市场化和社会化,在农民工培训中探索推行培训券(卡)办法;同时,将现代化教育手段广泛应用于农民工培训中,推广农民工网络培训、广播电视教育和电化教育。

二是加强职业培训,促进就业。我国大规模开展就业技能培训、岗位技能提升培训和创业培训,在职工培训中完善政府购买培训成果机制,制定周密的专业技术人员继续教育实施方案,确定12个重点培训领域,每年培训100万名高层次、急需紧缺和骨干专业技术人才,建设一批国家级专业技术人员继续教育基地。

2011年,教育部启动"高等学校继续教育示范基地建设"项目,2012年,清华大学、北京大学等百所高校及百家企业共同发起成立了"大学与企业继续教育联盟"。2012年起,我国先后确定国家开放大学、北京开放大学等6所试点开放大学。国家积极推进国家学分银行制度和资历框架建设,推动个人学习账号、学分累计制度与职业资格证书制度相链接,推进非学历教育学习成果、职业技能等级学分转换互认,强化职业院校和高等学校的继续教育与培训服务功能,并试行普通高校、高职院校、成人高校之间学分转换,实现多种学习渠道、学习方式与学习结果的相互衔接。

三是积极发展社区教育和老年教育。我国先后建设了六批全国教育实验区和四批全国社区教育示范区。2016年,教育部等九部门颁布《关于进一步推进社区教育发展的意见》,提出到2020年基本形成具有中国特色的社区教育发展模式。2016年,《老年教育发展规划(2016—2020年)》提出我国要以扩大老年教育供给为重点,以创新老年教育体制机制为关键,以提高老年人的生命和生活质量为目的,提升老年教育现代化水平。我国在推进社区教育和老年教育发展过程中,通过政府购买、项目外包、委托管理等形式,吸引行业性、专业性社会组织、社区社会组织和民办社会工作服务机构参与社区教育;支持和鼓励各类社会力量通过独资、合资、合作等形式举办或参与老年教育;同时,推进社区教育信息化建设,鼓励形成网上学习圈,推进各地网上学习平台互联互通和社区教育数字化学习资源的建设与共享,为居民提供线上线下多种形式的学习支持服务;开发适合老年人远程学习的数字化资源,推动信息技术融入教学全过程。2021年,全国网络本专科毕业生达259.1万人,取得高等教育自学考试毕业证书的人员有48.9万人,数以亿计从业人员和社会成员每年参与各种形式的非学历继续教育培训(多数属于与专业技术、职业技能相关的培训),国家学分银行和资历框架取得试点成效,为面向各行各业的人力资源供给侧方面提供了强有力的支撑。

中共二十大报告提出的"统筹职业教育、高等教育、继续教育协同创新"为新阶段推进继续教育改革指明了方向。继续教育的服务领域相当宽阔,服务品种多元多样,服务方式灵活实用。发展高质量的继续教育体系既需要与职业教育、高等教育对接,也需要依托海量的非学历或非正式教育培训,使其成为人力资源市场供需关系调节的有效路径。

第五章

共同富裕对教育发展提出的新要求

教育是实现国强民富的动力基础,更是全体人民共享富裕的内涵要求。当前,在推进共同富裕的时代背景下,教育面临促进共同富裕的新要求和新挑战。据此,以下基础问题有待深入研究。一是因学科分析视野和方法的局限,对教育与共同富裕关系问题的研究存在一定的"割裂"。在教育决策咨询领域,教育部门囿于传统视野而未能及时应对宏观经济社会现实提出的挑战,典型的如在固定的行政区划范围内讨论公共教育服务均等化问题。二是对教育与共同富裕的关系研究存在思想、理论、见识等理性维度向政策、规划、评价等实践维度转化的"梗阻"现象,亟待整体推进。基于上述问题,在新的历史阶段,发展教育必须强化综合改革意识,通过转换发展方式来加快实现高质量发展。具体而言,教育在公平、优质、多样、高效等价值维度上实现高质量发展、进而促进共同富裕方面面临一系列挑战。

第五章 共同富裕对教育发展提出的新要求

✦ 第一节 ✦
共同富裕要求教育更加公平

教育公平是一个重要的民生问题,也是促进共同富裕的首要着力点。教育公平作为一种动态变化的范畴,将受到历史、地理、经济等多种因素的影响,我国教育领域依然存在着发展不平衡、不充分的矛盾,影响着我国更高水平教育公平的实现,而民生的实际获得又影响着共同富裕目标的实现。中共十八届五中全会提出共享发展理念,其实质就是坚持以人民为中心的发展思想,体现的是逐步实现共同富裕的要求。共享开始成为发展更加公平教育的新要求,这就需要在城乡、区域等维度上逐步缩小教育的差距,让全体人民享有均等而优质的教育。

一、城乡融合发展要求教育更加公平

2021年,《中共中央国务院关于全面推进乡村振兴加快农业农村现代化的意见》提出"民族要复兴,乡村必振兴"。长期以来,我国社会实行的是以城市为中心的城乡二元发展结构,城市户籍所负载的社会公共福利优势导致城市与农村之间的社会经济发展存在着较大的差距。在教育领域,资源配置以城市为主、以"重点校"为主,提倡"在一定时期内要下决心承认不平衡,条件好的地区要把教育搞好,落后地区就不能要求很高。大城市和小城市不同;城市和农村不同;沿海地区和内地不同;先进地区和落后地区不同"[①]。克服这种政策导向带来的消极影响、扎实推进城乡融合发展是推进共同富裕的重要任务。

---

① 何东昌.中华人民共和国重要教育文献[M].海南出版社,1998:263.

(一) 乡村学校办学条件有待改进

2005年,教育部发布了《关于进一步推进义务教育均衡发展的若干意见》,并自2012年开始实施县域义务教育均衡发展战略。在党中央、国务院陆续颁布的一系列政策的持续推动下,农村义务教育学校的办学条件有了很大改善,其校园面积、教学与辅助用房面积等指标甚至超过城镇学校。然而,城镇学校的数量虽然不及农村学校,但质量仍明显优于农村学校[①]。

2021年,教育部、国家发展改革委、财政部联合出台了《关于深入推进义务教育薄弱环节改善与能力提升工作的意见》,提出要"持续改善农村基本办学条件"。该意见强调各地要以农村义务教育学校薄弱环节为重点,结合乡村振兴战略,优先规划、持续改善影响正常教育教学和生活的基本办学条件,切实加强未达标学校的建设,因地制宜加强农村学校教室、宿舍、食堂等设施建设;针对改善学校寄宿条件的要求,重点满足偏远地区学生和留守儿童的寄宿需求,根据需要建设心理咨询室、图书室等功能教室,打造乡村温馨校园。

(二) 乡村学校师资水平较为薄弱

进入21世纪以来,为了提升农村教师水平,国家在稳定和扩大规模、提高待遇水平、加强培养培训等方面出台了一系列的政策举措。如2006年教育部等四部门联合启动实施"农村义务教育阶段学校教师特设岗位计划"(简称"特岗计划"),公开招聘高校毕业生到西部农村学校任教。2015年,国务院办公厅印发《乡村教师支持计划(2015—2020年)》,该计划要求全面落实集中、连片、特困地区乡村教师生活补助政策,逐步形成"越往基层、越是艰苦,待遇越高"的激励机制,同时要求各地依法依规落实乡村教师工资待

---

① 周军.教育公平视野下我国城乡义务教育均衡发展问题的溯源及政策建议[J].河南科技学院学报.2021,41(8):30-36.

第五章　共同富裕对教育发展提出的新要求

遇政策。

通过多项倾斜性政策的实施,农村学校教师队伍数量得到了较快补充,教师队伍质量明显提高。《中国农村教育发展报告2020—2022》显示,乡村教师队伍建设进步明显,但乡村教师老龄化问题依然严峻,乡村55岁以上的教师占比为8.8%,而镇区的这一数据为4.5%,城区的为3.3%。更需要引起关注的是,全国省域内教师年龄结构分布也不均衡。

(三) 城乡教育经费投入水平差距较大

1986年,我国确立了"乡镇为主"的投入体制。2001年,义务教育投入主体由乡镇上移到县,确立了"以县为主"的投入机制。2005年,国家实行"两免一补"政策,中央及省级财政开始参与农村义务教育的投入。2006年,我国开始实施农村义务教育经费保障新机制,根据"明确各级地方责任、中央地方共担、加大财政投入、提高保障水平、分步组织实施"的基本原则,建立了中央和地方分项目、按比例分担的农村义务教育经费保障机制。从1986年到2006年的20年间,农村义务教育经费投入实行"分级办学、地方管理"机制,由于各地经济发展差异较大,贫困地区和农村地区教育经费的投入无法保证,与城市相比,不同地区特别是经济落后地区的教育经费投入偏低。2006年的新机制虽然能有效缓解长期以来农村地区经费投入不足的问题,但"由于义务教育经费投入还未完全纳入中央统一的公共财政支出范畴,以及农村学生人数众多、学校比较分散、办学成本偏高等多方面因素,农村义务教育经费的投入与城镇还存在一定差距"[①]。从教育部、国家统计局、财政部公布的2016—2020年[②]全国教育经费执行情况统计数据来看,在2016—2019年,虽然农村义务教育阶段相关教育经费投入逐年增加,但农村义务教育阶段相关教育经费投入与全国水平相

---

① 周军.教育公平视野下我国城乡义务教育均衡发展问题的溯源及政策建议[J].河南科技学院学报,2021,41(8):30-36.
② 2021年后的统计数据没有单列农村,故比较的是2016—2020年的统计数据。

比,两者的差距却是逐年扩大(表 5-1),直到 2020 年这一差距才有所缩小,但 2020 年农村普通初中生均一般公共预算公用经费支出与全国相比,差距依然在扩大。

表 5-1　2016—2020 年义务教育阶段生均一般公共预算教育经费增长情况

单位:元

年份	全国普通小学	农村小学	两者差距	全国普通初中	农村初中	两者差距
2016	9 557.89	9 246	311.89	13 415.99	12 477.35	938.64
2017	10 199.12	9 768.57	430.55	14 641.15	13 447.08	1 194.07
2018	11 328.05	10 548.62	779.43	16 494.37	14 634.76	1 859.61
2019	11 949.08	11 126.64	822.44	17 319.04	15 196.86	2 122.18
2020	12 330.58	11 541.34	789.24	17 803.6	15 731.01	2 072.59

数据来源:教育部、国家统计局、财政部发布的各年关于全国教育经费执行情况统计报告。[①]

二、 区域协调发展要求教育更加均衡

受地理、历史等因素的影响,我国东、中、西部和省际经济发展长期以来处于不均衡状态,从根本上制约着教育的发展。进入 21 世纪以来,国家通过实施西部地区"两基"攻坚计划、深化农村义务教育经费保障机制改革、营养改善计划、校舍安全工程、农村薄弱学校基本办学条件改善计划、农村教师特岗计划、对口支援、定向招生等重大举措,推动中、西部地区教育迈上了新台阶,中、西部地区教育和农村教育得到了明显增强,但与东部地区和城市教育水平相比,仍然存在较大差距。

(一) 不同区域教育经费投入水平悬殊

近十年来,国家财政性教育经费投入占 GDP 的比例保持在

---

① 本章图表数据均来自教育部发布的相应年度"全国教育经费执行情况统计表",后文不再特别注明。

第五章 共同富裕对教育发展提出的新要求

4%以上,教育成为财政一般公共预算中第一大支出项目。然而,从学前教育到高等教育,教育经费投入在东、中、西部不同区域之间均存在一定差距。

学前教育经费投入的充足性和配置的均衡性是实现学前教育公平而有质量发展的基本条件①。从统计数据来看,我国学前教育经费投入在东、中、西部地区②之间还存在一定的差距。2018—2022年,东、中、西部地区学前教育生均一般公共预算教育经费存在较大差距(图5-1),其中东部地区平均投入最高,高于全国水平以及中、西部地区,且几乎为中部地区平均水平的2倍,而中部地区平均水平连续五年都低于全国水平。

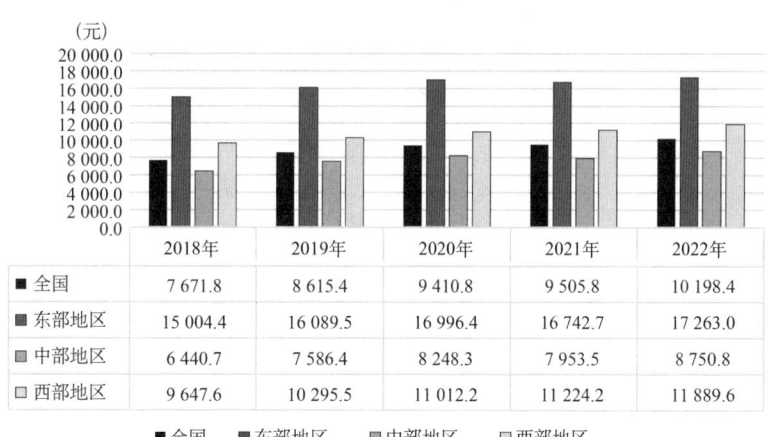

图 5-1 2018—2022 年不同地区学前教育生均一般公共预算教育经费

义务教育是国民教育的重中之重。近十年来,我国义务教育发展取得了显著成就,普及程度达到世界高收入国家的平均水平,义务教育阶段建档立卡的辍学学生实现了动态清零,全国2 895个

---

① 蔡文伯,达选莹.我国学前教育生均经费投入的省域差异与成因[J].当代教育论坛,2022(1):1-10.
② 将我国划分为东部、中部和西部三个地区的时间始于1986年,由六届全国人大四次会议通过的"七五"计划正式公布。东部地区包括北京、天津、河北、辽宁、上海、江苏、浙江、福建、山东、广东和海南11个省(市);中部地区包括山西、内蒙古、吉林、黑龙江、安徽、江西、河南、湖北、湖南、广西10个省(自治区);西部地区包括四川、贵州、云南、西藏、陕西、甘肃、青海、宁夏、重庆、新疆10个省(自治区)。

县全部实现义务教育基本均衡。但从区域发展来看,东、中、西部地区义务教育经费投入还存在一定差距。根据对 2018—2022 年义务教育生均一般公共预算教育经费数据的分析,中部地区平均投入最低,低于全国水平和东、西部地区投入水平,而东部地区最高,西部地区次之,两者均高于全国水平(图 5-2)。

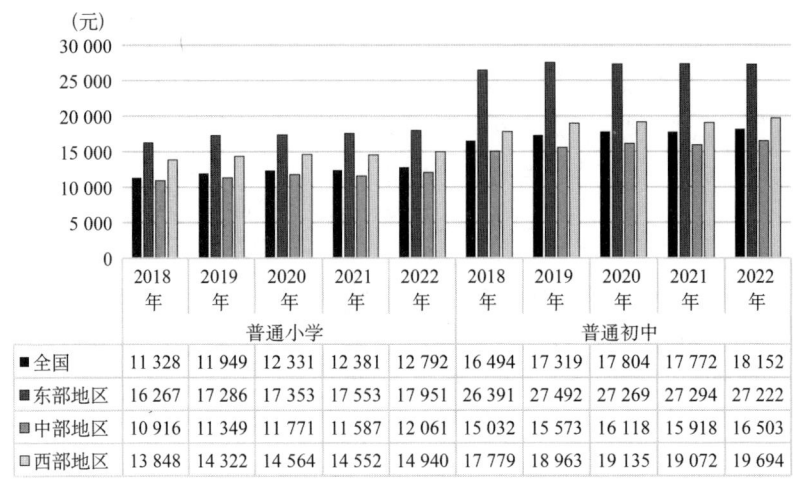

图 5-2　2018—2022 年不同地区义务教育阶段生均一般公共预算教育经费

高中阶段属于基础教育的"顶端",分为普通高中教育和中等职业教育。《国家中长期教育改革和发展规划纲要(2010—2020 年)》针对非义务教育阶段经费投入作出规定:以政府投入为主、受教育者合理分担、其他多渠道筹集教育经费,保障教育投入稳定增长的体制和机制。从政府投入来看,财政性经费投入分为中央和地方两级政府投入。2018—2022 年,普通高中阶段生均一般公共预算教育经费东、中、西部地区投入存在差距,与学前教育的经费投入情况相同,中部地区的生均经费投入最少,低于全国平均水平,而东部地区明显高于中、西部地区和全国水平,且均为中部地区的 2 倍多。同时,东、中、西部地区的中等职业学校生均一般公共预算教育经费也存在明显差距,中部

第五章 共同富裕对教育发展提出的新要求

地区平均水平依然最低,不仅低于东、西部地区的平均水平,也低于全国水平(图5-3)。

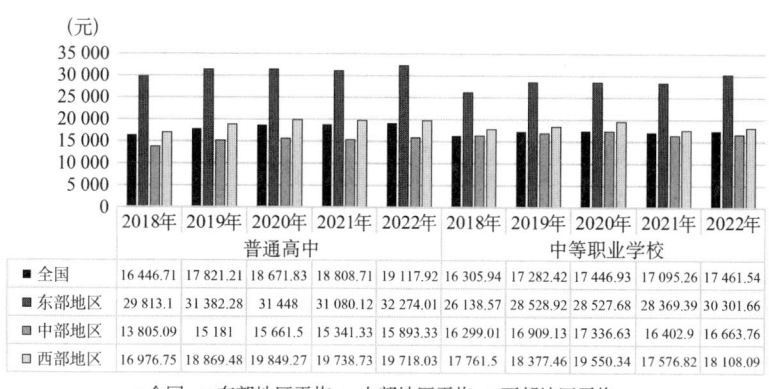

图5-3 2018—2022年不同地区高中阶段生均一般公共预算教育经费

(二)不同区域人均受教育程度尚有较大差距

当前,东、中、西部地区人口受教育程度存在的差异制约了人力资本的提升。第七次全国人口普查数据显示,15岁及以上人口的平均受教育年限由9.08年提高至9.91年。在31个省级地区中,平均受教育年限在10年以上的省份有13个,其中东部地区占7个,超过同类省份的50%;西部地区有2个省平均受教育年限超过10年;平均受教育年限最高的北京达到12.64年,最低的西藏仅为6.75年。

2020年,全国15岁及以上人口总数为1 156 394 786人,其中文盲人口总数为37 750 200人,占全国15岁及以上人口的比重为3.26%。从东、中、西部地区的数据来看,15岁及以上人口中文盲人口的比重分别为2.36%、2.8%、7.95%,中部地区略高于东部地区,西部地区明显高于东、中部地区,是前两者的2倍多。比重最高的西藏高达28.09%,最低的北京仅为0.89%,两者相差近28个百分点。全国15岁及以上人口平均受教育年限为9.91年,东、中、西部地区的这一数据分别为10.53年、9.89年和9.15年,中、西部地区均未达到全国平均水平。

此外,东、中、西部地区适龄人口中,大专及以上学历的人数占比分别为18.84%、14.51%和15.15%,平均为16.17%。其中,东部地区11个城市中未达到平均数的城市仅有4个,而中部地区10个城市中仅有4个城市超过平均数,西部地区10个城市中有5个城市超过平均数。适龄人口中大专及以上学历人数占比最高的是北京,达到44.39%,最低的是广西,仅为11.85%,两者相差30多个百分点。

(三) 不同区域高等教育资源布局与质量差距较大

长期以来,我国东、中、西部三大区域经济存在"东强西弱"的局面,普通高等教育发展同样存在着"贫富不均"的现象,主要表现为高校布局、教育投入、教育资源、人才培养等方面不均衡,中、西部高等教育发展面临重点院校少、教育经费投入不足、人才流失严重"三座大山"[①]。

在普通高校区域布局方面,教育部直属高校、"211"和"985"工程高校的区域布局不平衡,国家对这些高校的政策倾斜,加剧了东、中、西部地区高等教育的"贫富分化"。截至2021年,东、中、西部地区的普通高校和职业高校总数分别为1148所、1008所和600所,占全国普通高校和职业高校总数的比例各为41.65%、36.57%和21.77%,东部地区普通高校数是西部地区的1.9倍左右。从中央部门直属高校数来分析,东、中、西部地区分别有81所、19所和18所,东部地区比中、西部地区总和的2倍还多,仅北京就有39所,比中、西部地区的总和还多,西部地区有4个省份没有中央部门直属高校。"211"工程高校与全国高校分布情况一致,在116所高校中,东部地区有67所、中部地区有26所、西部地区有23所,其中最高的为北京达26所,中部地区有5个省份、西部地

---

① 李璐瑶. 东中西部高校能实现"共同富裕"吗?[EB/OL].(2022-01-17)[2023-11-5]. https://baijiahao.baidu.com/s?id=17222207321883797968&wfr=spider&for=pc.

区有6个省份都各自仅有1所。全国"985"工程院校两期总共有39所,其中,东部地区有24所,中、西部地区分别为8所和7所,最高的为北京,共有8所,其次为上海,共有4所,可见优质高校资源主要集中于北京、上海等东部地区。教育部2022年公布的"双一流"高校建设名单显示,东部地区入选99所,中、西部地区入选49所;"双一流"建设学科主要集中于东部地区。在教育部第四轮学科评估中,东部地区、中西部地区的A类学科占比分别为70.72%和29.28%。此外,博士学位授权点也集中分布于东部地区,占到全国博士点总数的63%,为中、西部地区博士点总数的1.62倍。从以上数据来看,我国高等教育东、中、西部地区差距很明显,东部地区显著优于中、西部地区。

在教育经费投入方面,我国高等教育经费财政投入呈"东高、西低,中塌陷"的态势,并且省际基尼系数始终在0.4左右徘徊,说明省际高等教育经费投入不均衡状况明显[①]。教育部数据显示,2018—2022年我国东、中、西部地区普通高校大学生的一般公共预算教育经费差距明显(图5-4)。中部地区明显低于东、西部地区和全国水平;西部地区高于全国水平,除2020年略高于东部地区,2018年、2019年、2021年和2022年均低于东部地区。而高等教育经费占各省教育经费总支出的比重也不尽相同,占比最高的北京是36.75%,而最低的新疆只有8.52%[②]。

在师资方面,由于受待遇、科研条件、生活环境等因素的影响,中、西部地区高校的本土人才留不住,外来人才招不到,我国东、中、西部地区普通高校教师资源存在较大差异,专任教师及高级职称人员的数量呈现明显的不均衡现象。据教育部数据,2021年东部地区高等教育学校的专任教师占全国总数的46.3%,中、西部地区高等学校的专任教师占全国总数分别为33.72%和19.98%,

---

① 张炜.高等教育经费省际投入支出的公平性研究[C]//中国教育学会教育经济学分会.2009年中国教育经济学学术年会论文集,2009.
② 王逸青.我国高等教育财政资源配置的区域均衡研究[D].北京:中央财经大学,2021.

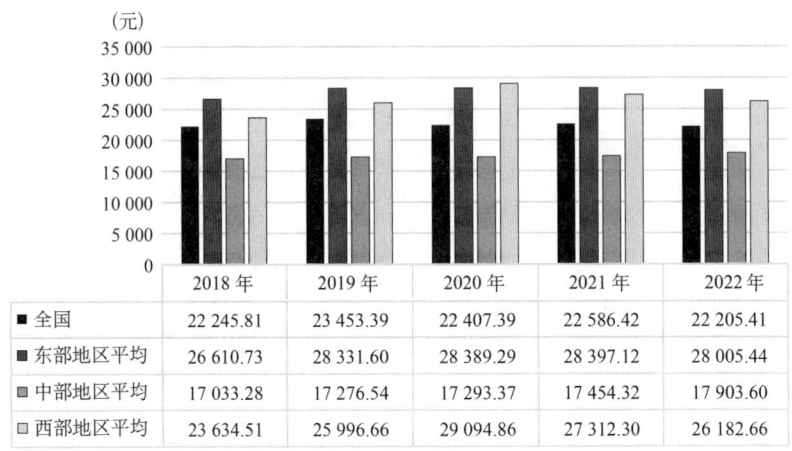

图 5-4　2018—2022 年不同地区普通高等学校生均一般公共预算教育经费

东部地区是西部地区的 2.32 倍。在专任教师的学历方面，东、中、西部地区高校专任教师中博士学历的占比分别为 55.05%、28.16% 和 16.69%；在专任教师的专业技术职务方面，东、中、西部地区高校正高级职称教师的占比分别为 52.59%、29.30% 和 18.10%。由此看来，无论是专任教师的学历还是正高级职称的差距，东、中、西部地区的差距都非常大，东部地区是西部的 3 倍多。另外，高层次人才，2020 年，东部地区高校长江学者、"杰青""优青"占比超过 60%，中、西部地区高校占比不足 40%[①]。

在普通高校办学硬件方面，从校舍面积、房屋和建筑物的花费金额、专用设备数量和花费金额、图书数量和花费金额等方面来看，东、中、西部地区的差距都很大。教育部数据显示，东、中、西部地区高校图书数量的占比分别为 46.24%、34.26% 和 19.50%；东、中、西部地区高校的网络多媒体教室数量的占比例分别为 46.99%、30.94% 和 22.07%，东部地区高校图书数量和网络多媒体教室的数量是西部地区的 2 倍多。

---

① 李璐瑶. 东中西部高校能实现"共同富裕"吗？[EB/OL]. (2022-01-17)[2023-11-5]. https://baijiahao.baidu.com/s?id=1722220732188379796&wfr=spider&for=pc.

第五章　共同富裕对教育发展提出的新要求

"巨大的差距将影响到社会健康发展的核心以及未来社会民主的繁荣本身。"①从区域经济和社会发展来看,要实现不同区域的共同富裕,必须优先推动中、西部地区的教育高质量发展,这是一项迫切而重要的现实任务。

三、缩小不同群体的差距要求教育更加完善

共同富裕的关键是"共同",这意味着共同富裕是全体人民的富裕,而不是少数人的富裕,这要求"每一个公民在财富和益处的分配上都能被一视同仁、得所当得"②。然而,共同富裕并不是所有人的同等、同步富裕,个体在天资、兴趣、能力等方面存在差异,公平的教育需要关注个体差异,满足个体的个性化需求。在城乡教育、区域教育存在差距的同时,不同群体之间的教育差距进一步叠加,留守儿童、随迁子女、特殊儿童等群体实际获得的教育质量不够理想。为此,前教育部部长袁贵仁提出:要切实保障进城务工人员随迁子女、农村留守儿童和残疾儿童受教育权利,让每个孩子都能接受公平而有质量的教育,成为国家有用之才。只有实现人人成才,才有可能最终实现共同富裕。

(一) 留守儿童关爱与支持体系亟待加强

20世纪80年代中期以来,在我国城乡二元结构背景下以及工业化、城镇化的推进过程中,一个特殊的儿童群体——农村留守儿童开始出现。农村留守儿童通常指父母双方外出务工或者一方外出务工、另一方无监护能力的16周岁以下的农村儿童。"农村"与"留守"的双重标志使农村留守儿童在共同富裕的过程中更应该受到重视,这对于实现共同富裕具有十分重要的意义。新时代农

---

① 迈克尔·富兰,彼得·希尔,卡梅尔·克瑞沃拉. 突破[M]. 孙静萍,刘继安,译. 北京:教育科学出版社,2009:99.
② 龚天平,殷全正. 共同富裕:思想回顾与伦理省思[J]. 华中科技大学学报(社会科学版),2022,36(6):10-18.

村留守儿童的教育仍然存在一些问题,主要体现在家庭教育缺位、学校教育资源不足、乡村育人环境缺失等三个方面,解决农村留守儿童教育问题需要加强家校社协同。与沿海地区相比,90%以上的留守儿童生活在经济尚不发达的中、西部省份。这是城乡、区域教育存在差距的原因,前文对此已作过分析。因此,下面着重分析家庭教育问题。

农村留守儿童通常与祖辈或其他监护人生活,以祖辈为主,但受到农村整体发展环境的限制,全国妇联和中国人民大学的课题研究显示,隔代照料中的祖父母绝大部分为小学水平,甚至8%的祖父、25%的祖母未上过学①。受自身受教育水平的限制,许多祖辈教育意识淡漠,教育能力不足,教养方法简单,甚至只"养"不"教",对孩子放任自流,导致孩子因疏于管教出现学业落后、品德不佳、行为失范。此外,由于父母长期在外务工,陪伴孩子时间少,亲子互动不足,亲情缺失和情感抚慰缺乏,孩子难以对父母形成亲密的依恋情感,亲子关系紧张,甚至产生亲子冲突。孩子遇到问题时无法或不愿向父母寻求帮助,由此出现一些敏感、偏执、抑郁等心理问题。北京上学路上公益促进中心发布的2019年度《中国留守儿童心灵状况白皮书》指出,亲子分离及隔代教养方式对留守儿童心理造成了一定的压力。该白皮书也显示,在调查样本中儿童遭受精神暴力的发生率为91.3%,躯体暴力的发生率为65.1%,有3成和4成的儿童分别遭受过性暴力和忽视。在农村留守儿童中,低强度的暴力行为普遍存在,遭受暴力对儿童心理发展具有负面影响,整体上,受到暴力对待后儿童自尊、抗逆力、情绪力和社交力均有下降,下降幅度最高可达到10.6%。

在新媒体时代,由于留守儿童缺乏亲情陪伴和有效管教,他们更易沉溺于网络,受到不良网络信息的影响,或陷入网络游戏不能自拔,从而影响孩子学业及正确价值观的形成。2019年度《中国

---

① 杨春华.关于农村留守儿童家庭教育的状况、问题及建议[EB/OL].(2021-03-15)[2023-06-07]. https://m.thepaper.cn/baijiahao_11710536.

留守儿童心灵状况白皮书》数据显示,留守儿童平均每天看书学习时间为 3.07 小时,玩手机游戏时间为 1.46 小时,玩电脑游戏时间为 0.64 小时,看电视时间为 1.69 小时。

(二) 迁徙流动人口随迁子女在常住地获得教育服务仍面临障碍

与留守儿童相反,父母离开原籍外出务工时将未成年子女带入居住地,由此形成了一个新的群体——进城务工人员随迁子女,随迁子女与留守儿童是此消彼长的。第七次人口普查数据显示,2020 年,中国流动人口规模达到 3.76 亿人(含跨省流动和省内流动),与 2010 年相比增长了 69.73%。随着流动人口规模的增长,中国流动人口子女规模同步增长。2020 年,中国流动人口子女规模约 1.3 亿人,超过中国儿童总数的 40%,其中流动儿童规模为 7109 万人,比 2010 年的 3 581 万人增长了约 1 倍,平均每 4 个儿童中就有 1 个是"流动儿童"。进城务工人员随迁子女在流入地接受教育一直是一个备受关注的社会公平问题,我国随迁子女异地就读政策经历了"申请借读"阶段、"两为主"阶段、"两为主、两纳入"[①]阶段、"两统一"[①]阶段四个主要阶段,实现了从户籍捆绑到积分入学的转变,保障随迁子女受教育权的相关政策措施越来越完备,包括全面推进免试就近入学、完善随迁子女入学政策、扩大公办教育资源供给等,基本保证了随迁子女"有学上"。

在推进共同富裕的目标引领下,依然有必要从教育公平的视角来审视当前随迁子女教育的问题,让随迁子女享受公平而高质量的教育是打破阶层固化、实现共同富裕的一项关键任务。教育公平通常分为起点公平、过程公平和结果公平。当前随迁子女"有学上"的问题已基本解决,但这并不意味着随迁子女的教育起点公

---

① "两为主、两纳入"是指以流入地政府为主、以公办学校为主,同时将常住人口纳入区域教育发展规划,将随迁子女教育纳入财政保障范围;"两统一"是指要统一建立以居住证为主要依据的随迁子女入学政策,统一推动"两免一补"资金和生均公用经费基准定额资金可随学生流动。

平完全实现。《让儿童和父母在一起！——中国流动人口子女发展报告 2023》数据显示，2021 年，学前教育阶段，进城务工人员随迁儿童中，61.6% 在普惠性幼儿园就读，比全国平均水平低 26.2 个百分点。义务教育阶段的在校生中，进城务工人员随迁子女比 2020 年减少了 57.32 万人，流动人口子女与父母分离的情况变得更多了。而在随迁子女入读公办学校时，由于过高的"入学门槛"，随迁子女入读居住地公办学校的难度增加了，这在大城市更为明显。一项针对 46 个地级市及以上城市的调查发现，北上广深务工人员随迁子女获得教育公平的难度明显高于全国其他地区。这些地区 62.87% 的随迁子女在公办学校就读，比全国平均水平低 9.98 个百分点；16.10% 的随迁子女在政府购买学位的民办学校就读，比全国平均水平高出 9.54 个百分点①。因此，随迁子女在北上广深四个一线城市入读公办学校的难度明显大于其他城市。因优质公办学校学位紧张，他们只能在"位于城市边缘地区的薄弱学校就读"②，无法进入公办学校的随迁子女只能去政府购买学位的民办学校就读，其中不乏随迁子女学校，这些学校的师资水平、课程资源等办学条件均难以与公办学校相提并论。

　　随着随迁子女父母对孩子"上好学"的期待增强，过程公平和结果公平越来越受到关注。教育起点公平保障的是基本受教育权，而教育过程公平是"在保障所有学生平等权利的同时，尊重不同学生之间的差异和多样性，是一种'有差异的平等'"③。有学者指出，由于转入校和转出校在师生交往、课程教学、校园文化、教育质量、社区环境等方面存在差异，随迁子女学习适应难度增加，形成"弱势积累"效应④。

---

① 李晓琳. 进一步完善农民工随迁子女教育政策：基于对 46 个地级及以上城市的问卷调查[J]. 宏观经济管理，2022(6)：38-45.
② 史春玉，袁媛，潘怡铮. 累积劣势：随迁子女基础教育不平等的生成路径探析[J]. 广东行政学院学报，2021,33(3)：5-13.
③ 杨小微. 为促进教育过程公平寻找合适的"尺度"[J]. 探索与争鸣，2015(5)：8-10.
④ 邬志辉，李静美. 农民工随迁子女在城市接受义务教育的现实困境与政策选择[J]. 教育研究，2016,37(9)：19-31.

第五章　共同富裕对教育发展提出的新要求

教育结果公平是指"让所有学生在发展水平上都达到基本标准"①,随迁子女的学业成绩是衡量教育结果公平的重要指标。有研究者指出,不仅在民办与公办学校就读的随迁子女之间存在较大成绩差距和心理发展差距②,城市儿童与随迁子女在学业成绩上也有显著差异③。在义务教育阶段后,随迁子女就地参加中考、高考依然面临着重重困难。2012年,国务院办公厅转发教育部等部门出台的《关于做好进城务工人员随迁子女接受义务教育后在当地参加升学考试工作的意见》,要求各省、自治区、直辖市人民政府要根据城市功能定位、产业结构布局和城市资源承载能力,因地制宜制定随迁子女升学考试具体政策,并于2012年年底之前制定相关的升学考试方案。但异地高考政策的决策权主要在地方政府,一些地方政府(特别是优质教育资源较多,经济较为发达的城市)担心放开异地高考会让更多的随迁子女流入而采用了地方保护主义政策,主要体现在为家长、学生和报考院校等方面设置了一些"门槛"。《让儿童和父母在一起!——中国流动人口子女发展报告2023》中的数据显示,2021—2022年,仅有61.56万名随迁子女在居住地参加高考,仅占全国高考报名人数的2.71%。

因此,无论是教育的起点公平、过程公平还是结果公平,当前随迁子女教育政策都还需要更加完善,以更好地推进教育公平。

(三) 特殊儿童多样化教育服务保障体系不够健全

中共十八大以来,国家组织实施了两期特殊教育提升计划,布局合理、学段衔接、普职融通、医教结合的特殊教育体系基本形成。当前,我国特殊儿童最主要的教育安置形式是特殊学校和普通学

---

① 褚宏启.新时代需要什么样的教育公平:研究问题域与政策工具箱[J].教育研究,2020,41(2):4-16.
② 王蕊.城市随迁子女能力发展及其影响因素:不同就读条件下的实证分析[J].全球教育展望,2020,49(5):3-18.
③ 朱斌,王元超.流动的红利:儿童流动状况与学业成就研究[J].人口与发展,2019,25(6):38-51,95.

校的随班就读,此外,还包括其他学校的特教班以及送教上门,30万以上人口的县均设有特殊教育学校。据教育部数据,2022年,全国共有特殊教育学校2 314所,相比于2012年的1 853所增加了461所,特殊教育共有在校生91.85万人,适龄残疾儿童义务教育入学率达到了95%以上。

但特殊教育发展还存在一些问题,主要体现在以下方面。一是城乡发展不均衡,从城乡分布看,特殊学校主要分布在城镇,乡村特殊学校的占比不到一成,在校中农村学生比例偏低[①]。教育部2021年统计数据显示,全国特殊教育学校2 288所,乡村仅占7.82%,城区占50.17%,超过全国总数的一半。全国有32 114个特殊教育班级,乡村仅占6.5%。二是相应的中等职业教育及高中教育发展较为薄弱。一方面,特殊学校开设职业班或高中班的数量有限,无法满足所有特殊学生的入学需求,导致特殊学生在初中阶段便开始出现流失;另一方面,特殊学校开设的职业课程"缺乏个性化和针对性,不能满足特殊学生就业的需求,也挫伤特殊学生接受职业教育的积极性"[②],在教学期间,学校也没有给特殊学生提供充足的实习机会,理论与实践脱节。三是特殊教育专任教师配备不足,师生比偏低。2022年,全国特殊教育专任教师为7.27万人,相比于2012年的4.37万人增加了2.9万人。2022年,全国专任教师为1 880.36万人,特殊教育专任教师的占比为0.39%,师生比为1∶4.6。《特殊教育学校建设标准》规定,盲校、聋校师生比为1∶3.5,培智学校师生比为1∶2,并按需配足教辅人员,如康复、医护、心理辅导、保育、炊事、保安等人员。按此标准,目前特殊教育的师生比显然偏低。四是"随班就读"特殊学生的融合性较差。特殊学生虽然进入普通班级与普通学生接受同等教育,但在同班学生群体中接纳水平低,且特殊儿童在课堂教学中

---

① 杜芬娥,隋春玲.近十年我国特殊儿童基础教育发展研究:基于2010—2019年教育部统计数据[J].绥化学院学报,2021,41(4):133-137.
② 郭文斌,何溪.特殊教育学校职业教育课程设置现状及对策研究[J].现代特殊教育,2018(13):63-69.

的参与感不高,"随班就读"往往变成了"随班就坐"①。

第二节
共同富裕要求教育更加优质

《中华人民共和国国民经济和社会发展第十四个五年规划和2035年远景目标纲要》提出,"建设高质量教育体系"是新时代教育发展的新主题、新方向、新目标、新任务。教育高质量发展是一种以人的全面而有个性发展为目标的教育发展模式,它能够更好地提升人才的素养以应对相对贫困问题,从而为实现共同富裕发挥助推作用,在相对贫困问题、发展不平衡问题以及科技创新驱动上,"教育高质量发展与共同富裕存在明显的交汇点"②。现实中,各级各类教育要实现高质量发展,在学校制度、培养模式、资源配置等方面存在不少阻碍因素。

一、基础教育质量需要提升

对于促进共同富裕,基础教育的作用表现在赋予个体参与社会经济活动的基础能力,并由此产生促进社会流动性、"扩大中等收入群体"等方面的间接作用。更重要的是,基础教育在促进社会规范形成、促进国家认同等方面具有重要功能。具体而言,基础教育在传播优秀传统文化、增强学生民族文化认同感和爱国热诚、坚定"四个自信"、培育中国特色社会主义的建设者和接班人方面具有其他教育不可替代的"奠基"作用。一方面,基础教育在为实现

---

① 缪巧玲,雷励华.全纳教育视角下特殊儿童可持续发展教育目标的实现路径[J].重庆第二师范学院学报,2022,35(3):94-99.
② 陈良雨.教育高质量发展驱动共同富裕的内在逻辑与实现机制[J].教育与经济,2023(3):12-18,27.

共同富裕提供精神动力的同时,始终严格维护政治安全;另一方面,基础教育始终将社会主义核心价值观融入学校教育教学的全过程,在提高人才培养质量的过程中,能够为实现共同富裕提供强大的思想武器①。但是,长期以来我国基础教育是以"应试"为导向的,片面强调基础知识和基本技能的掌握仍存在"素质教育喊得轰轰烈烈,应试教育做得扎扎实实"的现象。在促进人的全面而有个性的发展方面,基础教育仍面临诸多挑战。

(一)学生个性化教育仍未找到有效制度安排

我国基础教育办学模式强调规范统一,学制的灵活性不足。现代学校制度起源于工业时代,强调标准、统一,导致学校办学模式同质化。有研究者对比不同教育强国的办学模式后发现,它们的学制多呈现出多样化特征,例如,美国的学制有"6—3—4"学制,也有"4—4—4"学制、"5—3—4"学制和"6—3—3"学制,在很多小规模学区,也有"8—4"学制和"6—6"学制②。而在我国,除了上海等少数地区为"5—4"学制,义务教育阶段基本上都是"6—3"学制。除了在学制方面缺乏多样性,微观办学层面同样存在同质化问题。长期以来,在"唯分数""唯升学"的评价指挥棒下,过度重视学生书本知识的学习,"千校一面"成为长期以来我国学校发展的一大特征,故难以培养出个性化、创新型人才。

当前,让每个孩子都能得到全面而有个性的发展理念越来越深入人心,大多数学校在课程方面设计了多样化的校本课程体系以满足学生的个性需求,在学习方式方面通过项目化学习、探究性学习等多种方式促进学生的个性发展。但是,不得不承认,现代学校制度整体上对个性发展的总体设计是不够的,例如,缺乏对超常儿童的有效培养办法。美国特殊教育专家柯克(S. A. Kirk)和加拉赫(J. J. Gallagher)认为,特殊儿童通常既包括残疾儿童又包括

---

① 张聪.基础教育促进共同富裕:内涵诠释、价值意蕴与作用机制[J].中国教育学刊,2023(1):1-6,19.
② 柯政.建设教育强国应更加突出多样化发展[J].教育研究,2023(2):30-44.

第五章 共同富裕对教育发展提出的新要求

天才儿童①。相对于身心缺陷的特殊儿童,我国对天资优异的特殊儿童的需求关注还不够。特殊教育不应仅限于残疾人,还应该包括天资优异的超常儿童,为天资优异的学生提供适切的差异化的教育同样也是一种教育公平。天资优异的超常儿童并不必然是指智力超常的儿童,"学业成绩不佳的状况在高天赋学生中并不少见,特别是小学阶段,可能有10%到40%甚至更高比例的高天赋学生存在学业失败"。①当前,我国特殊教育体系中还缺乏对天资优异学生的有效识别、支持和发展体系,这不利于该类人才潜能的挖掘与培育,对这类特殊学生而言也是有失公平的。

此外,"学困生"同样需要得到关照。在同一所学校、同一个班级,在统一的评价标准下,受各种主客观因素影响,总会有部分学生的学习成绩处于平均水平之下,他们更容易遭受来自教师、家长、同辈群体等的不公正对待,有的"学困生"甚至因此辍学,过早进入了社会。共同富裕背景下,如何确保这些"学困生"达到国家规定的学业水平要求,并能"扬长"发展,是响应习近平总书记"让每个人都有人生出彩的机会"号召的重要课题。

(二) 各阶段学生学业负担依然较重

为从根本上减轻学生学业负担和家庭校外补习经济负担,2021年7月,中共中央办公厅、国务院办公厅印发《关于进一步减轻义务教育阶段学生作业负担和校外培训负担的意见》(以下简称"双减"政策),提出全面压减作业总量和时长,减轻学生过重作业负担,坚持从严治理,全面规范校外培训行为。此政策指向明确,力度空前。在"双减"政策实施过程中,各地坚持"两手抓",一手抓全面压减作业总量和时长,提升学校课后服务水平,大力提升教育教学质量,有效减轻学生的课内作业负担;一手抓从严治理校外培

---

① 秦琳,张永军,康建朝.让高天赋学生获得适宜的教育[J].人民教育,2022(10):61-65.

训机构,全面规范校外培训行为,大大压减学科类校外培训机构数量和培训时段,切实减轻了学生课外培训负担。① 通过三年来的努力,学生过重的学业负担和校外培训负担得到了有效缓解。然而,这是不是意味着学生学业负担就不存在了呢? 显然不能一概而论。虽然学校的作业总量和时长得到了有效的缩减,但在现行的选拔机制下,许多家长依然不敢放松,他们"在短时间内难以摆脱成绩对作业的路径依赖,于是额外给孩子布置作业或购买教育服务"②。结果就是校内减掉的作业家里补,出现"校内减负,校外增负"的尴尬局面,学生的作业负担仍然不同程度地存在。而且,仍有部分家长让孩子参加隐形的校外培训,这也是当前校外培训难治理的一个重要原因。学生将过多的时间花在学业上,个人的兴趣、特长培育被忽视,个性化发展难以得到有效满足,导致学生真正的学习活力难以得到有效激发。

(三) 价值观与社会认同教育的功能有待强化

对于促进共同富裕,基础教育还具有促进不同社会群体之间彼此认同的作用,即社会认同价值。共同富裕的实践既是消除社会财富分配不平等的过程,也是每一个社会成员获得社会对其价值认可的过程。基础教育的社会认同价值并不限于提升个体的精神富裕程度,还表现为通过个体获得所在群体认同而促进社会团结程度的提高。基础教育的社会认同作用具有复杂机制。首先,基础教育是个体社会认同动机形成的关键时期。尽管社会认同主要表现在受教育者进入成人社会阶段,但研究表明青少年时期是集体身份感、社会认同动机发展的关键时期。Montemayor 和 Eisen 的研究发现,诸如国别归属、文化归属等有关集体身份的自我定义,在青少年 12 岁时达到高峰,14 岁开始下降,后又稳步增

---

① 董圣足,黄河,谢锡美."双减"之下校外培训长效治理机制的构建与完善[J].苏州大学学报(教育科学版),2022,10(4):13-23.
② 陈颖,陈武林."双减"背景下作业负担的合理向度及治理[J].教学与管理(小学版),2022(12):1-5.

第五章 共同富裕对教育发展提出的新要求

加,到 18 岁趋于稳定①。其次,基础教育的社会认同效果形成,需要完善教育内容和方式。社会认同理论为基本公共教育实施核心价值观教育、国家认同教育提供了理论依据。促进社会认同的主要内容通常包括:共同的规范和价值观、共同的身份感或生活在同一社区的归属感、持续感和稳定感、积极主动的公民素养等②。学校教育应聚焦于提升个体的社会情感技能和社会责任意识,增强群体融合的价值则具有从青少年向成人阶段逐步呈现的过程。最后,发挥能力的中介作用,可以促进个体更好地融入社会。通过促进扩大优质教育资源覆盖面、增强教育结果的充足性,教育能产生促进个体更好融入社会、提高全社会精神富裕程度的效果。

当前的实践中,基础教育实施国家认同教育时,在内容、方法方面存在着一定的偏差。针对内容有研究者指出,当前理论与实践存在国家认同的理性与情感割裂的现象,对国家认同教育实效造成了影响③。我们应通过内容和机制的改革创新来实现基础教育的群体融合和价值认同,从一代新人开始为社会凝聚力提升打好思想基础。首先,要强化促进群体融合、社会认同在基础教育目标中的地位。《义务教育课程方案》提出,义务教育要引导学生明确人生发展的方向,追求美好生活要将个人追求融入国家富强、民族复兴、人民幸福的伟大梦想之中。基础教育学校应在课程教学实施过程中采用集体活动的形式引导融合与认同意识的形成,促进党和国家人才培养目标的实现。其次,要重视通过教育途径的拓展和方法的创新提高国家认同教育的效果。实践中,在落实"全员全程全方位"育人要求,发挥课程为党育人、为国育才功能上还存在着一定的认识误区,如过分强调将"进教材、进课堂"要求转化为规定课时、规定形式等,造成学生课时和活动负担增加。《关于

---

① Montemayor R, Eisen M. The development of self-conceptions from childhood to adolescence[J]. Developmental Psychology, 1977(4).
② 世界银行.2018 年世界发展报告:学习、实现教育的愿景[M].北京:清华大学出版社,2019:24,50.
③ 彭茜.论国家认同的"情感转向"及其教育意蕴[J].西北师大学报(社会科学版),2022,59(1):69-79.

加强中小学地方课程和校本课程建设与管理的意见》明确提出,各类专题教育以融入为主,原则上不独立设课。基础教育学校应统筹育人目标、教育内容要求、教学安排等,避免与国家课程割裂或简单重复,以减轻中小学生过重的课业负担。

二、职业教育带动共富的能力需要加强

"十三五"期间,职业教育在服务脱贫攻坚、助推共同富裕过程中取得了显著成效。但现实中,职业教育与经济社会发展要求还存在一定的差距,培养的人才还难以完全适应现代产业经济发展需求。这就要求创新办学体制、机制,更加重视以能力为本位的人才培养,通过提升共富能力更好地服务于社会经济发展,促进共同富裕目标的实现。

(一)职业教育的发展动力有待激发

与普通教育相比,职业教育对设施设备、场地等的要求更高,由此也需要更多的经费和资源投入。据联合国教科文组织统计,职业教育办学成本是普通教育的3倍左右。从实际来看,我国职业教育的整体投入不足。

在高等职业教育方面,2019年印发的《国家职业教育改革实施方案》提出,"优化教育支出结构,新增教育经费要向职业教育倾斜"。但是,我国高等职业教育经费投入的"量"相对较低且不稳定[1]。对教育经费投入的职普比进行分析发现,"从全国来看,多年来高等教育阶段经费投入的职普比维持在0.2到0.25之间,表明高职、高专的教育经费投入相对于普通本科而言处于较低的水平,其仅占普通本科的1/5左右"[2]。总体来看,高职教育经费投入

---

[1] 姚洋.办好职业教育更花钱,财政要向职业教育倾斜[EB/OL].(2022-03-15)[2023-07-12] https://www.jiemian.com/article/7465797.html.
[2] 吴全全,王茜雯,闫智勇.我国高等职业教育经费投入的现状分析[J].职教发展研究,2023(1):27-37.

第五章 共同富裕对教育发展提出的新要求

在高等教育整体经费投入中占比偏低。

中等职业教育的经费投入也不容乐观。2018—2022年,从教育部发布的全国教育经费执行情况统计数据来看,中等职业学校的生均一般公共预算教育经费的投入比普通高中分别低140.77元、538.79元、1 224.90元、1 713.45元和1 655.46元(图5-5)。在办学条件方面,中等职业教育基本办学条件还存在不达标情况。研究发现,不少地区的中等职业教育生均校舍建筑面积和生均图书条件仍没有达到《中等职业学校设置标准》中规定的标准要求①。

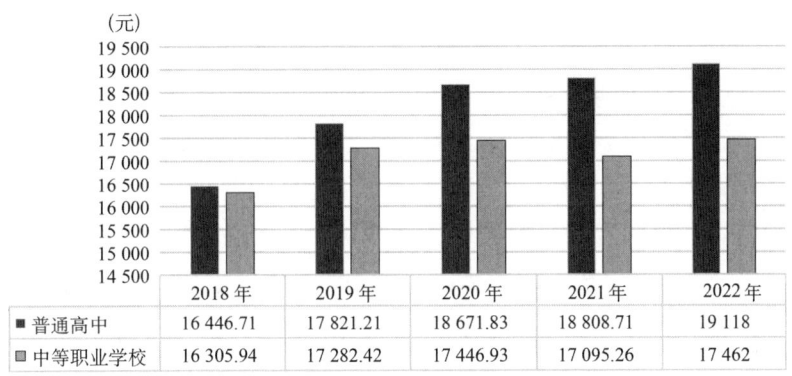

图5-5 2018—2022年高中阶段生均一般公共预算教育经费投入情况

职业教育经费的投入不足会导致职业院校基础设施落后、数字化教育资源缺乏、适应现代产业经济发展的实训空间建设不足等后果,这种状况将会影响到与新技术、新产业相匹配的高素质技能人才的培养效果。

(二) 职业教育对经济社会发展的适应性有待增强

作为一种与社会经济发展联系最为紧密的类型教育,职业教

---

① 岳金凤,郝卓君.中等职业教育高质量发展报告:基础与方向[J].职业技术教育,2021,42(36):17-26.

育的基点和基轴都在于促进社会经济发展①。对于推动共同富裕，职业教育直接作用于提高劳动者劳动技能，既可以直接为产业经济培养技术工人，也能为在岗职工提供经济发展所需的新的职业技能培训。以人工智能为标志的第四次工业革命对人们的生产生活带来了深刻的影响，也催生了一系列新型职业的产生，要求职业教育作出新的应对。面向未来经济社会的发展，职业教育在整体上的适应性还不强。

一是专业设置较为传统，对先进制造业、人工智能、区块链等前沿技术相关的新专业缺乏前瞻布局。"专业"是连接职业院校与产业的"桥梁"，但由于专业设置的滞后性以及相应师资培养的滞后性，当前职业教育专业设置以及课程内容与就业市场的需求不相适应，而且传统专业培养的专业技术人才层次较低，难以跟上社会需求的变化。此外，虽然有部分院校设置了一些新的专业，但由于师资和设施设备难以跟上，专业质量不高。这也是导致就业市场"招工难"与"就业难"同时并存的一个重要原因。

二是职业教育产教融合流于形式。从参与主体来看，职业教育也是一种跨界的教育类型，培养的是技能型人才，需要加强学校与企业、产业的联系。但长期以来，职业教育校企合作、产教融合还处于较低层次，实质性深度合作少。有研究以56所国家"双高计划"院校为例进行分析后指出②，地方举办的高职院校占50%以上，行业举办的高职院校不到10%，上市公司、行业龙头企业举办的职业教育没有入围，这体现了行业、企业举办的优质高职教育较少。

三是职业教育服务区域经济发展的能力有待提升。从理论上来说，职业教育应与其所在区域的经济社会发展紧密相关，为本区域经济社会发展提供高素质劳动者、科技转化服务以及技术支持。

---

① 朱德全,冯丹. 和而不同与高质量发展：职业教育促进共同富裕的理性逻辑[J]. 教育与经济,2023(1):3-11,19.
② 汪斌. 推动现代职业教育高质量发展的实施方略[J]. 教育与职业,2022,1013(13):36-41.

但是,在实践中各地区职业教育的贡献度有待提升。有研究者对四川省高职教育投入与地区经济增长的关系进行实证分析发现,"高职教育的投入增加对四川省 GDP 的增长贡献不大,四川省高职教育并没有较好地发挥其经济效益"[①]。有学者对江苏省高等职业教育对产业发展的贡献度进行了研究,提出单纯的高等职业教育劳动力的投入已经不足以对产业经济的发展产生作用,"技术生产力水平不断提高,劳动的科技含量也在不断提高,因此区域经济发展需要更高素质的劳动力"[②]。

三、高等教育人才培养质量有待提升

高等教育在整个教育体系中居于"龙头"位置,是以培养高级专门人才为主的社会活动,是"科技第一生产力、人才第一资源、创新第一动力的重要结合点"[③]。高等教育不仅要关注学生的专业知识、技能的习得,而且"要与经济社会发展和科技进步相适应,实现从参与发展向主动融入与引领发展的跃迁,充分发挥高等教育在经济社会发展中的贡献和扎实推进共同富裕中的作用"[④]。但从高质量发展的视角来审视我国现阶段高等教育的发展,其内涵建设还有待提升,服务共同富裕的作用还没有得到充分发挥。

(一) 专业设置难以适应产业结构快速调整的要求

高校专业的设置遵循"学科知识、市场需求与个体发展'三重

---

① 雷喻婷,熊伟,李礁,等.四川省高职教育投入与地区经济增长的关系[J].淮南职业技术学院学报,2023,23(2):128-130.
② 马欣悦、李丹晴.高等职业教育对产业发展的贡献如何?[J].中国职业技术教育,2022(22):29-37.
③ 王一然,徐文琪,张丽华.高等教育、科技创新能力与区域经济的互动机理及耦合策略[J].国家教育行政学院学报,2023,303(3):51-59.
④ 李立国.共同富裕与高等教育高质量发展的新使命[J].教育发展研究,2023,43(1):1-4.

逻辑'体系"①,它们是协调统一的,只是在不同阶段的侧重点有所不同。市场需求逻辑体现了高校的社会适应性,要求专业设置必须适应市场经济及产业结构的转型发展。然而市场是"一只无形的手",它并不总是能带来市场资源的有效配置。一方面,由于存在一定的盲目性,加上缺乏有效"预警"机制,高校专业设置大量趋同,热门专业"扎堆"设置,造成了资源严重浪费。另一方面,高校专业设置存在"贪大求全"的问题,重知识学习轻技能培养和学术型人才的培养,这导致高等教育培养的人才与就业需求出现"错配"。

随着全球进入第四次工业革命,高校专业设置需要与产业结构调整的方向保持一致。当前,我国产业结构呈现出以农业为主的第一产业所占比重持续下降,而第三产业所占比重逐渐提高,导致在就业方面"第二产业吸纳劳动力有限,第三产业是解决就业的主要渠道"②。但是,并非所有高校在设置专业时都能对产业结构变化趋势作出精准分析,导致所设专业不适应产业结构的变化。以重庆市高校本科专业设置为例,重庆市"十四五"期间重点发展新一代信息技术、新能源及智能网联汽车、高端装备、新材料、生物技术、节能环保六大产业。其中,重庆市高校中与新一代信息技术相关的一流专业有30个;与高端装备产业相关的一流专业有20个;而与新能源及网联汽车和生物技术两类型产业相关的一流专业较少,仅7个。这表明一流专业建设与重点发展产业的匹配程度仍需提高。而重庆市高校新增专业与重点发展产业的吻合度仅为36%③。类似问题在许多地区存在,极大地限制了我国高等教育适应产业结构转型能力的提高。

---

① 刘海涛.新中国高校本科专业设置的历史演变与未来走向[J].黑龙江高教研究,2022,40(12):13-21.
② 黄大勇,房朝君,程文莉.高校专业设置与产业结构调整的关联性研究[J].重庆工商大学学报(社会科学版),2011,28(2):144-147.
③ 郝明君,苏伊宸.本科专业设置与区域经济耦合之研究:以重庆市为例[J].黑龙江教师发展学院学报,2022,41(11):12-15.

（二）高校人才培养模式不适应新发展格局构建的要求

创新推动生产方式的变革和劳动者素质的提升，常被视作"做大蛋糕"、实现共同富裕的重要策源力量。本质上，这蕴含着高等教育"培养什么样的人"的根本问题。近年来，我国开启了国内国际"双循环"发展新格局，"双循环"需要以创新为驱动，但当前高校在人才培养结构与质量方面还存在一些不足。

一是大学生创新创业能力不强。大学生是创新创业人才的生力军，大学生创新创业能力是高等教育高质量发展的重要体现。从实践来看，我国大学生创新创业教育还存在一些问题，如创新创业实践不足、产学研脱节等，导致"大学生参与创新创业教育教学多是被动接受的状态，远未形成内在认同和主动实践，创新创业意愿和能力普遍不高"[①]。研究生教育阶段是培养创新型人才的主要阶段，但是，研究生教育的规模还偏小。《中国统计年鉴（2022）》数据显示，全国拥有研究生学历的抽样人数为 13 665 人，仅占适龄人口的 0.97%。而按第七次全国人口普查结果（全国人口141 178 万人）计算，我国拥有研究生学历的人口占比仅为 0.76%，而拥有博士学位的人口（94.65 万人）占比仅为 0.07%[②]。

二是普职人才培养不够均衡。我国高等教育包括本科教育和高等职业教育，与普通本科教育相比，受职业教育地位的影响，我国高等职业教育未受到足够的重视，人才培养规模仍相对不足，培养人才的层次偏低，还不能很好地满足行业产业对技能型人才的需求。《2022年全国教育事业发展统计公报》显示，普通本科招生数为 467.94 万人，而职业本科招生数为 7.63 万人，高职（专科）招生数为 538.98 万人，职业教育更多集中在专科教育，还难以满足现代社会发展对高技能人才的需求，难以为新发展格局提供更多

---

① 杨冬,张娟,徐志强.何以可教:大学生创新创业能力生成机制的实证研究[J].教育发展研究,2024,44(3):75-84.
② 郑文龙,欧阳光华."双循环"格局下高等教育高质量发展:内涵、困境与路径[J].重庆高教研究,2023,11(5):3-12.

更好的人力资源支撑。

三是培养服务乡村振兴人才的意识不强。共同富裕的重点在乡村,难点也在乡村,高等教育应同样承担起服务乡村振兴的使命与责任。《高等学校乡村振兴科技创新行动计划(2018—2022年)》提出,"高校服务乡村振兴的创新能力和质量要显著提升,高校要成为乡村振兴的高端智库"。高等教育作为经济社会发展的内在变量和优先要素,要抓住实施乡村振兴战略的重要契机,突破传统观念和界限,探索乡村人才培养模式,为乡村培养"下得去、用得上、能力强"的高质量创新人才[①]。同时,高等教育在服务于乡村振兴过程中,还要注重通过学历与非学历教育的结合与相互促进,培养振兴乡村所需的各类人才。但从现实来看,由于我国高校长期以来被视作"象牙塔",且受制于城乡二元结构,呈现出明显的城市化特征,农村生源学生读完大学很少回到农村和基层,而是通过读大学改变自己的身份。即使是高等教育中与农业、农村、农民关联最紧密的农业教育专业,也"与农村社会的联系较为疏远,在服务乡村振兴过程中并未发挥自身的天然优势,'离农'倾向严重"[②]。

◆ 第三节 ◆
共同富裕要求教育更加协调

在完整的教育体系中,不同学段、类型的教育对人的发展均具有重要价值,需要更加多样化发展,以满足人们的个性化需求。但从现实来看,我国教育在多样化发展方面仍存在一定的问题,难以充分发挥助推共同富裕的作用。

---

① 赵志强,蔡文伯. 我国高等教育、乡村振兴与共同富裕的耦合协调研究[J]. 重庆高教研究,2023,11(4):23-37.
② 罗英姿,顾剑秀,陈尔东. 高等教育服务乡村人才振兴:理论框架、现实观照与政策路径[J]. 高等教育研究,2022(12):53-66.

第五章 共同富裕对教育发展提出的新要求

一、教育服务供给方式应该更加协调

进入新时代,人民群众对更有特色、更高质量教育需求的增长要求教育服务类型更加丰富。改革开放以来,我国民办教育获得了较快的发展,在满足多样化教育需求方面发挥了不可替代的作用。《2022年全国教育事业发展统计公报》数据显示,全国共有各级各类民办学校17.83万所,占全国各级各类学校总数的34.37%;在校生数量5 282.70万人,占全国各级各类在校生总数的18.05%。相比2021年,民办学校数量、在校生数量分别减少7 451所和346.06万人。但在满足新阶段教育需求、实现教育高质量发展方面,民办教育仍然存在一些问题亟须解决。

(一)民办基础教育的规模结构还不够合理

发展民办基础教育,既是满足多样化教育需求的现实要求,也是解决教育发展不平衡、不充分问题的一种有效途径。当前,民办基础教育(特别是义务教育)规模结构如何科学合理地设定仍然是一个问题,部分地区存在着公办、民办教育发展失衡的问题。"极端地区民办教育学位占比超过八成,冲击了义务教育的基本格局与正常秩序。"[①]2021年5月,中共中央办公厅和国务院办公厅出台了《关于规范民办义务教育发展的意见》,提出"地方各级政府要加快推进义务教育结构调整和布局优化,民办义务教育在校生占比较高的地方要通过多种方式积极稳妥加以整改"。该文件虽然未对民办义务教育的规模作出明确限定,但各省市基本上按照省级5%的比例进行招生规模调减。从相关年份全国教育事业发展统计数据来看,我国民办学前教育机构数和在园幼儿数从2019年开始逐步下降,民办义务教育阶段从2020年起开始下降,而民办

---

① 李虔,郑磊.新时代民办义务教育的改革逻辑与发展空间[J].中国教育学刊,2021(9):1-6.

普通高中近五年则呈现出稳步增长的态势(表5-2)。

表5-2　2018—2022年民办基础教育发展情况统计表

年份	学前教育		义务教育		普通高中	
	学校数（万所）	在园幼儿（万人）	学校数（所）	在校生（万人）	学校数（所）	在校生（万人）
2018	16.58	2 639.78	11 641	1 520.87	3 216	328.27
2019	17.32	2 649.44	12 021	1 632.31	3 427	359.68
2020	16.8	2 378.55	12 228	1 684.99	3 694	401.29
2021	16.67	2 312.03	12 200	1 674.1	4 008	450.34
2022	16.05	2 126.78	10 500	1 356.85	4 300	497.79

民办学前教育规模逐年下降的主要原因之一是人口出生率的下降，而民办义务教育规模下降显然是更多受到政策的影响，民办普通高中具有选择性，因而规模稳步扩大。义务教育具有强制性，必须坚持以政府举办为主，但是民办义务教育规模调减需要结合各地教育供给能力，设定更加科学合理的比例。同时，国家应该在加强办学行为规范的基础上引导学校主动提升质量，以满足人民群众的多样化教育需求。

(二) 民办高等教育的办学层次有待提高

中华人民共和国成立后，中央人民政府仿照苏联模式于1952年对高等院校进行了大规模的院系调整，随着国家对私立大学的彻底改造，私立大学退出了历史舞台。改革开放之后，1982年修订的《中华人民共和国宪法》首次明确了民办教育的合法地位，允许社会力量举办民办教育。同年，我国第一所社会力量办学的高校——中华社会大学(北京经贸职业学院前身)成立，标志着我国民办高等教育发展的起步[1]。此后，民办高等教育经历了发展阶段，特别是随着高等教育的扩招，民办高等教育发展经历了一次加速发展。2010年，《国家中长期教育改革和发

---

[1] 潘懋元, 姚加惠. 民办高等教育发展的困境与前瞻[J]. 中国高等教育, 2006(8): 4-7.

第五章 共同富裕对教育发展提出的新要求

规划纲要(2010—2020年)》明确提出,"探索营利性和非营利性民办学校分类管理,民办学校的分类管理使得民办教育发展更加规范"。

经过40多年,我国民办高等学校规模有了很大的发展。截至2022年,我国共有民办高校764所,比上年减少9所,占全国高校总数的25.37%。其中,普通本科学校390所,本科层次职业学校22所,高职(专科)学校350所,成人高等学校2所。民办高等教育不仅规模得到了扩张,而且办学层次也逐渐提升。我国民办高校起步于文化补习班、职业培训、自考等,主要集中在非学历教育领域,严格意义上并不能称之为高校。进入20世纪90年代,我国出现了第一所本科民办高校——民办仰恩大学。2011年,全国有5所民办高校获批招收硕士学位研究生。2018年,以建设成世界一流大学为目标的西湖大学开创了我国民办教育培养博士研究生的先河。但就整体而言,我国民办高校本科教育与研究生教育仍然十分薄弱,高层次创新型、技能型人才培养的总体规模亟须扩大。当然,民办高校在稳步提升本专科技能型人才质量的同时,还需要区别于普通高校学术型研究生培养模式,积极探索适应本科及研究生层次的创新型、技能型人才培养模式。

(三)民办职业教育培训的供给能力还需增强

民办职业教育培训是职业教育的重要组成部分,能为职工的岗前培训、在职培训以及转岗培训等提供技能培训、职业资格鉴定等,提升人们创造美好生活的能力。随着我国就业竞争的加剧,非学历职业教育培训的需求日益增多,但资料显示,2021年我国学历职业教育培训市场占比为71.6%,非学历职业教育培训市场占比为28.4%[①],后者占比明显偏低。其主要原因包括以下两个方面。一是经费短缺。虽然我国政府非常重视职业教育的发展,且

---

① 华经产业研究院.2023年中国职业教育培训行业市场研究报告[EB/OL].(2019-09-08)[2023-05-15].https://www.163.com/dy/article/I9JOVDUB0552SV13.html.

投入了大量资金,但"公共资金大多投向公办职业院校"①,而社会和市场对职业教育的现实需求很大,这要求在营利性民办职业教育培训市场引入社会资本来扩大民办职业教育培训的有效供给。二是校企合作、产教融合的渠道较少。从现实来看,相比于公办职业教育学校,民办职业教育培训机构目前缺乏知名教育企业和引领行业发展的大企业等的投入,运营资金较为缺乏,这直接影响了技术设备的购置、更新。不仅如此,民办职业教育培训机构与学校、企业合作的渠道、平台相对较少,"双师型"师资较为短缺,课程设置与开发也存在滞后性,对新兴专业、技术等关注不够,与市场需求存在一定的脱节现象,导致培训的针对性和实效性不高,最终影响了民办职业教育培训的社会认可度和满意度。

二、普通教育与职业教育的融通水平需要加强

职业教育与普通教育属于不同的教育类型,但在国民教育体系中,它们具有同等重要的地位。2022 年 5 月 1 日,十三届全国人大常委会第三十四次会议表决通过新修订的《中华人民共和国职业教育法》,提出"在义务教育后的不同阶段因地制宜、统筹推进职业教育与普通教育协调发展"。在现实中,两类教育之间的横向融通并不通畅,发展还有待进一步协调。

(一) 普通教育与职业教育的分流体制有待改革

我国普职教育的分流始于 1985 年发布的《中共中央关于教育体制改革的决定》,首次以文件形式规定"我国广大青少年一般应从中学阶段开始分流",并一直延续至今。改革开放四十多年来,我国普职分流的政策为促进职业教育发展、推动中等职业教育结构的改革发挥了重要作用,但与此同时人才需求层次也随之发生

---

① 冉云芳,王一涛,张文静. 我国民办职业教育的功能、困境与突破路径[J]. 当代职业教育,2020(4):32-39.

第五章 共同富裕对教育发展提出的新要求

了变化。20世纪90年代末期高校开始大规模扩招,到2022年,我国高等教育毛入学率已经达到59.6%。按照美国著名教育学家马丁·特罗提出的高等教育"三阶段论",即高等教育毛入学率低于15%为"精英阶段",处于15%～50%时为"大众化阶段",超过50%时为"普及化阶段"。依据这一标准,目前我国高等教育已经进入普及化阶段。在此背景下,普职分流依然从初中阶段后开始,这会引发家长们的普遍焦虑,因而有必要探索普职分流的合理阶段以及分流的依据,更好地推进普职协调发展。

(二)普通教育与职业教育的比例设置有待优化

1983年,为了培养经济发展亟须的初级、中级技能型人才,针对中等职业学校学生数所占比重过低的状况,教育部等部门联合发布《关于改革城市中等教育结构、发展职业技术教育的意见》,提出"力争到1990年使各类职业技术学校在校生与普通高中在校生的比例大体相当"。此后四十多年来,我国相关政策始终坚持普职比大体相当的原则。从现实来看,普职比在不同时期并非完全保持大体相当。有研究者对1983年以来高中阶段普职比数据进行分析后发现了如下规律[①]:1990年前后的普职比基本达到了大体相当;到1997年,普职比为4∶6,职业教育比重超过普通教育;1998—2004年,两者比例发生了变化,中职招生人数低于普通教育招生人数,普职比约为6∶4。2005—2009年,为了应对中职招生人数下降,国务院出台《关于大力发展职业教育的决定》后,两者比例又大体相当了。2010年以来,中等职业教育规模日益缩小。《2022年全国教育事业发展统计公报》显示,2022年中等职业学校为7201所,在校生人数为1339.29万人;普通高中学校为1.50万所,在校生人数为2713.87万人,无论是学校数还是在校生人数,普通高中规模均远超中等职业学校规模。

---

① 朱新卓,赵宽宽.我国高中阶段普职规模大体相当政策的反思与变革[J].中国教育学刊,2020(7):11-16.

从现实来看,随着社会信息技术的发展,市场对高技能人才的需求日益加大,中等职业学校培养的初级、中级技能人才已经供大于求,且高等教育进入普及化发展阶段。那么,在此情形下继续保持普职比大体相当是否恰当呢?如果不是大体相当,应该保持什么样比例才是科学合理的呢?我国不同区域的经济社会发展不平衡,政策在不同的区域是否应该有所差别?在推进共同富裕的背景下,这些问题都需要进行深入思考,并在此基础上确定是否设置相应的要求,或如何确定科学合理的普职比指导性要求。

(三)普通教育与职业教育的融通机制有待健全

从世界范围来看,职业教育与普通教育发展存在两种模式,一是以美国为主要代表的并轨发展模式;二是以德国为主要代表的发展模式。自20世纪80年代以来,我国职业教育与普通教育始终保持着双轨并行的发展模式。这种模式对于协调普职发展具有重要作用。但由于普职教育定位不同,这种泾渭分明的人才培养结构导致职业学校忽视了学生基础知识的传授,而普通高中忽视了学生职业技能的培养,两者之间的分离和割裂已越来越难以适应强调综合性人才素质培育的社会发展需求。面向未来,职业教育需要转变其功能:"不再是掌握单一技能,而必须传授学生职业世界中共同的、普遍的、核心的知识,职业教育向普通教育的靠近与融合成为必然。"[①]而普通高中承担着"升学、就业和全人教育"三项职责,[②]其功能也不能仅限于传授基础知识,还需要融入职业技术教育,与职业教育相融合。当前,加强职业教育与普通教育的融合已成为一种世界趋势。

但从现实来看,我国普职之间课程互选、学分互认、学籍互转互通、资源共建共享的机制尚不健全,普职互通的"立交桥"尚未完全建立起来。例如,学生在中考后无论是进入普通教育还是进入

---

① 周海涛,施悦琪.促进共同富裕的高校育人创新路径[J].清华大学教育研究,2022,43(1):55-61.
② 李静.现阶段我国普通高中教育功能研究[D].大连:辽宁师范大学,2016:18.

职业教育,两条道路之间是平行的,即使学生的兴趣和心智发生了变化,也只能在各自轨道上继续走下去。因此,中考在某种程度上变成了"一考定终身"的冷酷手段,学生在探索"适合的教育"过程中失去了试错的可能,这显然不符合"人的自由全面发展"的价值取向。在高等教育阶段也同样如此,高等学校与高职院校依然依照学术和职业两条轨道各自运行,两者的融通只是停留在理念层面,如何融通以及融通什么都需要制度的进一步设计与规定。

三、学校教育、家庭教育、社会教育应该更加协调

终身教育不仅包括以学校教育为主的正规(制度化)教育,也包括非学历教育在内的非正规教育、非正式教育等。"终身学习"的概念首见于1972年联合国教科文组织出版的《学会生存》一书。虽然终身教育与终身学习在具体内涵上存在一定的区别,但两者是相辅相成的。"终身教育为终身学习的实现提供充足的设施、师资、课程等外部条件,逐步推动着终身学习这项个体性活动从'强制性'到'自主性'的转变,两者不可割裂对立、非此即彼。"[①]而就本质而言,两者均强调人的生存与发展过程是一个不断完善的过程,终身学习与教育贯穿于人的一生。从当前的现实来看,我国终身学习发展还存在一定的问题,与满足全民终身学习需求、促进人的能力持续发展,从而最终推进共同富裕的要求还存在差距。

(一) 继续教育的年龄和人群覆盖面有待拓展

继续教育是指在学校教育之后,为满足社会成员不断提高自身素质和适应社会发展需要而进行的各类教育活动。进入新时代,随着社会经济、信息技术的快速发展,人们需要不断接受继续

---

① 侯怀银,宋美霞.终身教育视野下的社区教育发展:价值意蕴、现实困境与突破路径[J].现代教育管理,2022(12):16-26.

教育以应对工作中出现的新问题、新挑战,拓展人的可行能力,提升就业能力、转岗能力、创新能力等,从而增强创造财富的能力。《中国教育现代化2035》提出,构建服务全民的终身学习体系,强化职业学校和高等学校的继续教育与社会培训服务功能,开展多类型多形式的职工继续教育。

近年来,我国继续教育的发展取得了较为显著的成绩,但在发展过程中仍然存在着一些问题,主要表现为:继续教育的质量保障、资金保障、信息保障等尚有不足,继续教育供给不足、质量不高、效益不明显;继续教育需求的结构变化快,导致继续教育的内容不适应、形式不灵活、服务不精准;继续教育的资源配置不够合理,导致继续教育的主体不活跃、渠道不畅通、平台不完善;继续教育的需求动力不充分,导致继续教育的参与者、参与程度、参与效果等不理想。① 此外,作为继续教育的提供主体,高校的教育模式仍然较为传统,以线下教育为主,难以满足广大教育对象的多元化学习的需求。

(二) 社区教育满足多样化需求的能力亟待提升

社区教育是指在社区中开发、利用各种教育资源,以社区全体成员为对象,开展旨在提高成员的素质和生活质量、促进成员的全面发展和社区可持续发展的教育活动。社区教育是一种直接面向社区居民的非正规、非正式教育,在终身教育体系中占据着重要地位。依托社区教育资源,面向大众,为社区居民再教育、再就业、满足个体兴趣爱好以及特殊群体的需求等提供平台,在建设全民学习、终身学习的"学习型社会"过程中发挥着重要作用。"十三五"期间,国家建立了区(县)、街道(乡镇)、居委会(村)三级社区教育网络,各级机构分别达830个、6 729个和557 601个,从业者达11万人②,

---

① 彭光明,龚晓林. 新时代我国继续教育高质量发展的实施对策探析[J]. 继续教育研究,2023(9):1-6.
② 王丹,蒋然. 空间视角下社区教育资源供需耦合研究[J]. 继续教育研究,2023(8):28-32.

第五章　共同富裕对教育发展提出的新要求

为推动脱贫攻坚、构建学习型社会起到了积极作用。

社区教育的重要性已毋庸置疑,但由于在我国它属于一种"舶来品",人们对社区教育的认识还不够深入,社区教育在发展中还存在一定的问题。一是社区教育定位还较为模糊,社区教育由谁提供、在哪里提供、如何运行等还缺乏明确的规定。二是社区教育资源不足。社区教育的实施需要一定的人力、物力和财力资源予以保障,但定位不清,导致人力、物力和财力等投入不足。在师资方面,"我国社区教育的教师队伍建设中专职人员数量不足、来源单一、高层次人才匮乏、专业基础薄弱、培训体系缺乏、职业认同感低、职业压力大、职业倦怠等问题长期存在"①。在物资配备方面,当前一些社区特别是乡村社区的公共资源,如图书馆、文体活动中心等设施配备不全,已有设备的利用率也不高。

(三) 老年教育服务供给与需求存在较大的差距

当前,我国老龄化程度持续加深。国家统计局2023年数据显示,截至2022年年底,我国60岁以上的老年人口为2.8亿人,占总人口的比例上升到19.8%,65岁及以上的人口为2.09亿人,占比达到14.9%。加之人口出生率下降的问题,人口老龄化现象将日趋严重,如何积极应对、破解人口老龄化困境日益成为一个普遍关注的问题。

早在2002年,世界卫生组织提出,在从"老化"向"优化"的转变路径中,教育与学习对老年人以全新姿态投入社会并更好应对高龄化社会的到来具有积极意义。老年教育是应对人口老龄化国家战略的一项重要举措,2021年11月,中共中央、国务院出台《关于加强新时代老龄工作的意见》,首次在中央文件中提出将老年教育纳入终身教育体系,明确表示要扩大老年教育资源供给。在推进共同富裕过程中,政府需要为老年人提供丰富的教育资源:一方面,为部分有工作能力和再就业意愿的老年人提供技能培训,提高其自身供养能力,缓解家庭养老压力;另一方面,为老年人提供丰

---

① 溥存富,李飞虎.社区教育概论[M].成都:西南交通大学出版社,2018:50-52.

教育促进共同富裕的理论探究与政策实践

富的文化生活资源,满足老年人的精神需求,建设一个"老有所学、老有所为、老有所乐"的现代社会。

当前我国实施老年教育的途径较为单一,最正规的途径是老年大学,以政府举办为主。《中国老年教育发展报告(2019—2020年)》显示,截至2019年12月底,我国共有老年大学(学校)76 296所,在校学员数共计1 088.2万人,我国每万名65岁以上老龄人口所拥有的老年大学平均数量为4.3所。我国的老年教育日益受到重视,发展速度也较快,总体数量有所增长,但仍存在不少问题:数量分布不均,东部沿海省市占比较大;办学性质多元,以政府办学为主,办学层次以县级以下办学为主;供需矛盾突出,老年大学"一座难求"已成为一种普遍现象,许多老年人因为名额的限制而被拒之门外,这种供求矛盾在我国不同城市不同程度地存在。以福建老年大学2021—2022学年招生情况为例,共开设8个系14个专业89门课程,设学制班301个,学员约1.4万人次,报名人数超过18万人,平均录取率不到8%。①

总体来看,我国老年教育供给不足,且城乡、区域之间发展不均衡。《老年教育蓝皮书:中国老年教育发展研究报告(2018—2020年)》显示,我国华东地区(七省市)老年教育机构逾69 000所,占全国总数的近62%;西南西北地区(七省市区)只有逾11 000所,占比不足一成②。此外,老年大学办学主体较为单一,社区、企业、大学等主体参与老年教育不够,而且教学模式较为传统,数字技术技能水平成为制约老年人线上远程参与老年教育的重要因素。为了应对老龄化社会,我们需要建立更加完善的老年教育体系,不断加大老年教育资源的供给,满足老年人终身学习的需求。

---

① 扩大老年教育资源供给解决老年人文化教育需求.[EB/OL].(2022-11-28)[2023-09-19].http://www.fjmm.gov.cn/zt/lh/202211/t20221128_6063813.htm.
② 本书编委会.中国老年教育发展研究报告(2018—2020)[M].当代中国出版社,2021.

第四节
共同富裕要求教育更加高效

习近平总书记指出,"在高质量发展中促进共同富裕,需要正确处理效率和公平的关系"[①]。要效率不是不要公平,而是要处理好效率与公平之间的关系。作为高质量教育体系的一个标准,"更有效率"是指向在既定的成本投入约束下实现更优的产出[②],表现为教育对个人发展的贡献率更高、对国家发展的贡献率更高。在推进全体人民共同富裕、实现中国式教育现代化过程中,我国的教育发展依然存在不平衡、不充分、不全面的问题,其中,活力不够、优质资源比重低、评价的激励未得到充分发挥,是实现教育高效发展需要面对的重点问题。

一、教育制度创新的活力需要全面提升

在建设中国式现代化背景下,教育需要实现从管理到治理的转变。教育治理的一个重要前提是赋权,让更多主体参与到公共事务中来,形成多元主体参与的格局。这也是教育系统活力充分释放的一个重要前提。目前,我国教育治理体系不够健全与完善,教育系统生机与活力依然不足,与推进共同富裕对教育发展效率的要求相比还存在不小差距。

(一)学校治理体系影响办学活力的释放

学校作为专业的育人机构,具有相对的独立性和自主性。

---

① 习近平.扎实推动共同富裕[J].共产党员,2021(21):5-7.
② 周洪宇.建设高质量教育体系、迈向教育发展新征程[N].中国教育报,2020-11-12.

2012年发布的《全面推进依法治校实施纲要》提出,以建设现代学校制度为目标,落实和规范学校办学自主权,形成政府依法管理学校,学校依法办学、自主管理,教师依法执教,社会依法支持和参与学校管理的格局。然而,受传统办学管理体制的影响,我国现代学校制度还不够健全,政府管理及学校自身管理中的行政化、官僚化现象依然存在。一方面,政府对学校管理的行政化倾向严重。政府与学校是上下级关系,管办评职责不分,政府对学校内部事务管得过多,过多、过频的检查、评估等限制了学校的办学积极性。这具体表现为:许多本该归属学校的权力却被人事、财政等部门掌管,学校对教师聘用、财政预算、物资采购与使用自主性不强;学校教育教学改革的行进受上级教育行政部门的安排而缺乏自主改革的权力空间;许多学校无法按照学科的需要及教师专业结构调整的需要自主招聘教师[①]。这些现象导致学校主体性缺失,办学自主性不强,办学活力不足。另一方面,在学校内部,学校行政对教师教育教学工作过度干预,出现学校行政权力高于教师专业权力的现象,教师在专业上的话语权被剥夺,教师的专业自主权未受到应有的尊重。这在高校体现为"官员治校",而非"教授治校"。当政府管理过多、管理不当时,学校及教师的自主性和积极性都会相应降低,导致办学活力不足。

(二) 负担过重导致教师专业发展受限

当前,我国大部分中小学教师都背负了过多的压力与负担,"忙碌、茫然、盲目成为很多中小学教师的工作常态"[②]。在教育变革中,教师处于教育教学改革的前沿,是各类改革理念的践行者和改革措施的具体执行者,这些纷繁的改革要求无疑会给教师造成一些压力。但这些压力是否都应该成为教师的负担呢?不尽然。

---

① 谢登斌,文建章.中小学治理能力现代化的困境及其消解路径[J].中国教育科学(中英文),2022,5(4):72-82.
② 赵慧君,李跃雪.中小学教师工作负担异化的生成逻辑与治理思路[J].教师教育研究,2020,32(3):67-72.

第五章 共同富裕对教育发展提出的新要求

对于什么是教师负担,有研究者认为,"教师的教育教学类负担是师之所存的必然要求,适度、适当的教育教学类负担有助于教师增强自我效能感,提高其自身的专业发展。教师的过重负担主要源于外在的与其本职工作无密切关系的非教育教学类负担,这会导致教师缺乏足够时间和精力投入本职工作,产生更加沉重的工作压力"①。教师负担过重主要是由于非本职工作的非教育教学类事务,并非所有的工作都是负担。在日常工作中,教师除了本职工作还承担着许多非教育教学类事务,比如各类教学评比、培训考核、家长沟通等教育事务,以及"双减"政策之后要求教师参与课后延时服务无形中增加了教师的工作时间等。此外,与学校有关的社会事务,如学校所在地区的创先评优等也会落到教师身上。教师的工作并不局限于专业空间,它还会扩展到公共空间、社会生活和共同利益的建设当中②。教师负担过重的主要原因在于其角色的多重性、工作职责的边界模糊等带来的工作事务繁多、工作时间过长。当教师的时间被过多的非教育教学类事务占据时,他们不仅无法更好地研究教育教学,而且可能对职业缺乏自主性和积极性,产生一种无力感,一切按照要求来,进而导致教师教学活力不足。学校的师生是否有活力,是检验围绕这所学校开展的各项教育教学改革成败的一个关键指标③。要增加教师的活力,需要给教师减负,赋予他们更多进行改革与探索的自主权;需要减少来自外部的高利害评价,设置一定的容错空间,以此激发教师追求专业发展的动力。

(三)家长、社区参与不足导致协同育人效果不好

《中国教育现代化 2035》提出,到 2035 年形成"全社会共同参

---

① 张家军,闫君子. 中小学教师负担:减与增的辩证法[J]. 教育研究,2022,43(5):149-159.
② 联合国教科文组织国际委员会. 一起重新构想我们的未来:为教育打造新的社会契约[M]. 北京:教育科学出版社,2022:92.
③ 石中英. 把教育活力摆在更加重要的位置[J]. 人民教育,2017(10):1.

与的教育治理新格局"。与"管理"强调自上而下的权力不同,"治理"突破了单一治理主体的局限,强调权力去中心化,主张多元主体参与公共事务。学生成长是家庭、学校和社会共同作用的结果,需要形成三者的育人合力。家长作为孩子的监护人以及学校教育服务的使用者,对学校教育拥有参与权、监督权、建议权等,家长与学校的良性互动能有效提升子女对学校的认同,进而增强其学习兴趣、动机,提升其学业成就。因此,良好的家校关系能够为提升学校办学质量提供动力。但是,由于家长参与学校治理的能力水平参差不齐,加上学校对家长参与的态度各异,当前我国中小学家长参与学校治理仍然处于较低层次,如仅限于参加家长会或开放日活动,以及帮忙维持学校秩序和为学校提供社会资源等层面,而对学校管理、课程设置等较高水平的参与程度不高。现实中,不少学校往往倾向于邀请社会经济地位较高的家长参与学校治理,普通家庭家长因为缺乏足够多的社会资源而被排除在外,这种做法带有明显的阶层"歧视"。通常认为,家长委员会是保障家长参与学校管理的重要自治组织。然而,由于没有保障机制,很多中小学的家委会往往都缺乏独立自主性,多数情况下沦为了学校的"传声筒"和"应声虫",难以真正发挥有效的建言献策作用。家长参与的缺乏和参与效果的不理想在一定程度导致了学校内外协同治理活力不足,影响了协同教育效果的提升。

二、 优质教育资源的辐射能力需要增强

进入21世纪以来,随着信息技术的革新以及在学校中的广泛运用,我国的课堂教学已经发生了极大改变。2018年4月,教育部印发了《教育信息化2.0行动计划》,标志着我国开启了智能时代的教育。以人工智能、大数据、云计算、ChatGPT为代表的一系列信息技术对当前教育领域的教育教学已经产生了深刻的影响,也将持续影响着未来教育的变革。然而,在教育(本部分特指学校教育)数字化转型过程中仍然存在一些问题,主要体现在以下几个方面。

第五章　共同富裕对教育发展提出的新要求

（一）教育数字化资源的可及性仍然存在较大的城乡差距

教育信息化要求配备相应的信息技术设施、设备等硬件条件。教育部数据显示，截至2023年，全国中小学（含教学点）互联网接入率达到100%，99.9%的学校出口带宽达到100M以上，超过3/4的学校实现无线网络的覆盖，99.5%的学校拥有多媒体教室。在教育数字化转型背景下，信息技术资源能够为优质教育资源的共享、教学方式的多元化、学习资源获取的便捷性等提供有利条件。但是，也要看到由于城乡、区域之间经济发展不均衡，校际信息化资源配备同样存在不均衡。从现实来看，我国城乡之间的互联网普及率存在差距。2015年城镇地区互联网普及率超过农村地区34.2个百分点，随着农村地区互联网普及工作力度的加大，城乡差异正在逐步缩减，但普及率差异仍超过30%。[①] 近年来，虽然城乡差距继续缩小，但两者之间的教育信息化差距仍然不小，有研究表明城市小学建立校园网和接入互联网达标的学校数分别高出农村小学26个百分点和4个百分点，而城市初中校园网达标学校比例高出农村初中将近18个百分点[②]，城乡教育存在的"数字鸿沟"无疑会继续拉大城乡教育本已存在的差距。

（二）教师信息素养不适应课程教学变革的要求

教育信息化并不仅意味着设施设备的更新换代，而且更多地体现在教师的信息素养上。进入21世纪以来，许多国家或组织公布的未来学生的核心素养中，信息素养是必备素养之一。学生作为信息社会的"原住民"，信息素养是其必备能力之一，这无疑对教师的素养提出了要求。2019年，教育部印发的《关于实施全国中小学教师信息技术应用能力提升工程2.0的意见》提出，"信息技

---

① 城乡互联网普及率差距仍存 非网民互联网普及难度加大.[EB/OL].[2023-10-23].https://www.sohu.com/a/112789092_263856.
② 李赐平,肖琴.均等视域下的基础教育信息化城乡差距根源与改善策略[J].现代教育科学,2020(2):17-22.

术应用能力是新时代高素质教师的核心素养",并明确了培训的目标任务、主要措施。然而在现实中,不同教师群体的信息素养还存在一定的差距,相对而言,年龄大的教师和农村地区的教师在信息技术的应用、信息资源的利用等方面的观念、知识和能力均表现得相对较弱。一些偏远农村地区学校的教师对教育信息技术的认识还存在误区,例如,将信息技术在课堂上的运用等同于"PPT+图片+视频"的运用,将信息技术在教育教学中的运用随意化、简单化,对学生的需求与发展关注不够。总体上看,信息技术与学校教育教学的深度融合还需要经历很长的时间。

(三) 数字素养不足限制农村学生教育机会的获得

如前所述,未来学生的数字素养或信息素养是必备素养之一。数字素养不仅体现在运用信息技术的能力上,还体现在高阶思维的能力上,它对培育未来社会合格的数字公民以及让孩子更好地适应未来信息社会都具有重要意义。然而从上述分析来看,由于信息资源无论在硬件方面还是在软件方面,城乡之间都存在较大差距,农村学生的数字素养显著落后于城市学生。两者相比,城市学生由于拥有优质教育信息化资源,在学习资源的获得、学习方式的转变等方面都具有优势,从而具备了数字化生存能力,更加适应未来信息化社会,在未来的学业竞争中获得成功的机会更大。相反,在不断拉大的"数字鸿沟"之下,农村学生的数字素养难以得到有效培育,他们也将难以自主适应未来信息化的社会。

三、 教育评价的综合改革需要进一步深化

由于长期以来的应试教育导向,我国传统教育模式体现出明显的统一化、标准化,比如,按照年龄进行班级授课,强调标准化、统一性,同一张课程表、统一的作息时间和教学进度、标准化的考试等。"狭隘地关注有限的教育成就(通常强调短期回忆和低阶认知技能)的衡量标准不利于开发有助于学生实现更丰富的个人和

第五章　共同富裕对教育发展提出的新要求

社会目标的必要课程。"①激发教育发展的活力,必须改革传统的教育评价,正确发挥教育评价的"指挥棒"作用,引导全社会树立正确的教育质量观。

(一) 学生全面发展的科学评价还存在技术难题

习近平总书记在《之江新语》中指出:"人,本质上就是文化的人,而不是'物化'的人;是能动的、全面的人,而不是僵化的、'单向度'的人。"教育工作的根本任务是"培养德智体美劳全面发展的社会主义建设者和接班人"。教育评价是教育工作的"指挥棒",人的全面发展需要与此相应的评价来引领和保障,否则全面发展的育人目标永远只是"空中楼阁",可望而不可即。

然而,人的全面发展到底该如何科学评价却是一个难题。传统教育评价更多关注学生书本知识的获取,评价内容片面、标准单一,而不得不承认,显性知识的测量相对而言是最为简单的。但事实上,学生在学校经过一段时间的学习,获得的并不只是知识和技能的增长,还有更多的内在情感体验的生成、道德品性的养成以及性情的陶冶等。这些潜在的生长与发展是难以测量的,但往往是更为重要的品质。综合素质评价作为一种新的评价实践,其要旨是真正突破"唯分数""唯考试"的评价生态,实现从"强调分数"到"全面发展"的评价转型②。在实践中,综合素质评价却面临着重重困难,其中受到的最大质疑是其记录过程的真实性和科学性问题。一是学生信息的填报,由于结果具有高利害性,填报的信息有可能失真;二是对于数据和信息的统计,由于传统技术的限制,往往采取简单的处理方式,这大大影响了综合素质评价的信度和效度;三是综合素质评价"只记录,不评价",与综合素质评价最初设计的良好意图相去甚远。促进学生全面发展必须要有与之相匹配

---

① 联合国教科文组织国际委员会.一起重新构想我们的未来:为教育打造新的社会契约[M].北京:教育科学出版社,2022:58.
② 张红霞,侯小妮.综合素质评价落地的现实症结与突破路径[J].教学与管理(中学版),2020(8):72-74.

的评价方式,如果不能探索出更为科学合理的评价技术手段,学生评价很有可能回到老路上去。

(二) 考试招生制度的改革还需要增强配套水平

考试招生制度是我国一项基本的教育制度,关系千家万户的切身利益,历来是一个敏感而重大的社会问题。党和国家历来重视考试招生制度的改革,中共十八大以来,教育部已陆续出台了实施高中学业水平考试、加强和改进综合素质评价、规范高考加分、实施强基计划、推进高职分类考试、改革艺术体育考试招生等一系列配套政策。这些政策有利于形成分类考试、综合评价、多元录取的考试招生模式,促进公平、科学选才、监督有力的体制机制更加健全,以及中国特色现代教育考试招生制度更加完善。[1] 可以说,近年来我国考试招生的改革坚持以人民为中心,以最大限度满足人民的根本利益为基本遵循,成为推动社会公平的重要基石。

但是,任何改革都不可能是十全十美的,何况是关系到千家万户利益的考试招生制度的改革,考试招生制度依然存在不够公平的问题。例如,如前所述随迁子女异地升学问题即体现了一定程度的不公平。又如,我国高校招生中也存在一些不公平现象,主要表现在以下方面。一是不同地区高校录取分数线存在差异。例如,经济发达地区的高校录取分数线明显高于中、西部地区,特别是京、津、沪地区与山东、河南、湖北等人口大省相比存在较大差距。二是重点高校分布存在地区差异,前文中提到东部地区无论是高校数量还是质量(重点高校数量)都高于西部地区,而高校对本地区学生的录取线要低于非本地区学生,存在一种地方保护主义。三是高校自主招生试点改革中存在不公平,如招生程序中的不公平以及招生结果中存在的阶层差异等。2020 年,试行了 17 年的高校自主招生考试落下帷幕。同年,"强基计划"启动,旨

---

[1] 王辉.分类考试、综合评价、多元录取:党的十八大以来考试招生制度改革总体进展及成效[J].中国考试,2022(10):1-3.

在培养基础学科的拔尖创新人才,以满足国家战略需求。相对以往的自主招生考试,"强基计划"更具刚性,对高考成绩作了硬性规定,因而更为公平。但是,公正并不仅仅意味着平等对待,按照罗尔斯的正义观点和公正的差异性原则,对弱势群体给予补偿是一种矫正的正义。因此,对于处于经济落后的地区、经济社会不利地位的家庭子女以及其他处境不利者"应充分考虑特殊群体在招生考试过程中可能遇到的困难,必要时在招生指标、优惠措施等方面给予一定倾斜,避免经济条件等客观原因限制拔尖创新人才的选拔"[1]。此外,高职院校招生长期以来在招生端中处于最底层,录取的主要是无法进入普通学术性大学的低分考生,这不利于高等职业教育的发展和社会地位的提高。考试招生制度处于人才培养的"出口"阶段,其公平性对人才培养具有重要的导向作用,因而在当前以人民为中心的教育改革中,建立更加公平的考试招生制度显得尤为重要。

(三)高等教育人才评价的"五唯"现象难以破解

长期以来,我国高等教育对人才评价主要依赖于论文、称号、职称、学历和奖项的数量和层次,过度依赖各种量化指标导致了"成果数量要求高于学术品质追求、学术成果认定行政介入过多、学者评价品牌化"[2]。2020年,中共中央、国务院印发的《深化新时代教育评价改革总体方案》明确提出了"切实破除'五唯'顽瘴痼疾"的要求。在此文件的指导下,各高校积极探索新的人才评价措施,"破五唯"取得了一些成效。

但整体来看,"破五唯"仍存在较大阻力,一些高校仍然以"五唯"为依据考评、引进人才,"非升即走"的现象依然不同程度地存在。其主要原因有以下几点。一是由于高校人才难以分类,如何

---

[1] 刘宇佳,高慧君.落幕与新生:我国高校自主招生政策过程检视:兼论"强基计划"政策优化建议[J].湖北社会科学,2020(12):135-142.
[2] 殷玲玲,史华楠.现代大学学术评价体系价值取向重审与现实校正[J].江西师范大学学报(哲学社会科学版),2020,53(6):95-100.

用不同的评价标准来衡量不同的人才仍然是一个难题。不同专业领域的人才成长周期不同,成就体现也不同,对所有人采用统一的评价尺度和评价周期显然不公平。二是"五唯"背后的绩效主义、管理主义、功利主义等指导思想难以在短期内消除。一些来自第三方的大学排行榜依然把高级别论文、项目、经费数量以及头衔、荣誉作为硬性指标①,体现了不同程度的以"数数"为主的"指标癖"。三是存在对制度依赖的惯性。虽然各高校努力探索新的更加科学的人才评价制度,但人才评价是一项复杂的工程,很难在短期内作出根本改变,因而高校仍然存在对制度依赖的惯性,只是在原有的评价框架中做一些小的探索和改进,并没有实质性的变化。当评价指标尚难形成更加科学合理的体系时,当个体必须通过表现自己可量化的部分来获得话语和资源时②,评价就会成为限制人才更好发展的"绊脚石"。在这种评价机制下,高校教师不得不"内卷"或"躺平"。高校是创新人才的集聚地,当人才为了外部指标而非专业兴趣、专业发展去从事学术研究时,他们不仅自身很难成为创新型人才,而且也很难培养出创新型人才。

---

① 邢欣欣.高校科技人才评价改革的困境与应对策略[J].中国高校科技,2021(8):36-39.
② 鲍俊逸,程晋宽.指标癖:监视资本主义的制度陷阱[J].江苏高教,2021(8):16-23.

第六章

教育促进全体人民共同富裕的制度供给

教育促进共同富裕的实践过程需要依托特定的制度供给,对此,政府在进行设计和实施相关制度时需要考虑多种影响因素。一方面,不同教育类型、不同层级教育在功能定位和作用方式上存在区别,制度设计需要充分考量这种差异性,需要更加关注技术细节上的差异。另一方面,教育促进共同富裕的政策具有财政政策、社会政策、教育政策等多种属性,制度实践过程需要充分考量它们之间交互影响的复杂机制。新征程上,教育促进共同富裕的制度供给并不是一种全新的创造过程,而是要处理好继承与发展的关系:既要在做好对原有政策效果评估总结基础上"放大"已有的有效政策的效应,也要根据新阶段社会主要矛盾变化提出的新要求做好增量的制度供给。教育促进共同富裕的制度供给效果的提升,有赖于各级政府之间的协同,也有赖于同级政府不同职能部门之间的协同。

第一节

完善基础教育制度供给的思路与建议

一、完善基础教育制度供给的思路

(一) 处理好保障权利实现与促进服务共享的关系

在促进共同富裕方面,基础教育具有增进社会总体福利和保障个体基本权利的双重作用。为此,针对基础教育的制度供给,我们应处理好促进公共服务共享与保障受教育权实现这对基本关系。

一是政府应强化保障劳动力迁移流动之后受教育权利的制度设计。《关于建立健全基本公共服务标准体系的指导意见》提出,使全民能够享有与经济社会发展水平相适应的基本生存和发展权利。中共二十大提出"坚持城乡融合发展,畅通城乡要素流动","基本公共服务均等化水平明显提升"。新发展阶段,在推进共同富裕过程中,我们应重新认识公共教育服务对促进劳动力在城乡间、区域间自由流动的保障和带动作用。这种作用与以往推进城乡教育一体化发展条件下的作用具有不同的内涵。针对农村人口结构和城乡关系的新变化,基础教育应形成与之相适应的学校规划布局机制和县乡村统筹的服务提供机制,降低公共教育服务获得与户籍之间的关联度。二是对于基础教育"重中之重"的基本公共教育服务,政府应设计有利于在更大行政区域范围内推进服务共享的制度。公共教育服务具有再分配的调节作用,促进全体社会成员享有更加公平的福利是政府公共服务职能的重要体现。针对基本公共教育服务,各级政府应围绕全体社会成员基本公共教育"共享权"的实现与保障,及时供给新的制度,推动办学条件和质量标准动态提升。

（二）处理好保障基本能力与促进全面发展的关系

提高个体发展能力是促进社会群体公平的重要途径，也是基础教育促进共同富裕作用的着力点。根据当前存在的问题，针对基础教育的制度供给，我们需要处理好保障基本能力平等与促进全面发展的关系。处理好这对关系，要求地方政府对基础教育高质量发展形成全面科学的认识。

一是基本公共教育应把"基本能力平等"作为政策设计的优先目标。国内学者提出，优先原则应成为能力平等视域下教育质量公平的分配原则，表现为在精准甄别处境不利人群的基础上，优先满足低收入家庭、低成就学生学业达标的辅导需求[①]。由此，弱势群体和弱势地区应成为基础教育促进共同富裕政策设计的重点目标。二是基础教育各阶段还应共同促进"个体全面发展"目标的实现。个体在共同富裕实践中的主观能动性基于多种理论的共同价值追求，在获得基本公共教育的基础上，每一位受教育者都拥有追求更高质量教育的需求和权利。社会正义理论、社会再生产理论均支持相关主张。哈努谢克和沃斯曼因将儿童早期教育对于后续阶段教育成果及学术成绩的影响概括为"学习促进学习"。因此，基础教育各阶段都应在保障"基本能力平等"的前提下，努力提升教育质量，以促进个体全面发展，使个体具有在未来共同富裕实践中发挥主体作用的可能。

（三）处理好公共财政兜底与个人（家庭）合理分担的关系

基础教育促进共同富裕的社会效益最大化，需要建立新的财政成本分担的方式。基础公共教育与非基础公共教育对于财政成本分担的要求存在一定差异。基础公共教育主要是在实现财政总体投入水平提高的过程中，不断地优化中央与地方、地方各级政府之

---

① 潘小芳,程红艳.能力平等视域下教育质量公平的意蕴及其实现[J].教育与经济,2023(1):37-46.

间的分担比例。非基础公共教育,即学前教育、高中阶段教育存在着财政分担的方式与教育发展目标相匹配的过程。与以往增加财政投入的通行方案不同,促进共同富裕要求根据不同阶段教育的功能差异对政府和受教育者(家庭)的投入责任进行重新划分,其中政府对促进社会效益最大化具有主导作用。在推进共同富裕进程中,财政投入作为收入再分配者承担着在更大程度上调节不平等的预期的责任。

一是公共财政应对促进教育经历延续和教育质量达标发挥保障作用。对比当下热衷和简单地提出延长义务教育年限或实施某一级免费教育(如免费学前教育、免费高中教育等),亟须确立新的政策思维,在产生更大社会效益的同时也要避免财政投入不可持续等外部风险。在公共财政政策设计上,首先要确立基础公共教育在个体教育经历中的核心地位,为个体全生命周期接受教育提供条件;其次要促进后一阶段教育的自然延伸,增强不同层次教育的连续性。

二是公共财政应重视并强化针对弱势群体的成本补偿制度设计。由于其影响不同群体的机会公平,成本补偿制度也被视为基础教育促进共同富裕的重要政策问题。研究认为,社会支持政策主要是通过两种方式对贫困家庭的教育投入产生积极影响:首先要通过财政政策的挤入效应与挤出效应来补给供方;其次要通过社会救助政策的收入补充效应与成本降低效应来补给需方[①]。对于家庭经济困难的受教育群体,公共财政责任分担制度设计的重点是按照激励原则设计有利于引导个体作出延伸教育经历的新制度。制度供给不仅影响受教育者在基础教育阶段的教育获得,也将影响他们在后续阶段接受教育的机会和结果。

二、 完善托育服务与学前教育制度供给的建议

(一) 形成鼓励社会参与举办托育机构的制度环境

在人口老龄化、少子化的背景下,提供儿童照护等相关服务和

---

① 郑林如.社会支持政策对贫困家庭教育投入的影响:文献综述与展望[J].社会保障研究,2021(4):87-96.

第六章 教育促进全体人民共同富裕的制度供给

保障劳动者职业权利的政策需求也日益紧迫。有研究者指出,伴随着经济社会快速发展和工业化、城镇化水平的显著提高,家庭结构小型化,女性普遍进入劳动力市场,加之单位办托儿所解体后对生育和家庭照料的支持大幅减少,原有的福利性托育体系基本瓦解,婴幼儿照护已成为许多家庭面临的现实问题,育龄母亲在工作与育儿之间寻求平衡日渐困难[①]。《"十四五"公共服务规划》将发展普惠托育服务列为重点领域非基本公共服务扩容的首要任务。《关于进一步完善和落实积极生育支持措施的指导意见》进一步强调,通过增加普惠托育服务供给、降低托育机构运营成本和提升托育服务质量来发展普惠托育服务的体系。2019年,财政部、国家税务总局、国家发展改革委、民政部、商务部、国家卫生健康委《关于养老、托育、家政等社区家庭服务业税费优惠政策的公告》规定,为社区提供托育服务的机构取得的收入,免征增值税,在计算应纳税所得额时,按90%计入收入总额。公告还规定,承受房屋、土地用于提供社区托育服务的,免征契税;用于提供社区托育服务的房产、土地,免征不动产登记费、耕地开垦费、土地复垦费、土地闲置费;用于提供社区托育服务的建设项目,免征城市基础设施配套费。这些措施的有效落地,将有助于形成良好的制度环境,吸引更多社会力量参与托育服务。

根据推进共同富裕的相关要求,各地可以按照"政府引导、家庭为主、多方参与"等思路,建立健全托育服务工作管理的体制机制,促进托幼一体化发展,支持社会以多种形式提供托育服务,为3岁以下幼儿及其家长提供幼儿保育和科学育儿指导服务。上海市发布的《关于促进和加强本市3岁以下幼儿托育服务工作的指导意见》将托育机构确定为"由社会组织、企事业单位或个人举办,面向3岁以下幼儿,尤其是2~3岁幼儿实施保育为主、教养融合的幼儿照护的全日制、半日制或计时制机构",并提出了支持社会

---

① 洪秀敏,陶鑫萌,李汉东."全面二孩"政策下托育服务资源需求规模预测:基于对2020—2035年城乡0~3岁婴幼儿人口的估算[J].学前教育研究,2021(2):16-29.

力量依法举办托育机构的具体措施。

 专栏 6-1

上海市支持社会力量依法举办托育机构

2018年,上海市人民政府印发的《关于促进和加强本市 3 岁以下幼儿托育服务工作的指导意见》提出,以多种方式引导支持社会组织、企事业单位和个人提供托育服务,引导支持举办者在居住社区、工作单位等场所单独或联合举办非营利性托育机构,为社区居民、单位职工提供更多公益性、福利性托育服务。在居住、就业集中建成的区域,如符合消防安全、卫生防疫、环保等职能部门的相关要求,且房屋产权清晰、房屋性质不变更的,举办者可以试点结合住宅配套服务设施、商务办公、教育、科研、文化等建筑,综合设置幼儿托育设施。具体措施如下。

(1) 引导企事业单位、园区和商务楼宇为职工提供托育服务。凡职工适龄子女达到 20 人及以上的企事业单位,鼓励单位积极挖掘现有资源或建设相应规模的托育机构,解决本单位职工子女托育问题。鼓励同一园区内、同一商务楼宇内的多家企事业单位,采用多种方式联合提供托育服务,满足园区内、商务楼宇内职工适龄子女的托育需求。

(2) 鼓励挖掘社区资源满足托育服务需求。在各区政府的指导下,将托育服务纳入社区服务体系。挖掘社区空余场地资源,按照社区适龄人口数,合理规划和布局,提供托育服务的场所及亲子活动设施,具体可委托符合条件的托幼机构承接公益性托育服务。通过返聘教育、卫生计生等机构有经验的退休人员等措施,充实社区托育服务从业人员的队伍,对社区内适龄幼儿家长等带养人提供科学育儿指导服务。

(3) 引导和支持托育服务市场的发展。引导和支持社会力量举办托育机构。通过提供专业培训、支持规模经营等方式促

第六章　教育促进全体人民共同富裕的制度供给

> 进托育服务市场的发展。引导和培育相关食品企业根据幼儿不同的成长阶段,提供不同的预包装幼儿食品等配套服务。

(二) 实施提升普惠性学前教育质量的支持计划

改变群体间能力发展的差距是教育促进共同富裕的重要职责。早期教育对于这一目标的实现具有重要意义,也将影响个体后续阶段获得的教育质量。研究表明,0~6岁是人的智能开发的黄金期,错过黄金期将很难扭转幼儿发展的不利局面。早期干预可以为儿童健康发展打下坚实的基础。《中国教育现代化 2035》提出,到 2035 年,学前教育毛入学率将超过 95%。在提高毛入学率的同时,各地要把重点转移到全面提升普惠性学前教育的质量上,实施支持普惠性高质量办园的行动计划。教育部统计数据显示,2021 年全国普惠性幼儿园(包括公办园和普惠性民办园)达到 24.5 万所,占幼儿园总数的 83%,其中公办园有 12.8 万所,比 2011 年增长了 149.7%。2021 年农村普惠性幼儿园覆盖率达到 90.6%,每个乡镇基本有一所公办中心园,大村独立办园、小村联合办园。同时为适应城镇化进程,不断扩大城镇普惠性资源,我国全面开展了城镇小区配套幼儿园治理,共治理 2 万多所幼儿园,增加普惠性学位 416 万个。

在全面推行行动计划的同时,我们要重点关注农村普惠性幼儿园保育教育质量的提升。佘宇和单大圣特别指出,学前教育的普及重点是欠发达农村地区,难点是服务对象"点散、线长、面广"以及办园规模效益差,需要因地制宜、创新服务提供方式[①]。农村幼儿园在硬件、师资、管理能力等方面都存在较大差距。针对农村地区普惠性幼儿园的质量提升,政府可以采取加大投入来改善农村幼儿园的办园条件和加大对幼儿园园长、教师的培训等措施。

---

① 佘宇,单大圣.论教育发展与共同富裕[J].行政管理改革,2022,8(8):14-22.

（三）建立多方参与的学前教育成本分担制度

充足的经费保障是提高学前教育普及程度与质量的物质基础。在加大公共财政投入的基础上，各级政府应通过落实税收优惠政策，积极拓展托育服务和学前教育经费的筹措渠道。法国在建立家庭政策过程中将生育津贴、抚育津贴纳入其中，早在20世纪初就出现了以对母婴支持为主要内容的家庭政策，以确保生育率提高和劳动力再生[①]。目前，法国建有由雇主单方面出资的家庭津贴制度，为儿童和家庭提供种类繁多的津贴——基本家庭津贴（普惠，面向所有有孩的法国家庭）、生育津贴、抚育津贴、看护津贴、开学津贴（供开学季购买文具）和残疾儿童津贴等，几乎涵盖了一个孩子从出生到成年的所有需求。该制度最初是普惠性的，且津贴随子女数量的增加而无限递增，近些年，经过改革大多数津贴只面向一定收入之下的群体，并且津贴额设置了封顶，不再随子女数量递增而无限递增。

在此基础上，地方政府还可以制定针对减轻家庭成本负担的激励措施，如减免学费、税收返等就是对家庭投资学前教育的重要激励措施。在国际范围内，许多国家都实施了针对家庭的减免学费或税收返还等措施。丹麦、荷兰、挪威、葡萄牙、英国、美国、日本等国则对符合条件的儿童进入收费学前教育机构实施学费减免政策；美国、日本、加拿大、新西兰、中国港澳台地区等还对儿童或其家庭提供多种形式的财政资助，例如现金补助、税费返还和发放教育券等，支持适龄儿童选择较正规或质量较好的托幼教育[②]。

三、完善义务教育制度供给的建议

（一）建立城乡统筹供给的公共教育服务制度

依据《关于构建优质均衡的基本公共教育服务体系的意见》关

[①] 周弘,等.促进共同富裕的国际比较[M].北京：中国社会科学出版社,2021:85.
[②] 庞丽娟,夏婧.国际学前教育发展战略：普及、公平与高质量[J].教育学报,2013,9(3):49-55.

第六章 教育促进全体人民共同富裕的制度供给

于建立与常住人口变化相协调的基本公共教育服务供给机制的要求,地方政府应积极探索建立城乡统筹服务供给制度。2023年以来,以长三角区域为代表的经济发达地区加大了相关制度供给的力度。浙江省近期颁布实施的《推动落实常住地提供基本公共服务制度有序推进农业转移人口市民化实施方案》提出,到2027年,农业转移人口落户城镇渠道进一步畅通,常住地提供基本公共服务制度更加健全,农业转移人口基本公共服务需求得到有效满足,就业更充分,居住更安定,教育更优质,医疗更便捷,保障更有力,文化更丰富。实施方案立足"保障随迁子女受教育权利",提出将农业转移人口随迁子女纳入流入地义务教育的保障范围,建立按常住人口规模配置教育资源的机制。

由于教育完成后的"出口"影响农业转移人口基本公共教育服务获得的实际水平,浙江省对此进行了制度设计,在方案中提出"逐步将农业转移人口随迁子女纳入流入地中等职业教育、普通高中教育、普惠性学前教育的保障范围。完善随迁子女在流入地参加升学考试的政策,探索建立以流入地学籍和连续受教育年限为依据的中高考报考的制度"。上述制度供给为人口流动趋势明显的地区提供了范例,是新发展格局构建中教育促进共同富裕值得推广的制度创新成果。

(二)创新基本公共教育服务跨区域共建共享机制

近年来,以省内流动为重点的近距离人口流动趋势增强,这对基本公共教育城乡布局提出了新的要求。第七次全国人口普查数据显示[①],2020年跨省流动人口占比下降为33.22%,省内流动人口则上升为66.78%。同时,人口迁移流动的动机逐步趋于多元,务工、经商等传统主导原因趋于稳定并有一定程度的下降,以学习培训为代表的发展型流动和以随迁家属为代表的社会型流动占比均有较快上升[②]。根据国家统计局2022年农民工监测调查报告,全国农

---

① 国家统计局、国务院第七次全国人口普查领导小组办公室.第七次全国人口普查公报(第七号):城乡人口和流动人口情况[R].2021.
② 段成荣,谢东虹,吕利丹.中国人口的迁移转变[J].人口研究,2019,43(2):12-20.

民工总数已达29 562万人。其中,在外出农民工中,跨省流动的有7 061万人,省内流动的有10 129万人。对此,我们应该在人口跨区县流动趋势明显的地区建立跨区域共建共享机制,降低基本公共教育服务居住区域分割的限制。

我国具体应探索建立以下工作机制:一是建立县级、地市级、省级基本公共教育资源布局规划衔接的机制。通过对常住人口、义务教育学龄人口在行政区域之间变动数量和发展趋势的分析,实施纵向的有效衔接,使基本公共教育相关的各级规划更加适应常住人口的变动趋势。二是创新毗邻县(市、区)之间、地级市之间公共服务提供制度,共建共享基本公共教育设施,为常住居民享有公共服务提供条件。就共享范围而言,基本公共教育应针对如何在相邻行政区域间共享、在城乡间统筹供给进行制度创新。以浙江省为例,2020年浙江省流动人口为2 791.97万人,常住人口中流动人口比重为39.58%。浙江省政府办公厅发布的《推动落实常住地提供基本公共服务制度有序推进农业转移人口市民化实施方案》通过设计新型居住证制度,对推动基本公共教育服务跨区域共享进行了率先探索。

专栏6-2

浙江省以新型居住证制度推动基本公共教育服务跨区域共享

针对流动人口数量较大、常住人口公共服务供给矛盾突出的实际,浙江省近期正式实施的《推动落实常住地提供基本公共服务制度有序推进农业转移人口市民化实施方案》,在放开放宽农业转移人口落户条件的同时,推行全省范围内社保缴纳、居住时间等户籍准入年限累计互认,逐步拓展到长三角区域内累计互认。坚持尊重意愿、存量优先的原则,推动在城镇稳定就业和生活的农业转移人口举家进城落户,并与城镇居民享有同等权利、履行同等义务。针对常住人口享有教育等基本公共服务,实行新型居住证制度,相关规定如下:大力推行电子居住证,全面施行电子居住证网上申领、核发、签注、使用,努力实现有意愿且符合条件的农业转移人口全部持有居住证;探索开展居住证跨区互认转换制度;完善以居住证为载体的城镇基本公共服务提供机制,逐步推进居住证与身份证功能衔接,逐步拓展居住证持有人可享有的基本公共服务范围,提高服务标准。

具体措施有两项。一是提出建立统一积分制度。制定优化我省新市民积分管理服务工作的指导意见,在全省统一建立"省级共性+市县个性"的积分制度,作为常住地梯度供给紧缺优质公共服务的依据。科学设置指标及赋分标准,省级共性指标积分在全省通用,鼓励在具备条件的区域率先探索市县个性指标积分互认或折算制度;二是提出打造"浙里新市民"应用场景。集成开发电子居住证办理、居住证转换互认、积分管理与应用、精准推送与服务、新市民画像等功能,实现就业、住房、教育、文化、医疗、社保等基本公共服务一键办理、即时触达,优质公共服务梯度供给。

资料来源:浙江省政府办公厅《推动落实常住地提供基本公共服务制度有序推进农业转移人口市民化实施方案》。

(三) 建立基本公共教育服务标准梯度提升机制

在实现共同富裕背景下,基本公共教育质量的内涵发生了变化,对办学条件标准的提升、教育服务质量的提升方法也提出了新要求。从优质均衡发展的要求出发,基本公共教育对促进共同富裕具有更现实的意义。如有学者指出,义务教育在全覆盖的基础上应对每个学生实施全面又有差别的教育,实现学生全面发展与个性发展的统一,为经济社会发展提供人才支持[①]。从国内学者的研究中不难看出,高质量、有特色、个性化的义务教育能够充分

---

① 祁峰,高策.教育公共服务均等化推动共同富裕研究[J].北京航空航天大学学报(社会科学版),2024,37(3):140-146.

激发学生的潜能,从而形成促进共同富裕的人力资源。按照为共同富裕提供人力资源支撑的要求,相关职能部门应对基本公共教育的办学条件和质量标准加以调整,同时建立面向中长期的基本公共教育有关标准动态提升工作机制。

一是在国家层面明确以GDP占比为底线的基本公共教育财政投入比例。目前,我国已经将"GDP占比4%"作为教育财政投入总体指标并衡量政府教育责任的落实情况。在实现这一目标的基础上,国家层面应进一步明确基本公共教育财政投入在其中的具体比例,引导地方政府根据原有基数确定本区域基本公共教育财政投入占比,衡量一级政府对于发展各级各类教育的优先性,并在此基础上从健全再分配的收入调节功能角度,设计适应新的区域协调发展、城乡融合发展的转移支付制度,改变地方政府投入比例过高的现状。

二是针对基本公共教育发展落后区县实施新的转移支付制度。依据现有研究,我们需要研究如何健全省内财政体制,以改进县级政府对民生性支出的财政激励[①]。由于基本公共教育发展相对落后的地区往往也是本级财政投入困难的地区,我们应通过完善财政教育投入制度改革和转移支付制度提高支持效果,加快缩小省内县域间基本公共教育财政投入水平的差异。

(四) 建立义务教育质量差异控制机制

共同富裕是一种对不同群体具有更强包容性的发展目标。佘宇等在研究中表明实现共同富裕需要更高水平的教育普及,首要任务是要巩固义务教育的成果,分类解决因学习困难、身体残疾、早婚早育等人群失学的问题,同时要提高普及的质量,为所有学生提供合格的义务教育,使之取得有效的学习成果[②]。国家义务教育基本均衡发展的认定完成后,基本公共教育的重点转向缩小群

---

① 袁志刚,阮梦婷,葛劲峰.公共服务均等化促进共同富裕:教育视角[J].上海经济研究,2022(2):43-53.
② 佘宇,单大圣.论教育发展与共同富裕[J].行政管理改革,2022(8):14-22.

第六章　教育促进全体人民共同富裕的制度供给

体间实际获得的教育质量差距。2021年中国社会状况综合调查显示,我国低收入、无业群体平均受教育的年龄为8.48年,远低于总体调查样本10.33年的平均水平[①]。为此,我国应建立基本公共教育质量差异的调控机制,帮助低收入家庭的子女提高各种知识技能和非认知能力,实现积极的向上的代际社会流动。中共中央办公厅、国务院办公厅颁布的《关于构建优质均衡的基本公共教育服务体系的意见》提出,"以推进教育关爱制度化为重点,加快缩小群体教育差距"。与以往政策措施相比,该意见更加重视有质量的基本公共教育与不同群体需求的精准匹配。为此,我国建立了以关爱弱势群体为重点的义务教育质量差异控制机制,通过调整关爱对象、完善关爱措施、延伸以往单纯物质关爱的功能,增强基本公共教育服务的包容性。具体供给的制度如下。

一是扩大特殊关爱对象群体的范围。目前教育对象中存在着多种原因形成的应帮扶群体,主要包括：因残疾而导致有特殊教育需要的儿童；因父代流动而导致的农业人口随迁子女和留守儿童；因经济、抚育因素导致的家庭经济困难学生、孤儿、无人抚养儿童、困境儿童等；因学业原因导致的学习困难学生和专门学校的学生等。对此,我们应根据共同富裕目标要求,缩小不同群体间义务教育质量的差异,对不同类型的群体采取更具针对性的补偿和关爱措施。

二是设计发展功能更加突出的新型资助制度。现有的"两免一补"制度是在原有经济社会条件下设计的,生活补助发放对象主要是建档立卡、低保、特困供养、孤儿、残疾等学生。按照建成全面小康社会的实际,我们应重新研究家庭经济困难学生的认定标准,将资助重点逐步从营养保障拓展至影响认知技能获得的条件,如家庭信息化装备条件、参与社会实践机会和基本学业补偿性辅导等,同时建立资助标准动态调整机制。江苏省教育厅等十四部门

[①] 李炜,王卡.共同富裕目标下的"提低"之道：低收入群体迈入中等收入群体的途径研究[J].社会发展研究,2022,9(4):20-38.

印发《关于加强家庭经济困难学生发展型资助育人工作指导意见》，要求通过对资助对象的精细区分、资助标准的差异化、资助内容的拓展等方面的探索，对"发展型资助育人"进行了系统设计；将资助对象区分为"一般对象"与"重点对象"，在对现有资助体系中已经认定的家庭经济困难学生作为一般对象进行资助的基础上，进一步明确提出了内容更加丰富、更加注重学业质量提升和全面发展的资助方法。该意见明确提出"构建物质帮助、道德浸润、能力拓展、精神激励有效融合的资助育人的长效机制，实现无偿资助与有偿资助、显性资助与隐性资助有机融合"，为各地在共同富裕背景下创新资助制度、拓展资助功能提供了成功范例。

专栏 6-3

江苏省以"发展型资助育人"促进家庭经济困难学生全面发展

《关于加强家庭经济困难学生发展型资助育人工作指导意见》明确发展型资助育人重点帮扶对象指家庭经济困难学生中同时叠加成长困境的学生，包括存在家庭教育缺失的、存在心理健康隐患危机的、受不良环境影响出现品质或行为偏差的、有特殊教育需要的、学业成绩严重落后的、在入学和就业方面有突出困难的学生。重点帮扶对象的育人工作根据所遭遇的困境类型不同，由各地各校各部门纳入相应育人体系予以重点关注，资助管理部门做好统筹协调。该意见设计了七个类型的资助内容，各地各校可根据家庭经济困难学生的实际需要提供多种发展型资助服务。其中，"学业辅导"和"综合素养提升"等内容使原有资助的功能得到了充分拓展。主要内容如下。

一是学业辅导。针对学业成绩显著落后、学业不合格现象，尤其是存在辍学、失学（非义务教育）或肄业危机的家庭经济困难的学生，重点加强学业辅导。全面贯彻国家课程改革和因材施教的要求，坚持精准分析学情，将差异性教学、个别化辅导等纳入中小学教研的范畴，作为集体备课、教案撰写、作业布置的重要内容，提高教育教学的针对性、有效性。将家庭经济困难学生的发展情况纳入省义务教育学业质量监测。落实《全国青少年学生读书行动实施方案》，组织开展多种形式的图书共读活动。建立和完善学业预警和帮扶制度。切实做好义务教育的控辍保学。

二是综合素养提升。针对社会认知、体艺素养等方面存在明显弱势的家庭经济困难的学生，重点提升其综合素养。全面落实国家体育艺术、综合实践活动、研究性学习等课程的要求，统筹用好各类社会资源作为强化实践育人的重要途径，通过课程设置、社团活动、勤工助学、志愿服务、见习实习、研学活动、国际交流等方式，利用课后延时服务、寒暑假等时间，帮助家庭经济困难的学生开拓视野、加强劳动锻炼，提升语言表达、人际交往能力和体育艺术素养，发现和培养个人兴趣爱好等。建立相对稳定的社会实践教育基地和资源目录清单，通过组织各类教育活动引导家庭经济困难的学生感受国家改革发展成就，融入社会发展主流。

资料来源：江苏省教育厅等十四部门《关于加强家庭经济困难学生发展型资助育人工作指导意见》。

三是保障义务教育全体成员获得门槛发展能力。对义务教育阶段学习困难的学生实施补偿教育，可以避免后续教育层次群体间能力差距的扩大。在落实残疾儿童、少年入学率指标要求的基础上，我们应通过增强教育方式的个性化、便利性确保每一名受教育者获得门槛教育水平。在工作制度上，我们应发挥义务教育质量监测结果的改进作用，加强市、县政府对教育质量差异的监控和指导，对质量标准合格达标存在问题的学校进行重点指导。在工作措施上，我们一方面应积极实施交流轮岗行动计划，切实推动校长和优秀骨干教师交流轮岗，扩大优质教育资源的区域和受益人群的覆盖面；另一方面要运用现代技术手段推动优质教育资源的共享,构建数字教育资源平台体系,服务农村边远地区提高教育质量,保障学业不合格的学生尤其是家庭经济困难学生等弱势群体达到规定的学业质量标准。

(五) 优化义务教育阶段国家认同教育效果机制

当前义务教育实施的国家认同教育在内容、方法方面仍有较大改进空间。有研究者指出,当前理论与实践存在着国家认同的理性与情感割裂的现象,对国家认同教育实效造成了影响①。我们应通过内容和机制的改革创新实现基本公共教育的群体融合和社会价值认同,从一代新人开始为社会凝聚力的提升打好思想基础。相关的制度供给如下。

一是拓展义务教育国家认同教育的目标。义务教育阶段是传播国家倡导的核心价值观的重点阶段,担负着统筹设计重大主题教育进课程、进教材等任务②。《义务教育课程方案》提出,义务教育要引导学生明确人生发展方向,追求美好生活,将个人追求融入国家富强、民族复兴、人民幸福的伟大梦想之中。学校教育应加强认同教育在个体、群体、社会和国家间的转化机制的探索,提高认同教育的整体效果。承担基本公共教育职能的学校应在课程教学实施过程中采用集体活动的形式,引导融合与认同意识的形成,促进党和国家人才培养目标的实现。

二是创新义务教育国家认同教育的途径与方法。实践中,义务教育在落实"全员全程全方位"育人要求,发挥课程为党育人、为国育才功能上还存在着一定认识误区,如把进教材、进课堂的要求转化为规定课时、规定形式等,造成学生课时和活动负担的增加。《关于加强中小学地方课程和校本课程建设与管理的意见》明确提出,各类专题教育以融入为主,原则上不独立设课;提供基本公共教育的学校,应统筹育人目标、教育内容要求、教学安排等,避免与

---

① 彭茜.论国家认同的"情感转向"及其教育意蕴[J].西北师大学报(社会科学版),2022,59(1):69-79.
② 郝志军.教材建设作为国家事权的政策意蕴[J].教育研究,2020,41(3):22-25.

第六章 教育促进全体人民共同富裕的制度供给

国家课程割裂或简单重复,也有利于减轻中小学生过重的课业负担。

四、完善高中阶段教育制度供给的建议

(一) 实行乡村振兴重点帮扶县高中教育质量提升计划

2022年,我国高中阶段教育毛入学率达到91.6%,但从促进共同富裕的要求看还存在一些亟待改进的问题。从区域维度看,一些地区高中阶段教育的普及水平较低,一些地区普职结构不适应经济社会的发展要求,有的地区多样化发展难以满足学生的选择需求等。对此,一些欧盟国家从早期辍学率①入手,采取措施确保高中阶段学生保持水平稳定。就我国推进共同富裕而言,高中阶段教育普及的薄弱点在农村地区、边远地区、民族地区,尤其是国家确定的"乡村振兴重点帮扶县"。从显性指标看,这些地区在实施综合性质量提升计划的同时,还应重视对多种原因造成的辍学现象的控制。为此,相关部门应提出相应的制度设计,采取多种措施,推动毛入学率低于80%的乡村振兴重点帮扶县实现毛入学率的稳步提升。

专栏6-4

西班牙实施防止早期辍学行动计划

2023年6月,西班牙教育与职业培训部会同经济合作与发展组织和欧盟委员会,合作编定并共同发布《关于减少西班牙早期辍学现象的行动计划建议》(以下简称《建议》),该份官方文件涉及5个行动领域,包括15项建议和44项提案,旨在防止青少年过早离开学校教育。

行动领域一是建立适用于全国的"弱势学校"确定办法,从

---

① 指年龄在18岁至24岁之间但未完成高中阶段教育(主要包括普通高中教育和中等职业培训两种类型)的青年比例。

而更有针对性地为该类学校分配所需的额外资源。《建议》提出应当制定具有可比性的"学校脆弱程度指数",并设置基本指数和酌情指数两个部分。其中,基本指数覆盖在全国范围内通用的各项评估指标,而酌情指数则包含各自治区根据当地实际情况制定的各项附加指标。与此同时,《建议》提出应当针对在完成高中教育前面临辍学风险的学生建立共同预警系统,用于储存相关学生的学习成绩和行为表现等最新信息,并在学生转校时供所有教育行政管理部门调取和使用。

行动领域二是加强对学校教师、行政管理人员和专业技术人员的培训,以提升学生在学校的归属感并改善学习体验,从而减少早期辍学现象。将社会情感能力作为接受初始师范教育的考察内容和选拔标准之一,鼓励与帮助来自不同社会背景的人士进入教育行业工作,为教师提供可持续的专业发展路径,以增强其在课堂多元化教学管理和满足学生个性化需求等方面的能力,并优先考虑"弱势学校"的教师。

行动领域三是促进面向学生的有效学习支持,并注重强化教育的包容性和公平性。"学校脆弱程度指数"可以作为学校采取具体举措的参考信息,例如为困难家庭学生提供额外支持,根据学生实际情况形成不同规模的学习小组、创建作业辅导班或课程强化班、适当延长学习时间等。此外,《建议》还指出应当减少留级情况的发生,以避免导致学生因留级而出现学习成绩持续下降和学习动力严重消退等不良现象,进而加剧早期辍学风险。

行动领域四是持续加强学校课程的灵活性和促进基于能力的学习,开展高质量的职业教育培训,以及实施重返学校方案。同时《建议》提出可以在全国范围内发起有关职业教育培训质量的倡议行动,并增强成人教育机构对年轻人的吸引力。

行动领域五是定期召开会议,推动国家教育与职业培训部和各自治区之间的合作交流实现制度化,并创建共享数字平台以宣介和推广有助于减少早期辍学现象的举措和行动。此外,西班牙教育与职业培训部还实施了教育指导、进步和充实方案,旨在为

> 困难学生比例达到30%及以上的公立学校提供支持。该方案由欧盟和西班牙共同资助,在2021年至2024年的预算额度为3.6亿欧元,目前已将相应资金分配至西班牙全国近3 700所学校,其中就包括专门为面临留级和辍学风险的学生所提供的额外资助。
>
> 资料来源:"上外全球教育研究中心"公众号,2023-08-21。

(二) 推进高中阶段教育普职融合制度创新

高中阶段教育的普职过早分流限制了学生获得更多人生选择的机会,不利于最大限度地发挥他们创造社会财富的能力。国内外研究都揭示了"分流"对不同群体发展及社会公平的影响。扩大优质高中教育资源规模、加强高中阶段教育的职普融合是主要的改革方向,也应该成为制度供给的主要领域。具体制度建议如下。

一是增加高中阶段教育优质资源供给,为更多初中毕业生提供接受高中教育的机会。针对一些地区特别是国家乡村振兴重点帮扶县,由于高中教育资源供给不足影响普及水平进一步提升,我们应扩大中央财政资金投入比重,在高中阶段教育普及水平较低的县新建高中学校或增加学额供给。此外,我们可以通过建立合作机制的形式发挥外部资源输入的作用。《关于实施基础教育扩优提质行动计划的意见》提出,通过区域内集团化办学、城乡结对帮扶、教育人才"组团式"帮扶国家乡村振兴重点帮扶县、部属高校和省属高校托管帮扶县等方式,持续扩大优质普通高中教育资源总量。

二是根据经济发展水平,取消对高中阶段招生普职比的规定。当前,我国教育分流体制立足于普通教育与职业教育非此即彼的思维模式,这种模式在一定程度上限定了学生未来的选择能力。有研究提出,长期以来中国教育分流体制立足于普通教育与职业教育非此即彼的思维模式,这就需要跳出分轨主导的工具理性,基于共生视角来考虑分轨制与综合制间的良性互动①。因此,当前我们应从最大限度发挥个体能力、最大限度增加个体选择能力的角度来考量职普分流的价值和意义。

瑞典引入新的高中职业教育形式

据瑞典政府官方网站2023年7月14日报道,目前政府相关部门准备在高中阶段引入一种新的职业教育形式,以加强成人教育与工作生活之间的联系。

目前,瑞典很多地区存在受过高中教育的技术工人短缺的问题,这种短缺在未来可能会持续下去。瑞典要成为一个富裕的福利国家,还需要更多更全面的技能型人才。虽然瑞典学生在高中有很好的机会获得职业教育,但这还远远不够。瑞典政府认为,职业教育体系还需要几种不同的职业教育形式,使更多的成年人提升技能水平。

自2009年以来,高中职业教育一直是瑞典初中后教育的一种成功形式。2021年的调查显示,91%接受高中职业教育的人在一年后找到工作。调查还显示,工作经验对于高中职业教育的成功有着举足轻重的作用。因此,政府希望借鉴高等职业教育模式,在高中阶段引入与工作生活密切相关的职业教育。

政府当前的任务在于提出一种新的高中阶段职业教育形式以及教育的方向,设计适用于职业教育的新模式,并明确新模式与传统模式间的区别。政府将在2024年2月15日之前完善该提议以及具体内容。

资料来源:"上外全球教育研究中心"公众号,2023-08-09。

---

① 谢金辰,卢春天.教育分流程度与学业成就不平等研究:基于PISA2018的国际比较[J].教育与经济,2022,38(4):48-59.

（三）实施未升学高中毕业生职业培训资助计划

青年人尤其是高中毕业未升学青年人的就业问题，是当前就业工作的热点问题，也影响着青壮年劳动力资源的合理利用。此前，国家对青年人就业的制度供给主要是从供给端实施的，难以有效对接有现实需求的培训对象。这些制度包括针对未设中等职业学校的乡村振兴重点帮扶县，通过因地制宜地新建中等职业学校、就近异地就读、开设职教班、东西部地区协作招生等多种措施满足适龄人口和劳动力接受职业教育和培训的需求。

从推进共同富裕的重点群体看，家庭经济困难学生面临教育成本压力，残疾学生面临接受适宜方式教育的困难等，这些方面迫切需要予以新的政策供给。此外，我们还需要专门加强针对农村家庭经济困难毕业生的就业帮扶工作。这要求全面掌握农村家庭经济困难高校毕业生的情况，实行"一人一策"分类帮扶和"一人一档"动态管理，开展就业能力培训，提供精准化就业指导服务。从实际调研结果看，这类制度的效果并不理想。为此，我们应从需求端着手，制订更加灵活的培训支持计划，更好地促进有现实需求的青年人就业。

专栏 6-6

澳大利亚实施职业教育与培训资助计划

2023 年 7 月 18 日，澳大利亚职业教育研究中心（National Center for Vocational Education Research）发布了《2022 年职业教育与培训政府资助情况报告》。报告显示，澳大利亚 15 岁至 64 岁公民中，有 7.0% 参与了职业教育培训。在各个细分年龄段中，15 至 19 岁的公民参与率最高，达 19.0%。

就培训结业资格证书而言，报名人数最多的资格培训为三级证书（certificate Ⅲ）培训，占总人数的 50.7%；其次为二级证书（certificate Ⅱ）培训，占总人数的 19.5%。报告显示，2022 年度参与政府资助职业教育的学员中,共有319 680人取得了认证资质,其中获得三级证书和二级证书的学员为数最多,分别占学员总数的46.3%和18.4%。澳大利亚规定,全年培训时间达到全日制培训时长要求的项目,根据职前教育、就业与工作场所关系部(Department of Education, Employment and Workplace Relations,简称DEEWR)的规定,参与培训时长达到540小时及以上的学生均可视作全日制学生。

就培训人数而言,2022年澳大利亚报名参与政府资助的职业教育培训课程的学员高达10 161 535人次。报名学员中有1.2%的人参与了独立培训课程,其中63 945人参与了国家认证培训课程,即能力单元课和认证单元课(units of competency and accredited units);有56 725人参与了非国家认证培训课程,即模块课程(modules),同比增加19.6%。在所有能力单元课中,报名人数最多的课程依次为"应急救护技能实操""心肺复苏实操""工地安全作业岗前培训"和"基础应急救护生命支持"。

资料来源:"上外全球教育研究中心"公众号,2023-08-08。

✦ 第二节 ✦

完善职业教育制度供给的思路与建议

职业教育与普通教育具有同等重要的地位,不仅是提升人力资源素质、稳定和扩大就业的重要途径,也是推动经济社会高质量发展、建设现代化强国的关键举措。新时代扎实推进共同富裕,离不开职业教育领域的针对性制度供给。

第六章　教育促进全体人民共同富裕的制度供给

一、完善职业教育制度供给的立足点与思路

共同富裕是以技术技能提升为支撑,以稳定就业为基础,以高质量发展为保障,以缩小区域、城乡收入差距为目标的社会建设过程。职业教育依托其培养定位的职业性、服务对象的全民性、教育教学的实践性、技能培育的终身性等多重功能,能扎实推进全民综合素质的提升,为缩小发展差距、提低扩中、助推共同富裕目标的实现提供强大动力。

(一) 完善制度供给的立足点

1. "提低扩中"是制度供给的外向立足点

职业教育是新发展格局下提升低收入群体职业技能、扩大就业、推动经济高质量发展的重要举措。与此同时,职业教育还能提供"道德教育引领、技术技能主导"的终身教育与培训一体化的机制,服务和引领提高中等收入群体的比重。通过有效的制度供给,实现"提低扩中"的目标是职业教育促进共同富裕的重要使命。职业教育与共同富裕的耦合机制,是应对增加低收入群体收入、提高中等收入群体的权重、阻断贫困代际传递、扩大中等收入群体比重的关键机制。

2. 增强适应、优化结构、走向融合是制度供给的内向立足点

职业教育是独立的类型教育,但并不是孤立的教育,需要同步推进"充分发展"与"融合发展",尤其是通过基于"三教三融"的制度供给来消除影响共同富裕的制度性区隔。一是增强适应性,通过促进人的全面发展的教育理念、与社会经济发展紧密联系的办学理念和聚焦内涵发展理念来拓展职业教育的适应性;二是优化结构,通过调整中职的功能定位、夯实高职的中坚作用、提升职业本科的引领能力和专业学位研究生教育的攻坚能力,进一步优化职业教育的层次结构;三是走向融合,打通各层次职业教育的衔接渠道,做好职业教育与继续教育、普通教育的融通发展,深化教育

链、人才链与产业链、创新链的"四链融合",提升职业教育服务新发展格局构建的能力。

(二) 完善制度供给的思路

1. 从"实现富裕"和"促进公平"两个层面进行谋划

中共二十大报告提出"物质富足、精神富有是社会主义现代化的根本要求"。职业教育制度供给应兼顾"实现富裕"和"促进公平"两个层面目标的实现。其一,制度供给要有利于实现富裕。一是在物质富裕上,职业教育要通过培养高素质技术技能型人才来提供人力资源的支撑,让更多的劳动人群提升创造财富的能力;通过增加劳动所得来实现物质富裕,从而提高整个社会的物质财富水平。二是在精神富裕上,一方面要丰富职业教育的精神内涵,形成中国特色的教育理论体系,另一方面要丰富精神富裕的实现路径,形成中国特色的技能型人才培养体系。其二,制度供给要有利于促进公平。如前所述,在实现手段上,共同富裕是通过补偿和矫正某些制度性因素导致的不平等,让全体人民有机会、有能力均等地参与高质量的经济社会发展,并共享经济社会发展的成果。职业教育促进公平的任务主要表现为:一是职业教育要通过有效提升劳动者技能,以更加充分、更高质量的就业,畅通向上流动的通道,阻断贫困代际传递,缩小个体收入差距,弥合城乡发展鸿沟;二是职业教育要为不同智力结构和智能类型的人提供适合的教育,打破长期以来单一的学历型社会价值导向,为构建"技能型社会"服务。

2. 从"培育人"和"发展经济"两个维度进行设计

中共二十大报告强调了"人的全面发展"与"全体人民共同富裕"在社会主义现代化建设目标中的同等重要地位。这为职业教育制度供给指引了方向。一是制度供给要有利于培育人。职业教育要通过统筹协调社会发展、促进就业和培养人才的不同功能,促进人的全面发展和主体作用的充分发挥。二是制度供给要有利于发展经济。职业教育要助力产业经济的高质量发展,加强与社会经济的有机联系,使人才培养为经济社会建设的主战场服务。

3. 从"重点群体"和"重点区域"两个方面加以落实

第一,制度供给要有利于重点群体的技能提升。首先,职业教育要提高重点群体的入口针对性,满足退役军人、下岗职工、失业人群和新型职业农民等特殊群体接受高等教育的愿望;其次,要提高重点群体的入口适切性,通过增强职教高考的适应性,让职业教育为不同智力结构和智能类型的人群选择适合自己的教育类型;最后,要提高重点群体的入口终身性,通过职业教育培训体系满足劳动人群终身学习的需要。[①]

第二,制度供给要有利于重点区域的繁荣发展。一方面,职业教育要解决区域之间的均衡与公平问题,充分发挥在乡村振兴、精准扶贫中的重要作用,增强对重点区域经济社会发展的支撑度;另一方面,职业教育要解决高等职业教育对区域发展支撑不足的问题,强化专业支撑,深化产教融合和校企合作,实现社会生产中资源的最优配置,达到效益和效率的最大化。

二、完善职业教育制度供给的建议

职业教育制度供给要以体系化建设、特色建设和资源保障三个方面为路径,以此来增强适应、优化结构和走向融合,进而实现"提低扩中"的外部效能。

(一) 加强高质量就业创业支持体系的制度供给

根据推进共同富裕的要求,在推进人才体系、产业体系构建的基础上,我们要重点加大就业创业支持体系的构建力度,积极发挥职业技能培训的支点作用。

---

① 王丹霞,王兴.高质量发展职业教育推动共同富裕的内在逻辑、基本路径与突破方向[J].职教论坛,2022,38(4):13-20.

高质量现代职业教育要以就业为导向,弘扬社会主义核心价值观,培育劳模精神、劳动精神和工匠精神,构建高质量职业教育现代化就业体系。一是加强就业指导,以学生未来职业生涯发展规划为着眼点,开展多种形式的就业教育活动,培养学生正确的择业观与就业观,促进稳定就业、高质量就业。二是完善培训补贴制度,推动低收入群体就业。开展职业技能培训,完善面向低收入群体的培训补贴制度,确保"零就业"家庭动态归零,提升低收入群体就业率。三是实施灵活就业与小微创业工程。统筹高校、职业院校、政府孵化园区、科创企业、公共实训基地等优质资源,搭建区域大学生创业孵化基地。建立大学生创业孵化导师库,打造一批创业孵化基地、新型农民众创园、直播孵化园,提升全民创业就业的能力和水平。

专栏6-7

湖南以高质量职业培训促进就业创业

近年来,湖南省大力开展职业技能提升行动,打造了"湘技湘能"培训品牌,稳步推进了乡村振兴工作。针对开展政府补贴性职业培训,该省的主要工作举措如下。一是着力推进技能培训普遍开展。实施新生代农民工职业技能提升计划,广泛开展就业技能培训、岗位技能提升培训、技能扶贫培训、创业创新培训等多种形式的培训,推动实现技能培训"普遍、普及、普惠"的目标。二是着力强化培训就业联动。坚持需求导向、就业导向,围绕产业发展与企业用工需求,建立健全"输出有订单、计划到名单、培训列菜单、政府后结单"的"四单"模式,将符合条件的脱贫劳动力纳入职业培训补贴的范围,补贴标准上浮70%,并给予生活补助。三是面向农村转移就业劳动者、返乡农民工,大规模开展职业技能培训。充分发挥培训补贴资金效益,加强职业技能培训政策的引导,突出就业、产业需求为导向,优化现有补贴政策。重点支持"三高四新"等重点产业、新

第六章　教育促进全体人民共同富裕的制度供给

兴优势产业链等职业工种,引导培训资源向市场急需、企业必需的领域集中,服务"五好园区"创建,对接企业需求,突出"高精尖缺"技能人才的培训,优化考核指标,推动培训工作高质量发展。

通过采取多种举措对广大城乡劳动者积极参加技能培训进行鼓励引导,湖南省切实提高了职业技能培训的针对性、有效性和系统性。其中,通过扎实开展"两后生"技工教育,持续实施30所技工院校对接51个贫困县,建档立卡贫困家庭中有职业培训意愿的应届、往届"两后生"免费接受技工教育,有效促进新生代农民工素质的提升。

资料来源:湖南省人民政府门户网站。

(二) 加强助力乡村振兴、区域协调发展的制度供给

在发展类型特色的职业教育、完善普职融通机制,推进产教融合、提升职业教育办学水平的基础上,重点加强职业教育助力乡村振兴、区域协调发展的制度供给。

一是助力乡村振兴,推动城乡均衡发展。面向农民大学生、新型职业农民、农业从业人员等开展职业教育和技能培训,打造特色培训品牌。为农村转移劳动力、下岗企业员工、退役军人等弱势群体和低收入人群提供终身学习平台和学历技能提升通道,帮助他们通过培训学习实现技能跃迁和学历升级,促进更充分、更高质量的就业。

二是推动职业教育区域优质、均衡发展。加强职业教育东、中、西部协作,加强职业院校的校际合作,建立健全区域"职业教育共同体"机制,加快教育开放互联和优质资源共享、均衡职业教育资源,逐步缩小城乡、区域、校际的职业教育发展水平及发展差距。[1]

---

[1] 陈夏瑾,潘建林.职业教育助推共同富裕的逻辑分析、价值意蕴与路向选择[J].教育与职业,2022(10):19-26.

专栏 6-8

丽水职业技术学院赋能乡村振兴助力共同富裕

根据中央部署,浙江正在扎实推进共同富裕示范区建设,职业教育成为促进乡村振兴的有力支撑。近年来,丽水职业技术学院统筹资源、发挥优势,在"扩中""提低"、乡村振兴、产业发展、科技创新、"县中崛起"等方面持续输出力量,实现职教赋能乡村振兴模式可复制、可推广,形成了地方引导、学校主导、企业参与、群众联动的发展路径,为推进中国式现代化,丽水的探索与实践作出应有贡献。

该校赋能乡村振兴的主要举措如下。一是**助力乡村产业振兴**。着眼丽水革命老区共同富裕先行示范区建设和乡村振兴发展战略,丽水职业技术学院跨部门、跨专业整合学校资源,率先成立丽水职业技术学院乡村振兴讲习所、日本农村研究中心、浙江大花园建设研究院、中国乡村春晚研究院,精心布局共同富裕、乡村振兴。积极打造农村电商"丽水样板",带动广大农民增收致富,实现"新农具直播带动新农活"。二是**助力乡村人才振兴**。贯彻落实东、西部扶贫协作,决策部署对口支援新疆工作,围绕新时期"重要窗口"定位,开展新和县"共同富裕·丽新同行""头雁疆浙行十百千"行动,东、西部扶贫协作致富带头人培训班,"全面实施乡村振兴战略,巩固脱贫攻坚成果"专题培训班,以及"建立健全生态产品价值实现机制"培训班等项目,为加快发展地区探索、实现共同富裕提供了宝贵的经验。三是**助力乡村文化振兴**。浙江大花园建设研究院围绕丽水市"增花添彩"三年行动计划,组织团队编制完成"增花添彩行动导则"项目规划,邀请业内专家学者开展技能培训,围绕"增花添彩"的重点课题开展系列研究,为高质量打造山水花园城市保驾护航。四是**助力乡村生态振兴**。围绕丽水市委、市政府的中心任务,组织力量服务乡村振兴、脱贫攻坚、生态文明建设,开展五水共治、校园水系治理、社区共建行动;自2019年起,连续举办新时代美丽

第六章　教育促进全体人民共同富裕的制度供给

乡村(花园乡村"微改造")创建、乡村振兴·巾帼先行暨花园庭院建设、莲都区农村生活垃圾分类等活动,助力花园田园建设、花园风情带打造、闲置资源激活、消薄攻坚提升等专项行动,助推乡村实现美丽嬗变。**五是科技服务乡村振兴**。积极服务区域主导产业,通过成果转化、技术革新、项目合作等方式来服务产业振兴。2022年,学校与松阳县人民政府开展校地合作,在现代化"田园松阳"建设、艺术助推乡村振兴等方面携手,助力松阳县"二次创业",争当山区共同富裕的探路者和模范生;与庆元县人民政府签订校地战略合作协议,派农村指导员结对帮扶荷地村,助力复工复产,落地特色产业,年均增加村集体收入达10万余元。

资料来源:丽水职业技术学院。

(三) 加强优化职业教育资源结构的制度供给

第一,拓宽职业教育资源投入的渠道。根据"谁受益,谁投入"的原则,除学校外,政府、企业、家庭和个人作为职业教育的受益方都应参与投资,以分摊职业教育成本,巩固政府主体地位,强化企业分担作用,积极发挥个人和家庭的补充作用。

第二,提高职业教育资源投入的质量。围绕教师素质和办学条件来提升职业教育资源的投入质量,通过"引进和培育两手抓,学校和企业双来源"打造高水平的"双师型"职业教育师资队伍。利用现代化技术设备和数字化技术,补充教育资源,改善办学条件。深化产教融合,以校中企、企中校、引企驻校、引校进企、校企一体等方式,共同建设高质量的课程教学体系和实习实训基地。

专栏6-9

山东莱茵科斯特产教融合模式的实践

"三教"协同创新、"三融"系统改革,对新时代职业教育改革发展提出了明确要求。淄博市高新区山东莱茵科斯特智能科技有限公司创新实施"政府搭台、企业承办、学校参与、市场运营"的产教融合模式,为解决当前职业教育中存在的校企合作不深不实、"企冷校热"、人才供给与产业需求不相适应等典型问题提供了解决路径,实现产业赋能教育创新、人才支撑产业升级,在中德智能制造产教深度融合领域走在了全国前列。

其一,搭建"三大平台"载体,共建高水平产教融合基地。产教融合天然的跨界性决定了其平台化的发展路径。莱茵科斯特与淄博高新区管委会、西门子工业软件(上海)有限公司共同合作,投资21.1亿元共建中德智能制造产教融合示范基地,建设研发制造、工业服务、教育培训等10个功能区和21个技术实训中心,在物理空间上建立和优化平台载体支撑,有效促进了"产业链—创新链—教育链—人才链"的四链贯通。

其二,做好"四个对接"融合,共育高素质的时代工匠。莱茵科斯特以"四个对接"为切入点,全链条打通技能人才培养通道,积极服务国家人才战略目标。一是专业与产业精准对接融合。坚持专业设置跟着产业升级"走",精准服务当地产业转型升级和高质量发展。二是课程与岗位精准对接融合。打破以学科分类的传统课程体系,充分融入"工作变量",形成全新的、与岗位高度匹配的"过程系统"课程体系,让学生通过一个个全视角岗位学习场景练就过硬的实操技能,逐步成为跨学科、跨专业、跨行业的集成人才。三是教师与技师精准对接融合。建立中德人才交流互培机制,动态选配"双师型"教师,形成以国家高端人才为核心、中德权威专家为智库,国内外著名企业实践专家以及工程师、技师共同组成的"研、产、教"三位一体培训师技术团队。

其三,创新"四方合作"保障机制,共筑高质量发展的支撑。莱茵科斯特创新实施"政府搭台、企业承办、学校参与、市场运营"产教融合的保障机制。一是完善"政府+"平台保障机制。充分发挥政府在统筹规划、科学布局、投融资等方面的优势,搭

> 建产教融合示范基地,促进职业教育高质量发展。二是构建"名校+"运行保障机制。与德国比勒费尔德应用科学大学、德国耶拿应用科技大学、北京航空航天大学等国内外知名科研院校开展合作,整合优质资源,培养适应适用企业和产业需求的卓越工程师和高技能人才。三是健全"企业+"利益保障机制。聚合西门子、大众、中车等知名企业在内的近千家企业需求的资源库,精准把握企业人才需求,及时完善教育教学体系。同时,与企业合作建立技能人才储备培养机制,搭建高技能复合型工业互联网与智能制造产业人才资源库,为生产企业提前培养、储蓄、配置人才。
>
> 资料来源:山东省淄博市高新区官方报道。

第三,调整职业教育资源投入结构。差异化分配资源,多层次调节资源,促进资源均衡。适当提高欠发达地区、贫困人群、特殊人群和高成本专业的生均经费,鼓励社会捐赠,发挥第三次分配的作用。完善补偿制度和福利体系,设立专项技能提升计划,制订优先发展计划,提供特殊培训和津贴,并强化监管和评价,定期发布监控报告,动态调整分配方案,提高资源配置的效率。

(四)完善职业教育制度供给的重点举措——推进县域职业教育整合

针对当前县域职业教育的突出问题,县域职业教育整合主要是对中职教育的功能和层次进行统筹整合。具体可以采取以下三项关键举措。

其一,县域中职教育"往上走"——设立县域五年一贯制新型高职。职业教育高等化是世界职业教育的发展趋势,我国职业教育的层次也在逐步上移。近年来中职教育的升学功能日益突出,对于县域职业教育而言,因势利导地将中职教育的升学功能进行合理剥离,以五年一贯制新型高职的形式发展职业教育尤其是高等职业教育,可以重启大批县域职业教育的动力。在县域因地制宜发展五年一贯制的新型高职,一是解决了学历和本地就业问题,满足了老百姓的"面子＋里子";二是满足了当地经济社会发展的人才需求,可以逐层实现从人口流量吸引到产业升级促进,再到科研创新引领的三级跃迁;三是为县域职业教育筑牢了另一个根基,维持并发展了县域职业教育的优质资源,可谓一举三得。

在具体实施的路径上,职业教育资源相对丰富的县域可以通过盘活现有资源的方式,整合县域中专、职高和技校的相关资源,成立五年一贯制的新型高职学校,初中生毕业生即入学,实现中职教育和高职教育的无缝衔接。职业教育资源相对薄弱的县域可以通过"外引内联"的方式,积极引入外部投资者和高职资源,并整合多个县域职业教育资源,联合成立五年一贯制的新型高职学校。

专栏6-10

江苏省县域五年一贯制高职实践

全国有1400多所高职院校,位于县和县以下的很少。虽然一些高职院校与县城相距不过几十公里,但因观念认识、体制机制和历史惯性等因素,很难深入到县乡产业中。这使得高职院校绝大多数毕业生不愿意回乡就业,同时也导致高职院校在服务乡村振兴战略时难以发挥应有的作用。面对这种现状,江苏省大力推动县域五年一贯制高职。主要措施包括:对人口超过100万人且无五年制高职校的县市和初中生源增长较多的地区,考虑新增学校;对办学条件较差、招生计划完成率较低的学校,调整专业和招生计划数,乃至停办,逐步解决局部区域高职教育举办的学校过度集中、个别人口大县布局空白的问题。

目前,全省40个县(市)中,有26个县(市)举办了五年制高职院校,还有10多个县(市)向省教育厅递交了申请,为五年制高职院校落户当地做准备。在服务乡村振兴、推动城乡一体化建设的过程中,五年制高职扮演了非常关键的角色,已成为全日制高等教育通向县区和农村的主渠道,在地方政府和当地企业的心目中具有不可替代的地位和作用。

例如,江苏联合职业技术学院每年招收的新生中,县及县以下的生源占80%以上,其中农村生源占70%以上。学院毕业生每年的生源地就业率在85%以上,回乡村服务的就业比例在65%以上,服务中小企业的比例在80%以上。他们成为"留在本地,建设家乡"的主力人群。

在对口就业率方面,初中后五年一贯制毕业生对口就业保持在较高的水准,明显高于高中后三年制高职。这在一定程度上表明,通过五年的长学制培养,学生可以形成较高的专业认同和身份认同,从而进一步验证了五年一贯制高职教育在应对区域经济转型升级方面所具有的较强适应力。以江苏联合职业技术学院为例,学院毕业生的生源地就业率在85%以上,学院自成立以来,累计为县域经济发展培养毕业生约33万人,在县域经济社会发展中发挥出不可替代的作用。此外,地方经济社会发展的水平直接影响五年一贯制学校的生存与发展,产业结构调整直接影响着五年一贯制高职学校的专业设置。从专业设置来看,五年一贯制高职学校在专业设置方面始终保持与地方经济社会的有效互动。

资料来源:《中国教育报》。

其二,县域中职教育"横向融"——设立县域综合高中。在五年一贯制高职教育整合中职教育升学功能的同时,中职教育举办方还可以通过设立综合高中的方式,更广泛地适应县域广大初中毕业生的教育需要,并在此基础上保持县域中职教育的基本规模。

在具体实施路径上,县域综合高中可以通过一揽子改革方案,有效整合县域的职业高中和普通高中资源,在综合高中开设普高学术课程和中职技能课程,实行学分制教学,由学生自主选择学术课程或技能课程。这种做法既兼顾了不同学生的个性教育需求,也在一定程度上缓解了普职分流的焦虑,同时,也为选择职业教育的学生开辟了更为宽广的升学路径。

其三,县域中职教育"接地气"——大力发展县域中职继续教育。在开展五年一贯制新型高职和综合高中改革的同时,原有县域中职教育中的"纯中职"部分可以大力发展面向成人的中职继续教育,以培养职业农民、产业工人和服务产业人员为重点,积极开展县"学校后"职业教育。

在具体实施路径上,县域中职学校应发挥办学主体作用,联合乡镇成人文化技术学校开展高中层次的成人继续教育;重点实施与县域产业结构相对接,以职业岗位为导向,以职业能力为本位,以"学历＋技能"为目标的成人中专一体化设计;以课证融通为标志,建立职业技能证书与学历证书相结合的学业成绩评价体系。同时,县级政府可以联合开放大学县级学院以及县域高职院校,开展更高层次的成人"学校后"职业教育,为县域的"三农"从业人员、产业工人和服务从业人员提供多层次的职业继续教育服务,夯实县域技能人才的基座,筑牢县域共同富裕的个体发展底座。

✦ 第三节 ✦

完善高等教育制度供给的思路与建议

高质量发展需要一大批高素质的劳动者。高等教育是教育强国建设的"龙头",能有效增加人均受教育年限,将人口红利转化为人才红利,赋能"扩大中等收入群体规模、推动更多低收入人群迈入中等收入行列"政策目标,在共同富裕过程中发挥着牵引作用。促进共同富裕要求高等教育进行相应的制度设计和供给。

第六章　教育促进全体人民共同富裕的制度供给

一、完善高等教育制度供给的立足点与思路

(一) 完善制度供给的立足点

在中共二十大提出的科技、人才、教育一体化发展体系中,高等教育起到了引领作用,可以统筹教育促进共同富裕的作用机制和政策发力点,缩小群体和区域间的能力差距,让更多群体成为共同富裕的实践主体,具备选择、转换职业和人生的能力。

1. 将高等教育的公益性作为促进共同富裕的立足点

我国目前仍处在高等教育普及化的初期阶段,许多来自低收入家庭的学生在入学机会方面处于劣势。为了满足公益性的目标,高等教育要形成高质量、多样化的人才选拔与培养模式。为此,高等教育应坚持公益性原则,把公平放在重要位置,实现以高等教育公平促进社会流动和社会公平。

2. 将高等教育的区域协调发展作为促进共同富裕的立足点

我国高等教育区域发展不均衡,中、西部与东部差距较大。促进高等教育的区域协调发展,既要做好锦上添花、培育增长极的事情,更要做好雪中送炭、增强欠发达地区发展能力的事情。振兴发展中、西部高等教育,要跳出教育看教育,由紧盯高校自身发展的小逻辑转到中、西部经济社会发展和国家战略发展的大逻辑上来。

(二) 完善制度供给的思路

1. 聚焦夯实富裕基础的功能

在从中等收入向高收入迈进的过程中,教育尤其是高等教育发挥着重要作用。高等教育要通过"调结构、扩容量",在制度设计上将提升高等教育入学机会和入学水平作为提高居民收入进而跨越"中等收入陷阱"的重要手段,通过不断提高高等教育质量来持续提升我国的创新能力和创造力。在落实中共二十大提出的"三教三融"要求基础上,高等教育的制度供给要充分体现"竞争更高的教育、更好的工作、更高的收入以及在社会等级中更高的地位"

的政策价值。在制度供给上，高等教育迫切需要扩大本科以上人才的培养规模，为促进共同富裕输送充裕的人力资源、人才红利。我们应积极推动高等教育结构的调整和质量的提高，努力增加研究生和本科招生计划，加快开设职业教育本科院校，不断增加高层次人才培养的空间，发挥高等教育的龙头作用。

2. 坚持多方参与原则

一方面，我们要充分把握高等教育市场和社会需求与服务国家战略的协调性原则。促进共同富裕要求建立高质量的高等教育体系，强调市场与社会需求导向的人才培养体系，强调服务国家战略和经济社会发展是高等教育的重要使命，以实现人才培养体系的多元化，优化高等教育内外部体系与结构，让高等教育成为与新发展格局相适应的高速路。另一方面，我们要充分把握高等教育的私人收益、社会效益与公益性之间的平衡原则。由于知识和创新型人才在知识经济社会中是典型的公共产品，高等教育的本质属性体现为公益性。

3. 强化缩小贫富差距的作用

缩小贫富差距的根本在于缩小不同群体之间的能力差距，关键在于提升后富群体的能力，促进其全面发展。高等教育的公益性不仅体现在提升个人人力资本的教育收益上，更应注重扩大受教育的群体，通过高等教育资源的合理配置扩大受教育规模，进一步缩小区域、城乡的差异，以教育公平促进社会公平，向大多数人提供更高质量的高等教育。为此，高等教育的制度供给要有助于提升后富群体的能力，开发与积累技能型、创新型人力资本，以有利于大幅增加人力资本存量，优化传统人力资本结构和质量，形成人力资本高端化的格局，为国家整体发展与实现共同富裕提供强大的驱动力。高等教育制度供给要有助于提升全体人民中后富群体的个人发展能力以及参与社会财富创造、消费与分配的能力，帮助后富群体实现自主创收与长远发展，变"输血式创收"为"造血式创富"，进一步增强群体尊严与幸福感。高等教育有利于增强后富群体参与社会财富创造、消费、分配的竞争优势，缩小群体收入差

第六章　教育促进全体人民共同富裕的制度供给

距,加快社会流动,促进社会公平[①]。

二、 完善高等教育制度供给的建议

共同富裕的重点是缩小差距,包括不同社会群体的差距、城乡差距和区域差距,突出表现为缩小收入差距。在高等教育促进共同富裕的制度供给方面,我国可以从缩小上述差距方面开辟具体的路径。

(一) 重视提升中等收入群体水平的制度供给

针对提升中等收入群体水平的建议如下:一是扩大高等教育供给,从扩大高等教育供给的角度努力扩大优质教育资源,在保证基本公共服务均等化的基础上提供高质量的教育公共服务,重视满足中等收入群体对高等教育的新期望和新需求;二是坚持高质量教育开放,从促进高等教育高质量发展的角度坚持高质量教育开放战略,积极开展多种形式的国际教育合作,为中等收入群体提供多样化、有品质的高等教育服务;三是继续拓展高等教育机会,将高等教育作为教育发展的增长点,注重其对推动中等收入群体家庭成员共同发展的积极作用,为他们提供更加公平接受高等教育的机会。

(二) 加强缩小城乡、区域发展差距的制度供给

针对缩小城乡、区域发展差距的建议如下:一是保持物质资本的稳定增值,促进农业经济增长和农民财富增加,进而保障贫困者获得更多的就业机会、稳步脱贫解困;二是提升人力资本的综合赋能,加强对乡村贫困人口的知识和技能培训;三是吸收社会资本的不断注入,优化贫困地区的内外部社会环境和秩序;四是培养乡村振兴研究的"主力军",提升教育扶贫的效率、效能及效益;五是构

[①] 周海涛,施悦琪.促进共同富裕的高校育人创新路径[J].清华大学教育研究,2022, 43(1):55-61.

建服务共同富裕及乡村振兴的创新资源共同体,使高等教育更好地服务共同富裕及乡村振兴。

浙江省高校赋能山区(海岛)县的高质量发展

作为教育、科技、人才的聚集地,高校应充分发挥助力高质量发展、建设共同富裕示范区和推进社会主义现代化的作用,这是高等教育服务地方经济社会发展、服务国家战略的社会责任与历史使命的体现。《中华人民共和国国民经济和社会发展第十四个五年规划和2035年远景目标纲要》明确赋予浙江省高质量发展、建设共同富裕示范区的重大任务。尽管浙江省具有"富裕程度较高、发展均衡性较好、改革创新意识浓"等先发优势,但省内11个市、90个县(市、区)中有26个山区县和6个海岛县,山区(海岛)县的土地面积、人口分别占全省的45%和24%,而经济总量占比只有9.65%。由于发展水平相对滞后,山区(海岛)县已成为高质量建设共同富裕示范区的薄弱环节。

当前,从查漏补缺,缩小区域、城乡、收入差距的角度出发,探索山区(海岛)县发展的新路势在必行,浙江省内的高等学校在其中发挥了基础性、战略性的支撑作用。

一是补齐科技人才的短板。

推动山区(海岛)县跨越式高质量发展,离不开高校对山区(海岛)县的科技和人才的支撑。

创新要素转移。省内通过设立研究生工作站、高层次人才工作站、科技成果转化平台等多种形式,积极推动技术、人才、信息等创新要素向山区(海岛)县高效转移流通。同时,省内通过"定向培养"和培训以及鼓励大学生参加"三支一扶"、报考大学生村官等多种形式,加强山区(海岛)县科技人才的有效供给。

校政企联动。针对实现山区(海岛)县产业帮扶需求的常态化采集、精准化对接,科技特派员制度是行之有效的方式。当前,省内高校、科研院所应联合政府、企业,在建立县域科技特派员"需求库"和"备选库"上下功夫,推动科技特派员扎根山区(海岛)县。校、政、企三方携手,共同健全科技人才的发现、培养、激励机制,为高等教育工作者面向山区(海岛)县开展有针对性的科学研究创造良好的科创环境,构筑山区(海岛)县科技、人才队伍新格局。

深化结对帮扶。2022年,在全面落实"一县一策"、大力培育"一县一业"的基础上,浙江省科技厅牵头实施了浙江省26个山区(海岛)县与高校"一县一校(院)"结对合作的行动,力推山区(海岛)县的科技创新。例如,宁波大学积极探索以党建为统领的"大学小镇"合作模式,将校地合作下沉到乡镇。该项目由院士牵头,项目团队在乡村产业、乡村治理、乡村人文等多方面与乡镇开展合作和帮扶,共同打造发达地区乡村振兴与共同富裕的样板,在山区(海岛)县具有较高的推广价值。

二是创新县域高等教育。

浙江省的高等教育资源主要集中在杭州、宁波、温州等地,即使经历过省内一些高校的办学向县域扩散的大潮,山区(海岛)县也未能充分享受相关红利。当前,发展山区(海岛)县高等教育,对于推动县域经济社会高质量发展意义重大。

一方面,大力引进国内外名校,共建创新载体。结合县域产业经济强项,引进高校开展校地合作办学,通过共建产业班、产业学院和科研机构等多种形式,为县域经济社会发展赋能。根据国家和省域经济产业布局,科学优化学科布局、专业结构,增强省内东部高等教育资源富集区向山区(海岛)县的"溢出效应",统筹推动高水平大学群、学科群和专业群建设,形成地区差异化、错位式发展的格局。

另一方面,进一步加强区域战略统筹,完善区域利益补偿机制。深入推进高校与山区(海岛)产业结构的联结,通过财政转移支付制度,引导政策、资金、技术、人才等关键要素向山区(海岛)县倾斜供给,强化区域高等教育与经济发展水平的协同性、一致性。同时,在人才流动、异地办学、产学研转化等方面,形成资源输出地和输入地之间的利益共享、成本分担与补偿机制以及人才激励机制,避免区际高层次人才等优质资源"逆向流动"。

三是"引资"更要"引智"。

在推动山区(海岛)县实现物质财富跨越式发展的同时,必须实现精神财富的跨越式发展。这就需要发挥高校智库优势,以学术研究、学术创新来推动山区(海岛)县的大发展、大繁荣。2021年8月5日,浙江省社科赋能山区26县跨越式高质量发展行动动员部署会召开,通过了《三门共识:社科赋能山区26县跨越式高质量发展行动的倡议》,社科赋能行动全面启动。该行动由浙江省社科联牵头组织,由各市县社科联、高校社科联、新型智库、业务主管社会组织、之江青年协会等多方参与,协同联动。以全省社科界专家特别是高校社科专家为骨干,浙江省组织成立数十支专家团队,进一步整合了高校的智力资源。

1年多来,浙江省委党校、浙江省社科院、浙江大学等20余个单位和智库、协会发挥各自优势,为山区(海岛)县跨越式高质量发展和共同富裕示范区建设提供理论支撑和智力支持,特别是高校组织专家团队通过开展一系列的实地调研,提出了许多有针对性的建议和方案。

资料来源:《中国教育报》2023年02月06日第2版。

针对缩小区域发展差距的建议如下:一是鼓励和支持各地区开展多种形式的区域高等教育协作,形成区域高等教育的互助机制,形成区域教育的自我发展机制;二是遵循高等教育与区域经济联动发展的规律,主动进入到区域经济产业链中,根据不同地区经济社会的发展特征完善高等教育的办学形式和机构类型;三是地方高校应自觉融入高质量推进共同富裕的建设,主动围绕数字经济、乡村振兴、地方文旅、基层治理等区域社会发展的"基层命题",建设与培育新学科、新专业。四是增强地方智库担当共同富裕建设使命的引领力,发挥地方智库的特长,在引领建设精神富足的共同富裕示范区的过程中,充分展现地方智库的作为。

第六章　教育促进全体人民共同富裕的制度供给

（三）强化提升后富群体能力的制度供给

针对提升后富能力的建议如下：一是增强高等教育的现实适应性，高校育人的内容需面向多元的现实需求，对接科技创新前沿、社会发展需求、劳动力市场需要；二是增强高等教育领域的交叉性，淡化学科专业边界，形成扁平化学科专业管理机制，为交叉学科或跨学科育人扫清障碍；三是完善高等教育的普惠性，招生制度要促进招生录取机会向弱势生源倾斜，大胆探索能力主导和普惠扶持取向的招生录取方案，在资助帮扶制度方面促进"贫困资助"向"发展资助"转变。

> **专栏 6-12**
>
> ### 杭州电子科技大学支持浙江山区 26 县实现共同富裕
>
> 2022 年 2 月底，杭州电子科技大学丽水研究院院士专家工作站、浙江大华技术股份有限公司丽水大数据工作站在丽水经济技术开发区成功"揭牌"，第一位院士正式"到位"，为双方合作开了个好头。
>
> 杭州电子科技大学支持浙江山区 26 县实现共同富裕的主要举措如下。
>
> （1）广建平台：催生要素"化学反应"。2021 年 12 月，学校就出台了《杭州电子科技大学服务数字浙江助推共同富裕示范区建设行动方案（2021—2025）》，提出了"一县一策帮扶，助推山区 26 县跨越式高质量发展"和"加强政策建言，为共同富裕示范区建设提供智力支持"等目标。目前，除杭州电子科技大学丽水研究院外，学校已经设立武义、三门、天台、仙居等技术转移分中心，还建有龙泉创新中心、永嘉数字经济研究院、杭电数字农业研究院等科技服务平台，主动挖掘服务应用场景，条件成熟即"开赴山区 26 县落地开花"。
>
> （2）聚焦产业：助力"块状经济"升级。浙江丽水缙云县是中国锯床之都。缙云锯床产业从"机械化"到"数字化"，背后凝聚

着杭电人的心血。20年前，杭州电子科技大学教授陈国金作为省"双服务"专项行动组成员，驻点在缙云做技术帮扶。20年来，陈国金团队从为企业解决机械技术问题入手，逐步帮助他们建立平台并做强做大，助力锯力煌、晨龙、畅尔、金马逊等一众企业从小作坊成长为龙头企业，完成了数控带锯床和高端拉床等装备关键核心技术的攻关。

（3）深耕基层：精准服务地方。浙江丽水云和县被称为木制玩具之都，但其业务主要是代工，很少有自己的品牌，价格上不去，抗市场风险能力弱。杭州电子科技大学教师姜葳积极联系该校电子、通信、智能技术、产品设计等专业的教师，为云和县几家龙头木玩公司设计新产品。姜葳自2017年担任云和县科技特派员起，急云和县之所急，想方设法升级木玩产品技术和款式设计。2020年，姜葳就曾协助云和县科技局举办木玩创意设计大赛，并主导优秀设计作品的拍卖、专利申请和产品转化。

（4）建言献策："共富"迈入快车道。2021年年底，一份题为"开化县以共富联盟推进共同富裕建设的有关经验和建议"的咨询报告得到省委、省政府主要领导的批示。这份咨询报告总结了开化县"党建联盟＋利益联盟""先富带后富，先富帮后富"的机制，以及在全省26个山区县推广的经验。起草这份报告的是杭州电子科技大学浙江省信息化发展研究院执行院长、教授辛金国和副教授刘昱。此外，研究院提交的《市县政府数字化转型中的突出问题与建议》《关于新昌、天台"浙东唐诗之路"旅游开发状况的调查及建议》等决策报告也得到了省委、省政府领导的批示和相关部门的采用。

资料来源：《浙江教育报》2022年3月29日第一版。

（四）完善高等教育制度供给的重点举措——因地制宜培育县域高等教育资源

县域高等教育资源的培育，要紧紧围绕中共二十大指明的"三

第六章 教育促进全体人民共同富裕的制度供给

教三融"理念,统筹高等教育、职业教育和继续教育,将科技、教育、人才一体化考虑,在县域这个实现共同富裕的重要场域积极发挥高等教育的"龙头作用",因地制宜、多种形式培育县域高等教育资源。改革开放后,中心城市办大学、建设高教园区乃至区域高等教育布局调整更多体现了政府的意志,而以县域办学为特征的区域高等教育布局调整则更多体现的是市场机制的特点。美国教育社会学家马丁·特罗在提出高等教育发展阶段论时强调:高等教育数量的增长不等于大众化、普及化的实现,高等教育系统必须进行深刻的结构、功能转变才能适应这种增长,否则就会阻碍高等教育的进一步发展。迈入普及化阶段的中国高等教育,抓住县域城镇化建设的时代机遇,优化高校县域办学,有序推进高等教育运行机制的市场化改革,具有特殊的历史意义。

高校县域办学是指普通高校设置在县域,或把部分校区搬迁到县域以及在县域设立分校。浙江、江苏、山东等省份是我国县域经济强省,也是高校县域办学的典型省份。据学者高宏赋和刘承波统计,截至2022年5月,除西藏自治区外,我国其他省份(地区)都有高校在县域办学。其中,山东省在县域办学的高校有67所,浙江省有47所,江苏省有41所。全国县域经济百强县中已有76个县有高校入驻,共入驻高校(含校区)185所。宁波大学学者徐军伟表示,县域办学成为江苏、浙江两省高等教育地方化的新动向。2018年,浙江省108所普通高校中,有42所高校(含分校区)落户县域(包括非中心城区的区),占比为38.8%;同年,江苏省166所普通高校中,有35所高校落户县域,占比为21.1%。

专栏6-13

全国高校县域办学的两种类型

在建校之初就选择在县域办学的高校可以分为两种类型。一类高校是基于国家发展战略需要在县域办学。从全国范围来看,基于国家农业发展、民族人才培养、兵团建设等需要,我国有若干所高校在建设之初就选择在特定的县域布局。例如,西北农林科技大学、延边大学、石河子大学等高校的前身都属于这一类型。另一类高校是基于区域发展特定需求在县域办学。出于区域历史文化、特色经济、林业保护等特殊需要,我国有一批高等学校被布局在县域。例如,曲阜师范大学、山西农业大学、浙江农林大学等高校的前身是这一类高校的典型代表。

改革开放后,虽然我国有高校县域办学的个案产生,但较多高校县域办学现象的出现还是集中在高等教育大众化阶段,尤其是进入普及化阶段。1999年的高校扩招使得我国的高等职业院校、民办高校和独立学院快速发展。当时,全国有一批这类院校结合县域发展需求,直接落户在县域办学,如义乌工商职业技术学院、浙江广厦建设职业技术学院、浙江横店影视职业学院等。随着2008年教育部《独立学院设置与管理办法》的正式施行,一批独立学院基于500亩用地的基本办学条件要求,开始迈出向县域迁建的步伐。同时,随着高等教育办学规模进一步扩大的需要,有一批高校开始选择在经济强县或与中心城市相邻的县域办学或举办分校区。

资料来源:根据公开资料整理。

县域高等教育培育需要进一步找准发展的方位,结合区域特点及时调整自身的专业学科与办学模式,不断提升服务社会发展的能力,走分类办学、特色发展的新道路,进而立足新的发展阶段,推动我国高等教育多样化发展新格局的形成。具体来说,一是要面向地方培养县域发展需要的人才。加大专业结构调整力度,做强符合区域人才需求的主导专业,做优一批支撑专业,形成一批具有地方特色的专业或专业方向。加大学生创新创业教育力度,支撑引领县域经济社会的创新发展。二是要立足地方加快优势特色学科建设。县域办学应以地域特色和区域发展的重大需求为立足点,优势特色学科的选择要从"竞争选优"向"择需布局"转变,真正把区域发展优势转化为高校的学科优势。三是要协同地方建设"政产学研用"创新体系。县域办学应以协同创新平台建设和科研

第六章　教育促进全体人民共同富裕的制度供给

成果转化为着力点,推动高校与区域经济社会的深度融合发展,以协同创新平台建设为载体,开辟校地合作的新渠道。四是要引导地方构建社会服务的工作机制。县域办学应以人事制度改革和社会服务机制建设为突破点,深入推进地方服务工作,引导和鼓励广大教师在完成教学科研工作;应主动融入地方、服务地方,通过教师岗位聘任、业绩考核、职称评定等校内评价机制的改革来推进学校与县域经济社会的深度融合,形成我国县域高校发展与县域城镇化建设互融共促的新格局。

 专栏6-14

县域产业学院的温州实践

产业学院是深化高校县域办学的有效载体。我国在众多高校县域办学的实践中形成了两类成熟的办学模式:温州职业技术学院为代表的县校合办产业学院模式和以宁波大学科技学院为代表的校企共建产业学院模式。温州职业技术学院位于温州中心城区,其通过县校合作在温州下属的瑞安、永嘉、瓯海、鹿城四个县域设立产业学院,面向县域主导产业培养人才、转化成果、获取资源。宁波大学科技学院于2019年迁建慈溪办学,相继成立了"公牛学院""慈星智能学院"等一批产业学院,不到3年就获得来自企业对学校办学的实际资金投入近2亿元,走出了一条特色鲜明的转型发展新路。

实践表明,产业学院能有效解决高校与县域发展的深度对接问题,有效提升了高校服务地方的精度。通过设立县域产业学院,高校可以加强与地方产业集群协同发展,争取县域政府和企业对产业学院的稳定投入,依托产业学院建立稳定的学生实习实践基地,推进职业应用型人才培养模式的改革,有组织、有计划地推进师资与地方产业的互动,提升高校科研转化与横向服务的能力,建立高校内部学科性学院与产业学院相对应的协同发展的机制,加快高校内部机构设置的变革,加快高校面向市

> 场、开放办学的进程,提升服务地方经济社会发展的能力。县域政府通过对县域现有义务教育阶段闲置校区的改造设立高校产业学院,也能有效盘活县域教育资产,增强县域创新发展能力。总体上,县校、校企共建产业学院的高校县域办学模式,表现出了办学资源需求小、地方投资规模小等方面的优势,具有可操作性和推广价值。
>
> 资料来源:《光明日报》。

✦ 第四节 ✦
完善终身教育制度供给的思路与建议

与学校教育相比,终身教育可以提供更宽广的学习时空、覆盖更多样的学习人群,由于与需求的更好匹配,终身教育也被视为对国民教育体系的拓展、补充和增强。在迈向全体人民共同富裕的进程中,以学校教育为主体的国民教育体系无疑是人力资源开发与培育的"主动脉",而完善的终身教育体系则可以成为直达需求的"毛细血管"。因此,我们应高度重视终身教育制度供给,充分发挥终身教育对于促进个体技能提升与职业转换、丰富不同年龄人群精神世界、促进群体文化认同与社会和谐的独特作用。

一、完善终身教育制度供给的思路

(一)强化服务经济社会发展的功能

增强个体在经济活动中的适应能力,更好地发挥个人价值,由此获得更高收入、实现个人财富增长是个体接受终身教育的一个重要内驱力,这也被视为终身教育的经济功能。因此,推进共同富裕的一项基础任务是提高中低收入人群的收入、财产、社会保障和公共服务水平。由于难以在正规教育中获得充分的教育和培训,低收入人群也容易成为经济活动中的弱势人群,政府需要从终身教育方面给予必要的辅助和支持。针对低收入人群开展特定类型的终身教育可以充分发挥终身教育的经济功能和社会服务功能,为低收入人群增加一条财富增长的路径,为他们更好地融入社会提供条件。

从人力资本理论的角度看,终身教育有助于提升劳动力的素质技能水平,增强就业能力,帮助低收入人群发掘自身的独特潜力和比较优势,使其更好地适应经济发展的要求。从社会资本理论角度看,终身教育还可以促进文化知识资源的共享和流动,实现教育资源在不同人群中的均衡分配,提高文化知识的横向渗透,打破社会群体间的信息鸿沟,提高社会资源的公平分配水平。同时,从发挥社会组织力的角度看,具有社区连接作用的终身教育可以为弱势人群提供参与有组织的社会化生活的机会,有助于促进弱势人群融入社会,跟上时代发展的步伐,助力低收入人群参与经济建设、社会交往、文化活动,提高生活质量和精神富裕程度。

(二)坚持技能性、非技能性培训并重

技术技能是人力资源中的核心要素之一,教育和培训是提升技术技能水平的重要途径。掌握一些适用于生产和生活的技术技能是增长个人财富、提升生活质量的有效行动策略。在促进共同富裕的道路上,终身教育应以发挥技术技能培训作用为主要任务。进入21世纪以后,新材料、新能源、新工艺等方面的科技进步日新月异,人类的生产生活方式日益信息化、网络化、智能化。科学技术作为第一生产力,推动人类进入了技能社会。科技进步给人类带来巨大便利的同时,也使人类面临迭代周期不断缩短的技术技能挑战,依靠在校期间或者未成年期学习的知识应对一生的时代已经一去不复返了。人们必须跟随时代的进步,不断学习生产、生活、学习领域里的新知识、新技能。坚持终身学习是应对技术快速变化的唯一途径。

技能型社会目标的实现离不开系统的教育制度供给。联合国教科文组织曾经发出"终身教育是21世纪的生存方式"的号召。终身教育要为推动全民在技能技术方面适应快速变化的技术世界提供服务。2021年4月,全国职业教育大会明确提出建设技能型社会的战略目标。全民技能技术终身学习可以区分为两个方面:一是直接服务于生产力的科技生产类技术的终身学习;二是间接服务于生产力的非生产性技术的终身学习。与科技生产类技术相比,非生产性技术广泛应用于人类生活的各个方面,与人的生活质量密切相关,是幸福指数的重要体现。科技生产类技术学习主要应该由高等学校和职业院校来提供,而非生产性技术的学习则应该主要由终身教育体系来承担。当然,两者之间并没有一个严格的界限。各类非生产性技术学习主要涉及如体育、营养、保健、心理、饮食、娱乐、育儿、交友等领域。

(三) 坚持问题导向和目标导向

终身教育具有适应现代社会节奏快、变化多、学习周期短、需求多样的优势,依赖于制度体系的建构和不断创新。终身教育在狭义上被理解为国民教育体系之外的教育体系。在学习型社会,广义的终身教育体系得到更多倡导,不仅涵盖学校提供的正规教育和正式教育,还涵盖社会教育机构提供的教育以及非正规、非正式教育等诸多形式。根据新的终身教育理念,不少国家都试图建立终身教育体系,包括对既有的教育体系按照终身教育理念进行改造。从当前国际趋势来看,日本、美国和欧盟各国都把完善终身学习体系建设作为推动终身教育的重要目标,"终身学习"在政策话语中越来越多地代替了"终身教育"。我国在1998年颁布的《面向21世纪教育振兴行动计划》提出了"构建终身教育体系和学习化社会"的目标任务,2010年颁布的《国家中长期教育改革和发展规划纲要(2010—2020年)》又提出"构建灵活开放的终身教育体系"。然而,对于像我们这样一个教育体系庞大、人口众多的大国,构建终身教育体系本身就面临着不少基础任务,在全体人民共同富裕背景下,终身教育制度供给的改革、完善面对的巨大挑战在所难免。

一方面,终身学习的制度供给,应更加符合现代社会中个体的行动理念。从概念内涵来看,在"终身学习"的语境下,学习者自主选择学习内容,自主安排学习时间和地点,自己对自己的学习效果负责。终身学习有更强的适应性,也更容易实现。因此,发展"人人皆学、处处能学、时时可学"的学习型城市、学习型社区、学习型组织,建立完善的终身学习体系是更加切实可行的行动目标。另一方面,终身学习的制度供给,应围绕学习者这一主要服务对象的需求展开。现实中,学习者具有明显的群体差异和地域差异。年轻的父母需要育儿经验,老年人需要在学习中安度晚年;刚入职场的员工需要掌握胜任工作的技能,资深员工需要更新知识结构;发达地区居民希望过上丰富多彩的业余生活,欠发达地区的居民希望掌握致富本领。因此,贴合学习者的实际需求来完善终身学习体系是制度供给的发展方向。在此基础上,终身教育应该把有限资源投入到为社会弱势群体提供技术技能培训上来,贴近居民广泛地提供终身学习的公共服务设施,提高服务常住居民和流动人口终身学习需求的能力,大力提高数字化教育资源在社区和人群中的可获得性。终身教育还要适应人口老龄化的趋势,充分发挥终身教育的优势,发展老年教育、闲暇教育,让人民群众"老有所学""老有所用"。

二、完善终身教育制度供给的原则

(一)尊重差异化需求的原则

切实的服务需求是开展终身教育的根本前提,稳定的需求才能维持终身教育的长期发展,多样化的需求催生了终身教育的多种类型。贴近需求是发展终身教育的基本要求,也是制度设计的基本原则。我们要找准不同社会群体的不同教育需求,然后开展有针对性的终身教育。人群在哪里,终身教育就发展到哪里,一切要以满足学习需求为指导原则。

终身教育要紧密结合社会需求和个人学习需求,以满足不同人群在不同阶段和不同领域的需求。贴近需求意味着要了解社会需求,紧密关注经济产业变化和发展,了解不同行业对人才的需求、对知识的需求以及对教育的期望等。只有深入了解社会的需求,才能及时快速地调整终身教育的内容、方式和目标,使终身教育更加符合社会的期望。贴近需求也意味着要关注个人需求。每个人都有不同的学习需求、兴趣和动机,终身教育应该为每个人提供个性化的学习机会和平台。通过了解个人的需求,终身教育可以提供更加精准的教育服务,帮助个人实现自我提升和自我发展。贴近需求还意味着要不断改进和优化教育服务,终身教育是一个持续不断的推进过程,需要不断更新和改进教育内容、方式和机制等,以满足不同阶段和不同领域的需求。同时,终身教育也需要根据社会的反馈和评价,及时调整和优化相应的服务,使其更加符合社会的期望和需求。总之,贴近需求才能找准发展的方向,贴近需求才能不断改进教育服务效果。

(二) 坚持服务民生的原则

终身教育在现代社会中发挥着经济功能、文化功能、社会功能,在共同富裕的道路上,终身教育要以服务民生为重要目的。服务民生就是要把提高公众的就业能力、工作能力、生活能力、自我完善的能力作为服务内容;服务民生要把解决当地社会存在的主要问题和缺陷作为服务内容,为当地产业发展和经济社会发展提供助推力量;服务民生要把解决社会弱势人群的现实困难作为服务内容。开展终身教育要特别关注下岗工人、退伍军人、农民、残疾人士、妇女儿童的社会融入和生活质量,关心他们的冷暖,在适当的时候要对经济社会发展相对落后地区加大扶持力度。在走向全体人民共同富裕的道路上,我们应强化对欠发达地区的支持力度,让终身教育更好地为当地经济发展服务,为当地民众服务。

（三）注重方式灵活开放的原则

终身教育要实现人人皆学、处处能学、时时可学，必须要在灵活开放上寻求新突破。作为一个独具特色的体系，终身教育不能简单套用既有的教育体系开展活动，要充分展示其灵活多变的特征，宜小宜细，宜精宜变。如果说学校教育是遍布于大地之上的乔木，那么终身教育就是侧身一切沟沟壑壑之中的灌木和野草。终身教育要坚持灵活开放，就需要突破"学校化"障碍，破除对"学校化"的执念，过度追求"学校化"则有可能限制终身教育灵活办学目标的实现。当然，终身教育也并非完全脱离学校，只是不必以"学校化"为追求目标。

终身教育要坚持开放办学。开放办学强调的是教育的开放性和包容性，以及教育资源的共享和整合。具体来说，开放办学要坚持教育对象的开放性，开放办学主张教育不应仅面向少数精英，而应向更广泛的社会群体开放，包括不同年龄、职业、社会地位的人。每个人都有接受终身教育的权利和机会，这种教育不应受限于年龄、性别、种族、宗教信仰、社会地位等条件。开放办学要坚持教育资源的开放性，促进教育资源的共享和整合，包括利用各种教育机构、设施、师资等资源为更多人提供多元化的教育服务，同时要鼓励个人或团体将拥有的资源特别是数字化教育资源共享，为更多人提供学习机会。开放办学要坚持教育内容的开放性，教育内容应具有开放性和包容性。这意味着教育不应仅限于传统的学科和知识体系，而应更加注重跨学科的学习和多元化知识的融合，鼓励学习者根据自身需求和兴趣自主选择学习内容。开放办学要坚持教育方式的开放性，主张教育方式的多样化和灵活性，包括传统的课堂教学、远程教育、在线学习、自主学习等多种方式，鼓励学习者根据自身情况和需求选择合适的学习方式。开放办学旨在打破教育的各种壁垒，实现教育资源的共享和整合，为更多人提供终身学习的机会和平台，促进社会的公平和进步。

三、完善终身教育制度供给的建议

（一）推动全民技能技术终身学习的机制建设

我国历来重视对生产性技能技术的学习，相对忽视非生产性技能技术的学习。非生产性技术学习主要涉及体育、营养、保健、心理、学习、饮食、娱乐、育儿、交友等领域，它们伴随人的成长而发生需求变化，具有阶段性、情境性的特征。在个人生活的道路上，学历文凭是基础，专业技能是根本，沟通协作能力、自我管理能力、家庭生活和儿童抚育能力、社区生活参与能力等技能技术是支撑。个体如果在这些技能技术上有所欠缺，会影响个人发展和家庭和谐。因此，推动包括非生产性技术技能在内的技能技术学习对提升人力资源综合素质、建设和谐幸福家庭、创设优良的社区文化环境具有重要意义。全民技能技术终身学习机制建设具体可以围绕以下途径进行探索。

1. 研制非生产性技能技术学习的知识框架和等级标准

终身教育体系可以更好地适配非生产性技能技术学习的阶段性和情境性需求，然而这类学习普遍缺乏相关的知识框架和等级标准，缺少权威的教材和系统的课程来支撑。这类技能技术的掌握具有很大的个体差异，掌握到何种程度因人而异，没有统一的、强制的标准，从而带来了学习体系的紊乱，增加了组织学习的难度。为此，相关部门应加快构建从入门到进阶再到精深的知识框架。研制非生产性技能技术学习的知识框架和等级标准，从而为学习者指明学习方向，帮助学习者找到恰当的学习路径，排除各种不科学的信息干扰，避免众说纷纭所带来的困惑。在我国的国家标准体系中，标准分强制性标准和推荐性标准，其中的推荐性标准主要是行业标准和地方标准。非生产性技能技术一般难以进入国家标准体系，但是相关教育机构可以将民间标准作为向学习者推荐的标准，发挥其指导作用，还可以邀请有关专家结合学习者实际研究制定各类非生产性技能技术的标准，并通过发布标准为非生产性技能技术的学习和练习提供指导。

2. 研制技能技术比赛活动规程

全国性或区域性的赛事活动是同类型学习者同台竞技、一较高下的地方,组织赛事可以较好地带动和推动技能技术学习,成为引导技能技术学习的重要风向标。这就需要各地结合实际情况开展各类竞赛活动,形式上可以由民间自发组织,也可以由地方政府组织。组织开展技术技能比赛活动不仅可以让优秀人才脱颖而出,也可以激发学习热情、促进技术交流。为了更好地提升竞赛活动的组织能力,促进相关活动的制度化、规范化,相关部门应重视并加快技能技术比赛活动规程的研究制定。赛事规程是关于赛事活动的名称、性质、目的、组织方、参加办法、参赛资格、竞赛办法、竞赛规则等方面的规定,是确保比赛过程的公平、公正、公开和安全进行的基本手段。居委会、村委会是最接近居民的基层群众性自治组织,由他们出面组织各类小型的非生产性技能技术比赛可以激发居民的学习热情。相关部门应对居委会和村委会开展相关培训和指导,帮助策划比赛方案、制定比赛规则、准备比赛物资、开展宣传和动员。2023年5月,号称"村超"的民间足球比赛在贵州省黔东南苗族侗族自治州的榕江县开赛,赛事以八个村代表队为基础,邀请各乡镇(街道)以村为单位积极组队参加。此赛事由村民组织,参赛者以村民为主,在全国引起热烈反响。2024年中央一号文件明确提出要促进"村BA""村超""村晚"等群众性文体活动的健康发展,足见这是一种具有推广价值的非生产性技能技术学习形式。

3. 鼓励社会公益组织开发非生产性技能技术学习新样态

在网络化、智能化时代,学习方式本身已经发生翻天覆地的变化。除了传统的学习方式以及组织赛事活动等形式,非生产性技能技术的学习具有更多的内涵可以挖掘。对此,我们需要发挥民间组织特别是社会公益组织在推动学习方式变革中的重要作用,加快探索公益组织开发非生产性技能技术学习的新样态。社会公益组织在开展群众性和社会性学习活动时,可以兼顾非生产性技能技术学习的阶段性和情境性,从而生发出许多新的生长点,激发学习新样态的热情。

一是建立社群联盟。社群联盟是由一群具有共同兴趣、目标或价值观的个体或组织组成的联合体。在这个联盟中,成员之间通过合作、共享资源和信息,共同推动某一项目的发展。社群联盟的理念通常包括开放、共享、合作和共赢,旨在通过集体力量实现更大的价值。以上海的铃灵社为例,这是一个汇聚了各类达人、大咖的家庭教育社群联盟。在2023年年末,铃灵社发起了家庭志愿星计划,旨在招募心中有爱、乐于投身终身学习及家庭教育服务的家庭,最终有12组家庭加入铃灵社家庭志愿星计划。他们在专家引领下,通过挖掘和发挥各自家庭的优势,共同经营和打造家庭教育项目,如"益起跑""公益小领袖成长营""丽江公益行""design thinking"等活动,为社群家庭提供有价值的家庭教育活动,帮助年轻家长做好家庭教育。

二是建立服务社区。服务社区是一个为特定群体提供集中式"办公+居住+社交"的垂直化集中式综合社区平台。在服务社区,各类学习以相互影响、共同探索为主要模式。比如,由创想家(上海)实业有限公司打造的创想家创业社区是中国首个"创业+"服务社区,旨在为创业青年提供创客办公、创艺实验室、创业支持、创业孵化等核心服务。在创想家创业社区,创业者可以获得办公、社交、创意交流与孵化、休闲娱乐、文化艺术、体育健身等服务模块。因此,这既是一个创业生态系统,也是一个终身学习系统,可以让青年创业家轻松实现简单、高效、快捷的创业,快速迭代升级自身所需的各类创业知识与技能。

三是开展主题实践活动。主题实践活动是指围绕特定主题所开展的,有计划、有组织的旨在提高思想认识、掌握技能技术、增加知识经验的学习教育实践活动。主题实践活动可以应用于多个领域,如政治学习、团队合作、防灾救灾、人身安全、家庭育儿、医疗保健、体育运动等。主题实践活动通常不拘形式、灵活安排,可以组织参观考察、交流研讨、实践体验等方式开展。主题实践活动所涉

第六章 教育促进全体人民共同富裕的制度供给

及的物品、场所、人员、知识手册等可以预先置备,以应对不同学员的多次学习和实践需求。主题实践活动可以在主题公园、主题场馆、实践基地开展,也可以在综合性的主题实践基地开展,以满足不同主题活动的需求。主题实践活动在终身学习领域,特别是在技能技术学习领域很有应用前景。

专栏 6-15

家庭教育创新实践基地

2023年,河南省平顶山市卫东区鹰城书苑聚星驿站"家教创新实践基地"获得全国新时代"终身学习品牌项目"的荣誉称号。依托"家教创新实践基地"平台,卫东区提升公益阅读空间、营造书香氛围,积极探索"家校社共育"、线上线下结合的全民终身学习服务体系,着力打造聚星读书会、故事会、阅读指导、父母课堂、儿童剧场、社会实践、家庭教育讲座、心理健康讲座、社区研学、教育基地游学等特色项目。

2023年,卫东区全民终身学习活动周的开幕,加快推进了学习型社会建设,促进全民终身学习的深入发展,设置了丰富多彩的线上线下学习活动,持续推动各项学习服务进学校、进社区、进乡村,谱写出全民终身学习的崭新篇章。

在家教创新实践基地布展的"终身学习筑未来,绘出美好新时代"美术成果展上,来自五条路小学、行知小学、上徐小学、卫东区实验小学、明珠世纪小学、东湖小学、东环路小学、建东小学、五一路小学、雷锋小学、豫基实验小学、翠林蓝湾小学、高新区第二小学的上百件优秀美术作品汇集京剧脸谱、唐三彩、兵马俑、团扇等元素,引导广大少年儿童以自己的视角,通过扎染、版画、剪纸、书法、泥塑、沥粉画等艺术表现形式,勾勒出伟大祖国的美丽文化风景,彰显了新时代书香少年风采。鹰城书苑聚星驿站家教创新实践基地的"文化精品＋融媒宣传"模式助力家校

> 社协同发展,呈现出多项成果与优异成绩,持续向孩子以及父母们传递终身学习的理念,受到家长们的高度认可。

4. 推动产教深度融合的继续教育

继续教育是推动生产性技能技术学习的途径,是广义终身教育体系的重要组成部分。继续教育在干部队伍、教师队伍、企业管理人员、高新技术专业人员等主要行业人员的发展上发挥着重要作用。在促进全体人民共同富裕的道路上,继续教育要以推动产教深度融合为方向,促进产业人才更新知识、提高技能,推动他们成为具有创新精神、实践能力的共同富裕实践主体。

一是推动大学、企业、科研机构建立继续教育联盟,充分发挥企业、大学、科研机构的各自优势,开展合作型的继续教育。实现继续教育人才培育模式的改革和创新,重点是要推动技术成果转化和知识传播,将新工艺、新技术、新成果迅速转化为继续教育的课程与教材,采取任务驱动、模块组合、项目导向、模拟实践等多种教学模式,结合产品研发、技术攻关、岗位需求来开展继续教育。要促进继续教育师资的流动,让企业大学的培训教师可以在高校任教,参与学校的专业建设与课程建设,在企业和大学之间实行专业人员的交流互派,合作借鉴,共同提高。

二是面向产业集群发展继续教育,将继续教育服务产业发展、产业创新、产业升级、产业扩张作为重要方向。发挥制造业创新中心、产业创新中心、技术创新中心等各类平台的聚合效应,建立平台型继续教育中心,促进生产企业、服务企业、供应商和相关机构(大学、科研机构、行业协会)共同围绕重大产业需求开展联合教学。发挥高校基础研究和应用基础研究的优势,促进企业联合高校开展产学研协同创新。

三是引导和扶持企业大学或员工培训中心作为继续教育的重要支点。在开展员工培训与发展之外,企业大学可以根据客户的需求,为客户、供应商、合作伙伴提供完整的解决方案。鼓励有专门技能和实践经验的专业人员进入企业大学任教,创建以自主技术与知识为内容的职业培训教材,明确专职培训人员的资格、业绩考核与相关待遇,对企业投入企业大学的经费予以税收优惠,设立专项经费支持企业培训机构。

(二)构建服务乡村振兴的终身学习体系

广大农村是终身教育覆盖少、资源投入少、教育质量薄弱的区域。2017年12月29日,中央农村工作会议提出走中国特色社会主义乡村振兴的道路,让农业成为有奔头的产业,让农民成为有吸引力的职业,让农村成为安居乐业的美丽家园。2021年4月29日,中共十三届全国人大常委会第二十八次会议表决通过《中华人民共和国乡村振兴促进法》。实施乡村振兴战略是党中央、国务院在打赢脱贫攻坚战之后,对农业农村工作的又一重大战略部署。实施乡村振兴战略是实现全体人民共同富裕的必然选择,实现全体人民共同富裕必须包含广大农民的富裕。农村居住人口、第一产业就业人口和乡村就业人口是我国推进全体人民共同富裕需要重点关注的人群。当前,实施乡村振兴战略必须持续为农民赋能,培养农民的乡村振兴能力。根据《中华人民共和国2022年国民经济和社会发展统计公报》,2022年年末,我国乡村常住人口为4.91亿人。根据《中国统计年鉴(2022)》提供的数据,2021年,我国第一产业的从业人员为1.71亿人,在乡村就业人口为2.79亿人。实施乡村振兴战略,必须充分发挥终身教育在其中的重要作用。2022年5月,中共中央办公厅、国务院办公厅印发《乡村建设行动实施方案》,其中的众多内容都有终身教育可以发挥作用的地方。服务乡村振兴的农民终身学习体系,可以从以下途径加以实施。

一是培育各类技术技能和服务管理人员。具体措施包括:通过终身教育体系开展乡村专业技术人员、乡村工匠的培养,鼓励企业、科研机构等开展乡村建设领域新技术新产品的研发,提高农民对乡村基础设施和基本公共服务设施的建设、运维、监管、服务的水平。

二是提高农民的健康、卫生、生态环境的知识水平。通过终身教育开展健康生活、健康饮食、体育锻炼、正确用药、环境保护等方面的教育,服务于农民对健康生活、品质生活的追求,是快速提高农民生活品质的一条重要途径。农民在摆脱贫困、逐步迈向富裕生活之后,急需与现代生活相匹配的生活技能技术方面的教育。

三是提高农民参与乡村建设水平。在推进村民自治工作中,为了充分发挥村民委员会、村务监督委员会的作用,我们应坚持和完善"四议两公开"的制度,对农民参与村民会议、村民代表会议、村民议事会、村民理事会、村民监事会等进行培训,引导农民参与乡村建设,发挥农民主体作用,提高农民的法治意识、规则意识、权利意识。

四是深入推进农村精神文明建设。具体措施包括:为农民开展习近平新时代中国特色社会主义思想学习教育,广泛开展中国特色社会主义和中国梦宣传教育,开展社会主义核心价值观教育;广泛开展文明实践志愿服务教育,持续推进对传统优秀文化、非遗文化的继承和发扬,对村民开展移风易俗、反对封建迷信等不良风气的教育,以及防止非法宗教势力渗透、提高政治辨别力的教育。其他像防止电信诈骗、金融诈骗、辨识伪劣商品、预防欺骗性合同以及防止消费陷阱、传销、网络赌博等方面的教育工作,也可以借助乡村终身教育加以落实。

专栏 6-16

浙江省平湖市"长者学堂"

2020年,浙江省平湖市社区学院的"'长者学堂'进农村文化礼堂项目"荣获当年浙江省"终身学习品牌项目"。

据悉,"长者学堂"公益项目是平湖社区学院与市志愿者协

> 会合作开展的公益项目。该项目以老年教育为主要内容,利用全市社区教育的三级组织网络,遵照"统筹规划、阵地(农村文化礼堂)共享、资源共享、品牌共创"的实施方法,联合市志愿者协会优秀的师资和资源,通过高质量"长者学堂"项目管理运作,提供"菜单式"和专业化的教学服务,2019年全年开展培训242场,直接服务老年学员8 998人。
>
> "长者学堂"进农村文化礼堂项目的有效实施,提高了农村老年人的生命质量,助推积极老龄化进程,促进老年教育和农村文化礼堂的协同发展,提升了全市文化礼堂"用"的热度与"育"的深度,服务美丽乡村建设和乡村振兴战略。

五是深入开展家庭教育指导。《中华人民共和国家庭教育促进法》颁布后,该法为促进未成年人健康成长、普及科学的家庭教育提供了法律依据。我国乡村家庭教育整体上与城市家庭教育存在较大差距,乡村家庭教育指导服务的范围和质量也大大弱于城市。乡村居民在育儿理念、成才观、亲子关系、未成年人心理健康教育、父母或监护人法律义务,以及传承家庭美德、构建和睦家庭关系等方面都需要得到科学指导。为此,通过终身教育体系开展家庭教育指导十分必要。

为了充分开发农村的人力资源,除了需要依托职业教育体系培养现代化农业从业人员,构建乡村终身教育体系也是一项重要的任务。构建乡村终身教育体系重在实现经常性、制度化、有保障的终身教育体系。所谓经常性,是指乡村居民可以就近得到日常提供的各类终身教育服务。所谓制度化,是指乡村终身教育机构网点有专人负责日常的运转维护,相关活动有规可循。所谓有保障,是指乡村终身教育体系能够得到政府提供的必要的人力、物力和财力等资源支持,有相应的政策引导和制度规范。

鉴于我国农村人口居住分散、交通不便,乡村终身教育要与乡村改造、新型城镇化建设结合起来。以行政村为单位,在人口相对聚集区域建设终身教育网点(农村成人教育中心),针对行政村的所有成员开展各类教育。在政府统筹协调下,动员社会各方面的力量,包括教育部门(党校、行政学校、各级正规学校)、政府机关、妇联、文化馆(站)、图书馆(站)、科技馆(站)、青少年宫(中心)、敬老院、老年大学、社区学校、社区文化中心(站)等,都要以常规服务为主,以志愿服务为辅,参与构建全民终身学习的服务体系,为网点覆盖区域内的乡村居民提供经常性的、制度化的教育服务。终身教育服务可以与文化、科技、卫生"三下乡"等支农活动结合起来,结合农民的实际需求开展各类教育服务。

(三)重视学习型社区建设新支点的打造

从20世纪80年代以来,我国经济较为发达的沿海地区和中部地区率先建立了社区教育机构。40多年来,社区教育已经成为我国终身教育体系和学习型城市建设的重要载体。2016年,教育部、民政部等九部门联合印发《关于进一步推进社区教育发展的意见》,指出要"以促进全民终身学习、形成学习型社会为目标,以提高国民思想道德素质、科学文化素质、健康素质和职业技能为宗旨,以建立健全社区教育制度为着力点,统筹发展城乡社区教育,加强基础能力建设,整合各类教育资源"。根据教育部职业教育与成人教育司提供的信息,到2022年5月,我国已有国家级社区教育实验区129个、示范区120个[①],但远未完成设定的目标。特别是农村地区的国家级社区教育示范区和试验区数量严重不足,要实现社区教育的县(市、区)全覆盖更是任重道远。全国大部分地区,特别是中、西部地区,社区教育机构在数量上无法满足人民群众日益增长的教育需求。总体来说,社区教育发展的关键是解决资源投放问题。本书建议从以下途径强化制度供给,扩大教育资源的投入,发挥社区教育的"新支点"作用。

---

① "教育这十年""1+1"系列发布会:介绍党的十八大以来职业教育改革发展成就[EB/OL].(2022-05-25)[2023-07-13]. http://www.shequ.edu.cn/zxllm/xwzx/fd0a5736809d4897895956ea8d96fbba.htm.

第六章 教育促进全体人民共同富裕的制度供给

1. 依靠数字化建设新型社区教育

在全体人民共同富裕的背景下,建设学习型社区的重要方向就是推进教育数字化。进入新时代,发展我国社区教育需要把握新的时代特征。中共二十大报告提出,"推进教育数字化,建设全民终身学习的学习型社会、学习型大国"。由此可见,教育数字化是学习型社会建设的重要方向。2021年3月13日发布的《中华人民共和国国民经济和社会发展第十四个五年规划和2035年远景目标纲要》提出:"推进智慧社区建设,依托社区数字化平台和线下社区服务机构,建设便民惠民智慧服务圈,提供线上线下融合的社区生活服务、社区治理及公共服务、智能小区等服务。丰富数字生活体验,发展数字家庭。加强全民数字技能教育和培训,普及提升公民数字素养。"其对构筑美好数字生活新图景的描述指出了建设现代化社区的主要方向,其中涵盖了打造数字化教育服务的内容。在信息化、智能化的时代,社区教育的实现形式也应该随之变化。提供数字化教育服务可以在某种程度上减轻师资配备、课程设置等方面的不足,为广大农村地区、偏远地区开展社区教育提供便利。

2. 构建全社会共同参与的社区教育投资体制

社区教育是社区的共同事务。第七届国际社区教育大会的大会宣言指出:"没有社区的建设就没有社会的发展;良好的社区教育能够加强社区建设;社区教育能使社会持续发展。社区教育、社区建设和社会发展是一个循环促进的发展系统,社区教育的发展不能脱离社区建设和社会发展孤立看待。"因此,社区教育的发展需要社区成员共同参与。在教育资金的投入方面,社区应该建立相应的公益慈善机制。这个机制在初期运行的时候未必能够解决社区教育的经费投入问题,但是,尝试新的机制有可能为社区教育带来新的变量。有学者建议,建立志愿者服务储蓄制度,多方位形成社区教育服务合力。[①] 其主要设想是将志愿者服务时间储蓄起

---

① 冯佳佳.我国社区教育教师队伍建设现状与展望:以上海市为例[J].成人教育,2017(7):24-28.

来,等到志愿者需要帮助时再予以兑现。学术群体还可以将其服务时间折算成学分并纳入他们的总学分中。另外,与国外的社区基金会相比,我国社区居民通过慈善活动参与社区教育的数量还远远不够。先组建社区基金会,再由基金会扶持社区教育发展,是一条值得尝试的路径。

3. 推动社区教育向乡镇、街道覆盖

社区教育的灵魂在于贴近群众,在居民区周边就近开展,方便居民就近获取。在走向共同富裕的道路上,哪里有人群聚集,哪里就应该有社区教育。从实践角度看,人群密集程度越高,开展社区教育就越方便。所以,人口密度较高的城市区域,社区教育可以较为方便地做到覆盖,但是其对广大农村地区、偏远地区、山区、牧区、海岛,社区教育的覆盖能力就大幅度下降。根据《中国统计年鉴(2022)》,到 2021 年年底,我国有乡镇级区划数 38 558 个,其中镇有 21 322 个,乡有 8 309 个,街道有 8 925 个(乡镇级区划总数包含河北省、新疆维吾尔自治区的各一个区公所)。由此可见,提高社区教育覆盖面的任务十分艰巨。我国社区教育要走向对乡镇、街道的覆盖,目前较为可行的办法是在县级设立社区教育资源中心,在乡镇(街道)层面组织实施社区教育,利用村(社区)教学站点向居民提供教育服务。为此,我们需要完善社区教育的三级服务网络,加快社区教育资源的课程资源库建设,大量培训驻村(社区)的社区教育专职和兼职服务人员。

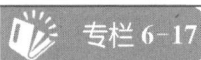

上海市民终身学习体验基地

上海市教委联合文化、科技、宣传、民政以及企事业单位共同打造的十大"上海市民终身学习体验基地"下设 130 个体验店和 1 000 个以上的体验学习项目,把各类社会资源打造成市民学习资源,每年有 200 多万市民在这里体验丰富的学习活动,大大

第六章 教育促进全体人民共同富裕的制度供给

拓展了市民的终身学习机会,开阔了市民的眼界。为了让市民更好地了解和传承城市文脉和城市精神,进一步发掘城市的历史文化内涵,创新尝试文化,上海在全市启动了市民终身学习"人文行走"项目,构建了富有特色的30条行走路线,以及由270个学习点构成的较为完整的学习支持服务体系,仅2018年就吸引了50多万市民的积极参与。

资料来源:上海终身教育研究院.2019—2020上海终身教育发展报告[M].上海:华东师范大学出版社,2021.

4. 设置适应多样化需求的社区教育课程

社区教育的课程设置要服务于离开学校的成人,要为成年人或需要接受教育的人提供继续学习的场所与机会。因此,社区教育的课程设置应该体现以人为本,实现多样化。课程设置要以促进社区文化建设、提高社区凝聚力为目标,为社区不同人群,如老年人、妇女、未成年人提供有针对性的课程。社区教育的授课时间可以灵活设置,教授课程的教师可以为高校、当地中小学、博物馆、文化馆等教育文化机构的人员。

专栏 6-18

"智慧助老"优质课程

2022年,在全国各省级教育行政部门推荐的基础上,经专家综合评议,教育部公布了首批"智慧助老"优质工作案例(38个)、优质教育培训项目(65个)、优质课程资源(64门)名单。

在"智慧助老"优质课程资源名单中,北京市夕阳再晨社会工作服务中心的"夕阳再晨云课堂"、天津市西青区社区教育指导中心的"智能手机智慧生活——中老年人手机课堂"、天津开放大学老年大学的"老年人摄影"、河北女子职业技术学院的"老年健康照护技术"、沈阳开放大学的"电脑无师通"、上海开放大学的"数字生活应用"、浙江台州老年开放大学的"'智慧助老'读

> 本"、杭州市上城区社区学院的"微信常聊常亲"、山东淄博职业技术学院的"老年人快递语音服务指引"等课程在列。这些课程为老年人丰富闲暇时光、增添生活趣味、适应智能技术时代提供了及时的帮助和指导。

（四）完善满足多样化需求的老年教育制度体系

在终身教育体系中，老年大学以服务退休之后的老年人为目的，老年人接受各种形式的教育是落实国家"老有所学"政策导向的重要基础。根据国家卫生健康委、全国老龄办发布的《2021年度国家老龄事业发展公报》，截至2021年年末，全国60周岁及以上老年人口为2.67亿人，占总人口的18.9%；全国65周岁及以上的老年人口为2.01亿人，占总人口的14.2%。随着我国人口老龄化程度的提高，从医疗、卫生、教育等诸多领域开展老年服务是国家的重要政策。但是在实践中，我国老年教育远远不能满足老龄人口的迫切需求。其关键原因之一是对老年教育重视不够，认识不到发展老年教育的必要性。随着我国人民生活质量的提升，接受教育越来越成为老年人提高生活质量、过好晚年生活的需求之一。发展老年教育既是积极应对人口老龄化的重要举措，也是建设共同富裕社会的一项基本要求。其中，老年大学是老年教育中最具有代表性的途径和方式，不仅为老年人接受高质量教育服务提供了合适的场所，也为老年人提供了寻找志同道合者、开展有意义的社交提供了场所。为此，本书提出以下建议。

第一，推动老年大学数量跃上新台阶。到2025年，我国60岁以上老年人口将突破3亿人，到2033年将突破4亿人，2035年前后我国进入重度老龄化的阶段。随着老龄人口教育需求的快速增长，我国应加快发展老年大学，使其数量在现有基础上再翻番。《国家积极应对人口老龄化中长期规划》提出，要创新发展老年教育，实施发展老年大学行动计划，到2022年全国县级以上城市至少建有1所老年大学。人们对老年教育需求的增长，不仅有人口数量方面的原因,也与该群体接受过的教育有关,越是接受过教育的人口越是希望过上充实而幸福的晚年生活,而进入老年大学就是一个重要的选择。

第二,鼓励社会力量举办老年大学。老年教育在成本上具有多方负担的特点,并不一定全部由政府承担。因此,本书建议建立以政府为主导,鼓励民间社会团体或机构举办老年大学,形成社会各界共同参与的老年大学办学格局。例如,借助社团组织、行业协会、福利机构、文化机构、企业等社会主体的力量举办老年大学;利用闲置的中小学校舍资源、社区公共建筑、改造过的企业厂房、养老服务机构创办社区老年大学或行业老年大学。政府除了加大对老年大学的投入,也可以与老年养老、旅游、保健、金融等"银发经济"相结合,开展多种形式的老年教育。

第三,提高老年大学教育质量。从"积极老龄化"的理念出发,重新认识老年人的社会角色价值及其生命意义,为老年人创造"再社会化"的条件,让老年人的晚年生活过得更有意义。为此,老年大学课程设计和选择要进一步加强实用技能、科学技术、人文社科、运动健身、社会交际类课程,帮助老年人跟上时代和科技进步的步伐。老年教育可以积极开发老年人力资源,注意挖掘老年人所具有的品德、经验、技能和智慧,发挥老年人才服务社会、发挥余热的作用;还可以结合老年人丰富的人生经验和工作经验,适应老年人思考人生、反思社会的需要,开展带有研究性质的老年教育课程,帮助老年人挖掘人生经验,提炼人生智慧。

专栏 6-19

开放大学与广播电视台联合共建"老年学堂"

"2023年全国新时代终身学习品牌项目"评选结果近日揭晓,广州开放大学与广州市广播电视台联合共建的"广州老年学堂"项目被评选为"2023年全国新时代特别受百姓喜爱的终身学习品牌"项目。"广州老年学堂"是全国16个获此荣誉的项目之一,也是广东省唯一入选的品牌项目。广州开放大学与广州市广播电视台跨界合作,共建"广州老年学堂"全媒体矩阵项目,通过创新"老年教育+新媒体"跨界合作模式开辟教学传播新途径,成为国内领先的老年教育新媒体传播平台。

广州开放大学校长熊军介绍说:"一方面发挥我们在传统教育教学内容方面的优势,另一方面就是挖掘广州市广播电视台在现代媒体传播方面的优势,两项结合就希望做到1+1>2。经过几年时间的证明,我们这种选择取得了非常好的成效,我们做到了较高的价值追求,在全国具有相当好的示范效应。"广州市广播电视台对广州开放大学老年教育资源进行重新整合,通过"广州老年学堂"视频号的二次传播,让老年教育的普惠性得到更大的延伸。"广州老年学堂"的内容统筹、编导林楠说:"广州老年学堂的内容结合时事,涵盖的课程内容也是包罗万象,比如防诈骗、乐器教学、收纳物品等内容,这些内容让老人家真正能在生活中用到。从老年群体的核心学习诉求出发,结合网络传播这种生动有趣的表现方式,老年人的接受度更高。通过动画演绎、主持人演绎,还有情景剧演绎等多种方式打造的产品内容,让老人家能够清晰明了地了解自己想要了解的内容,并且每一个短视频仅1分钟左右的时间,老人家用非常简短的时间就能够抓取到需要用到的信息。"

第七章

教育促进共同富裕政策实践的评价与实施

党和国家在谋划和推进共同富裕的实践中,对考核评价工作予以高度重视。针对分阶段推进共同富裕的实际,中共中央提出,要抓紧制定促进共同富裕行动纲要,提出科学可行、符合国情的指标体系和考核评估办法。对于教育领域,各级各类教育促进共同富裕的作用定位存在差异,政策着力点各有不同,相关主体需要在政策制度实施中发挥好评价的作用,尤其是其动态监测和反馈调控功能。这既需要各级政府之间协同推进,也需要各类专业机构和社会组织的参与。尤其是反馈调控功能的发挥,将增强各级政府的主体作用,促进政府和相关主体的协同,为共同富裕推进提供另一种力量,使相关政策和制度产生更好的促进效果。

第一节
教育促进共同富裕评价的功能及相关研究状况

教育促进全体人民共同富裕评价指标的设计和实施面临着复杂的情境。实践中，对于教育促进共同富裕的评价，我们应确立科学而有效的目标，重视发挥其调控优化推进实践的作用。

一、教育促进共同富裕评价的主要功能

党和国家在谋划和组织推进共同富裕的实践中，对考核评价予以高度重视。目前，浙江等地对共同富裕实现程度的评价作了部署，其中涉及对教育贡献的评价。但是，针对教育促进共同富裕的考核评价指标和实施办法，理论和实践方面的探索总体上还比较欠缺。一方面，"全体人民共同富裕"是一个总体目标，从人群、地区的实现程度上"有高有低"，实现时间上"有先有后"，这对评价标准的分类、分地区设置提出了挑战；另一方面，各级各类教育对推进共同富裕的作用和贡献仍在研究探索的过程中，其中的作用机制尚未被完全把握。

鉴于我国共同富裕所处的总体水平以及最初设定的研究目标，本书对教育促进共同富裕的评价优先立足于其对政策制定、制度供给行动的指导价值。按照引导行为、改进实践的目的，教育促进共同富裕评价的重点是其引导、反馈调控和必要的鉴定功能的发挥。

1. 引导功能

引导功能是教育促进共同富裕评价的首要功能，我们应将教育对共同富裕目标实现的可预期影响转化为评价指标的实现。具体表现为：通过开发反映各参与主体行为的评价指标，对相关类型（阶段）教育促进共同富裕政策的实践行为加以引导。由于评价指

标是事先公开的,各方主体可以在实施相关政策过程中将指标作为一种实践行动参照,尽管指标不具有行政强制性,但是它们对政府部门、公共教育机构以及社会、市场主体更好地领会政策意图、明确政策实施重点,具有重要的指导作用。也就是说,我们可以通过对阶段性目标达成度的持续评价促进教育可预期作用的发挥。

2. 鉴定功能

在重点发挥引导功能的基础上,教育促进共同富裕的评价还应具有必要的鉴定功能,即通过使用必要的定量指标对促进共同富裕目标实现的成效进行衡量。需要指出的是,这种鉴定的结果主要用于对各方主体政策实践行为加以调控。在特定条件下,为进一步提高各主体的自身努力程度,上级政府也可以将鉴定结果作为对下级政府和职能部门行为的奖惩依据。针对推进教育基本公共服务均等化这一核心政策举措,相关部门应在考虑其动态发展性的同时,发挥必不可少的鉴定作用,对目标达成度较好的地区给予积极反馈和激励。需要指出的是,由于各地经济社会基础和教育发展水平的差异,地方政府在制定评价指标时,应依据国家设定的基本标准进行创新,使评价指标更加适应本地区教育发展的实际。

3. 反馈调控功能

评价的作用不仅限于引导和鉴定,更重要的作用是如何引导政策实践各方主体主动改进自身的行为,因此,反馈调控功能是对教育促进共同富裕评价的最主要的一项功能。但是需要指出,反馈调控功能是在引导功能发挥的前提下实现的,同时对政策实施效果的鉴定结果为发挥反馈调控功能提供了条件。

二、当前共同富裕评价标准研究的启示

(一) 共同富裕标准评价的发展

在共同富裕的评价研究中,评价指标与共同富裕的表现特征联系在一起,是对其基本特征转化后的表述形式。有学者按评价指标反映的特征,将共同富裕划分为社会整体进入富裕社会、

教育促进共同富裕的理论探究与政策实践

全体人民都富裕、全面富裕、消除了两极分化但存在合理差距的普遍富裕①。作为一种更简明的表征,较多学者从富裕程度、共享程度两个维度对我国的共同富裕程度进行总体评价。对于富裕程度,刘培林等提出用四个方面指标度量②:一是人均国民收入绝对水平和相对于发达国家的水平;二是人均财富保有量水平和相对于发达国家的水平;三是人均物质财富保有量水平和相对于发达国家的水平;四是全员劳动生产率水平和相对于发达国家的水平。对于共享程度,目前研究并没有提出明确、公认的定量指标。李实提出,针对2035年目标,分别使用"收入差距明显缩小""财产差距有所缩小""基本实现基本公共服务均等化"等指标对收入、财产、基本公共服务的共享程度进行评价③。

鉴于国内外对共同富裕、共享繁荣等主题相关评估指标体系的发展和分析主题的不断丰富,国内学者陈丽君等从发展性、共享性和可持续性三个维度对代表性指标体系进行了梳理,对相关维度代表性指标的关键内容和价值启示进行了归纳(表7-1)。这些指标体系对教育促进共同富裕的评价指标研究,尤其是如何以指标反映特定的价值,具有重要借鉴价值。

表7-1 共同富裕评价指标研究内容及借鉴

研究维度	发展性	共享性	可持续性
代表性评价指标体系	基尼系数,世界银行"共享繁荣溢价"指标	牛津大学"多维贫困指数",联合国开发计划署"人类发展指数"	中国人民大学"财政发展指数",北京大学"PPP指数",平安浙江指数
关键内容	满足个体、家庭基本生存需要	分配正义,结果导向	多主体参与,经济、治理、环境可持续

---

① 李军鹏.共同富裕:概念辨析、百年探索与现代化目标[J].改革,2021(10):12-21.
② 刘培林,钱滔,黄先海,等.共同富裕的内涵、实现路径与测度方法[J].管理世界,2021,37(8):117-127.
③ 李实.共同富裕的目标和实现路径选择[J].经济研究,2021,56(11):4-13.

第七章 教育促进共同富裕政策实践的评价与实施

（续表）

研究维度	发展性	共享性	可持续性
借鉴启示	提高收入和财富水平，承认共享成果的差异性，缩小收入分配差距	共享范围的全面性和共享主体的全民性	以人为中心，共建共享

资料来源：陈丽君,郁建兴,徐铱娜.共同富裕指数模型的构建[J].治理研究,2021,37(4):5-16.

近年来，关于共同富裕评价的重要研究进展是对相关指数的研究以及对其功能的探索，主要代表性成果是席恒等构建的区域"共同富裕指数"，即通过富裕维度和共同维度叠加形成均衡状态的程度，用以客观评价不同地区推进共同富裕的基本状况[①]。该指数可以揭示特定地区民众的富裕程度（相对于最高地区的收入程度）与共同程度（收入分配的均等化程度）的相对一致性水平。实践中，当该均等化程度与富裕程度接近一致或趋于均衡时，表明该地区的共同富裕的程度越高。

当前关于共同富裕评价内容的研究中，教育受到了高度重视，而且并不仅是在传统意义上将教育机会和资源获得作为共同富裕成果的内容，如针对教育领域公共服务选用小学生人均教育经费支出反映各地区的教育资源配置情况[②]。相反，有较多研究将教育作为共同富裕实践的条件和手段予以认识，因此与教育相关的指标在共同富裕评价指标中发挥着更加全面的检验功能。钞小静、任保平从收入与财产、发展能力和民生福祉三个维度构建指标来测度新发展阶段全体人民共同富裕的程度，其中，发展能力维度包括人均健康预期寿命、劳动年龄人口平均受教育年限和中等收入群体占总人口比重3个指标。其中，"劳动年龄人口平均受教育年限"指标可以充分反映出受教育的平均水平，衡量教育资源的可及

---

① 席恒,王睿,祝毅,等.共同富裕指数:中国现状与推进路径[J].海南大学学报（人文社会科学版）,2022,40(5):45-57.
② 李金昌,余卫.共同富裕统计监测评价探讨[J].统计研究,2022,39(2):3-17.

性与社会成员向更高收入阶层流动的可能性①。

目前,尽管不同学者都对新发展阶段教育促进共同富裕的作用进行了研究,成果数量短期内实现了爆发式增长,但总体而言,教育领域的高校和智库目前开展较多的是理论探讨和对策研究,对于教育促进共同富裕在微观实践层面的行为选择和相关成效的评价研究关注还不够。因此,对于教育与共同富裕的关系研究,存在思想、理论、见识等理性维度向政策、规划、评价等实践维度转化的"梗阻"现象。这也反映了当前教育促进共同富裕的实践研究还滞留于起步阶段,相关研究成果不仅数量较少而且偏重于宏观层面,对于县级以上各级地方政府的政策实践缺乏指导价值。

(二) 当前共同富裕总体水平评价及其参照意义

从全球范围看,我国的富裕程度不高,主要经济和社会发展指标处于全球中游水平。2019 年,中国人均 GDP 在 197 个国家和经济体中排名为第 81 位,不属于全球最富的、人均收入最高的 40% 的国家②。依据《2021 年国民经济和社会发展统计公报》和国家统计局公布的各省 2015—2020 年的数据,2021 年全国居民人均可支配收入为 35 128 元,其中城镇居民人均可支配收入为 47 412 元,农村居民为 18 931 元。2013—2018 年,在人均国民总收入增加的同时,我国居民食品消费支出呈下降趋势。城镇居民恩格尔系数从 30.1% 下降到 27.7%,下降了 2.4 个百分点;农村恩格尔系数从 34.1% 下降到 30.1%,下降了 4.0 个百分点③。当前,我国共同富裕的总体水平表现为以下特征。

---

① 钞小静,任保平. 新发展阶段共同富裕理论内涵及评价指标体系构建[J]. 财经问题研究,2022(7):3-11.
② 李实. 共同富裕的目标和实现路径选择[J]. 经济研究,2021,56(11):4-13.
③ 李晓超. 经济总量迈上新台阶,人民生活水平持续提高[EB/OL]. (2022-01-10)[2023-05-25]. http://finance.people.com.cn/n1/2020/0110/c1004-31542979.html#:~:text=%E6%A0%B9%E6%8D%AE%E7%AC%AC%E5%9B%9B%E6%AC%A1%E5%85%A8%E5%9B%BD%E7%BB%8F%E6%B5%8E%E6%99%AE%AE.

第七章　教育促进共同富裕政策实践的评价与实施

一是居民可支配收入区域、城乡、群体间差距仍然较大。根据国家统计局已公布的2020年各省数据,各省居民人均可支配收入、城镇居民可支配收入、农村居民可支配收入等表现出以下趋势。

其一,"十三五"期间各省居民可支配收入增长速度存在差异。"十三五"末的2020年与"十二五"末的2015年相比,人均居民可支配收入增长超过50%的省份有11个,由高到低依次为西藏自治区(77.44%)、贵州省(59.12%)、四川省(54.01%)、重庆市(53.28%)、安徽省(53.04%)、云南省(53.03%)、湖南省(52.09%)、青海省(52.01%)、江西省(51.96%)、甘肃省(51.00%)、陕西省(50.77%);人均居民可支配收入增长低于40%的省份有4个,由高到低依次为湖北省(39.22%)、吉林省(37.82%)、黑龙江省(33.93%)、辽宁省(33.21%)。

其二,各省城乡居民可支配收入存在不同程度的差异。2020年的数据表明,城乡居民人均可支配收入比超过2.50的有12个省份,分别为甘肃省(3.27)、贵州省(3.10)、云南省(2.92)、青海省(2.88)、陕西省(2.84)、西藏自治区(2.82)、宁夏回族自治区(2.57)、湖南省(2.51)、北京市(2.51)、山西省(2.51)、内蒙古自治区(2.50)、广东省(2.50);低于2.0的有3个省份,分别为浙江省(1.96)、黑龙江省(1.92)、天津市(1.86)。

其三,不同收入水平群体间的可支配收入差距较大。按全国居民五等份收入分组[①],不同收入组之间在可支配收入上还存在较大差距。具体为,低收入组人均可支配收入为8333元,中间偏下收入组为18446元,中间收入组为29053元,中间偏上收入组为44949元,高收入组为85836元。

二是共享程度或推进富裕目标的共同程度不高。数据表

---

① 根据《2021年国民经济和社会发展统计公报》,全国居民五等份收入分组是指将所有调查户按人均收入水平从低到高顺序排列,平均分为五个等份,处于最低20%的收入家庭为低收入组,依此类推依次为中间偏下收入组、中间收入组、中间偏上收入组、高收入组。

明,我国的共享程度不高,存在着较为严重的发展不平衡的问题[1],主要表现在:居民收入差距过大,财产差距过大,我国居民财产差距的基尼系数在21世纪初大概是0.5,现在上升到0.7左右;基本公共服务均等化水平不高,目前我国基本实现了"均等的可及性",但"均等的水平和质量"远没有达到预期的目标。

三是中等收入群体的比重较低。根据国家统计局中等收入人群的划分标准,2018年中等收入群体所占的比重大约为28%,最近几年增加至30%左右。另有研究表明,2019年我国只有约1/3(33.9%)的成年人口家庭人均年收入达到中等收入水平,远远低于发达国家的相应比例;同时,相对贫困的问题仍然存在,还有1/7的成年人口(14.3%)属于经济困难群体;我国低收入群体十分庞大,大约半数成年人口(50.3%)还处于低收入状态。由于中等收入群体规模和内部结构的地区差异明显等多种表现,我国中等收入群体发展水平处于初级阶段[2]。

从上述指标的表现可以判断,当前我国的共同富裕总体水平仍有较大的提升空间。更加需要关注的是,从收入水平这一基础指标看,我国共同富裕在地区之间、城乡之间、群体之间还存在着较大差异,这是因地制宜设计开发教育促进共同富裕评价指标需要正视的现实。开展对教育促进共同富裕作用的评价,有关机构应从地区、城乡、群体等不同维度确定评价的重点内容,以使评价的引导调控作用得到充分发挥。

---

[1] 李实.共同富裕的目标和实现路径选择[J].经济研究,2021,56(11):4-13.
[2] 李春玲.迈向共同富裕阶段:我国中等收入群体成长和政策设计[J].北京工业大学学报(社会科学版),2022,22(2):38-48.

第七章　教育促进共同富裕政策实践的评价与实施

✦ 第二节 ✦
教育促进共同富裕实践评价指标的设计与实施

教育促进共同富裕需要政府、市场、社会等多方主体参与,同时各主体在实践中同时使用教育、财政、社会等多种手段工具,因此教育促进共同富裕的实践存在着复杂的作用机制。本研究主要着眼于教育在引导地方政府政策制定,以及在引导社会、市场参与方面的影响程度和实际效果。

一、教育促进共同富裕评价指标设计的思路

依据研究计划,本书以引导行为、改进实践为主要目的,立足重点发挥教育促进共同富裕评价的引导、反馈、调控功能,确定了如下指标设计思路。

一是确定评价内容的基本维度,形成一级指标。评价指标的重点包括两个方面内容:一是对主要教育领域促进共同富裕政策实践的评价;二是对教育促进共同富裕实际成效的评价。

二是对两大维度评价内容进行分解,形成二级指标。由于二级指标在内容和功能上存在差异,下面我们分别采用不同的分解思路。

对于政策实践的评价,鉴于教育促进共同富裕是政府和公共教育机构、社会组织、企业等主体共同参与的一项实践,本书拟以主导或参与促进共同富裕实践的三类主体作为指标分解的依据,形成相应的二级指标体系。同时,本书将教育划分为基础教育、职业教育、高等教育和终身教育四个主要领域,依据各主体针对该级该类教育的具体责任对各二级指标进行组合。

对于实施成效的评价,通常研究是以对各级各类教育进行

罗列的方式呈现。鉴于之前已经对教育促进共同富裕的作用方式进行了研究和区分，我们在指标设计中将实施效果的评价细分为对基本权利实现的作用、对知识能力提升的作用、对精神需求满足的作用、对劳动权利保障的作用进行评价，由此形成四个二级指标。

三是本书在对"政策影响"的分析过程中将"政策类型"作为主要的分析依据，即不论对政策实践还是实施效果的评价，均可以从教育政策、财政政策、社会政策等三个维度上进行设计。在三级指标细化过程中，我们先确定该项内容属于哪种政策类型，然后依据其类型的要求确定相应指标。

此外，按照上述思路设计评价指标还存在着在哪一级政府层面进行评价的问题。鉴于本书内容为基础研究，为更好地发挥评价的引导和反馈调控功能，我们主要以县（市、区）为主要使用层级进行指标设计。在实践中，各地可以根据实际涉及的行政层级，在地级市或省级政府等层面进行相应的指标设计。

二、教育促进共同富裕评价内容与指标体系

（一）评价指标的基本内容

1. 教育促进共同富裕的政策工具使用

在教育如何参与并将发展成果转化为全体人民共同富裕的过程中，政府应发挥主导作用，具体需要在处理好公平与效率关系的前提下为社会、市场参与其中提供制度性安排。这一实践过程既需要教育与其他职能部门的密切联动与合作，也需要政府与社会组织、企业等主体形成合作机制，在各项政策执行过程中促进本区域共同富裕程度的提高。

1）政府维度

政府维度的参与机构包括该级政府及相关职能部门和公共教育机构。政府的职责在于制定规划、设计政策，组织公共教育

第七章　教育促进共同富裕政策实践的评价与实施

机构实施教育活动,引导社会组织、企业等主体参与促进共同富裕的具体实践。依据政府承担的具体责任,三级指标包含以下评价内容。

(1) 针对低收入和贫困家庭在教育公共服务开支方面给予专项补贴,保证全体国民在生命周期起点获得基本的健康水平和认知能力。

(2) 以跨地区迁移人口和劳动力为主要对象,以基本、非基本公共教育服务公平提供的方式,推动相关群体融入城市、融入常住地。

(3) 以缩小区域间、区域内教育发展的差异为重点,发挥教育在巩固脱贫攻坚、促进共同富裕等战略任务中的责任。

(4) 以推进治理观念和结构体系为目标,提升教育发展总体滞后地区克服"制度惰性"对共同富裕目标实现的影响。

2) 社会维度

社会维度的参与主体包括参与提供公共教育服务和志愿服务的非营利性社会组织和志愿组织。依据这些组织的活动范围,三级指标包含以下评价内容。

(1) 弥补政府在学前教育、高中阶段教育、非基本公共教育服务方面的不足。

(2) 利用自身体制和人力资源的优势,针对义务教育、基础教育和各级特殊教育等基本公共教育提供差别化、多样化、专业化的教育服务。

(3) 在教育领域发挥捐赠、志愿服务等第三次分配方式的作用。

3) 市场维度

市场维度的参与主体包括企业、社会企业和个人。依据相关主体的作用,三级指标包含以下评价内容。

(1) 提供与产业、行业优势密切结合的职业教育、老年教育、托育服务等。

(2) 补充地方政府教育新基建需求不断扩大条件下政府投入的不足。

2. 教育促进共同富裕的政策实施效果

教育促进共同富裕的政策实施效果是指政府、社会、市场等主体实施教育促进共同富裕的政策工具和具体措施，对本地区实现共同富裕目标产生的效果。对效果的分析主要依据教育的直接作用进行评价，包括基本受教育权利的实现、知识能力的提升、精神需要的满足、劳动权利的保障等方面。不同于政策工具使用的评价兼有定性指标和定量指标，教育促进共同富裕政策实施效果的各项指标主要以定量指标进行评价。

一是对于基本受教育权利实现的程度，主要评价各类特殊群体学生接受基本公共教育服务的情况以及经济困难家庭子女获得教育资助的覆盖面和水平。

对于知识能力提升的程度，主要评价义务教育学业质量学科成绩的校际差异率、义务教育毕业生升入高中阶段学生的比例和高中阶段教育的毕业率。

对于精神需要的满足程度，主要评价居民获得社区教育服务的便利和丰富程度。

对于劳动权利的保障程度，主要评价学前教育普惠性服务获得情况和0~3岁幼儿获得托育服务的情况。

（二）评价指标体系的框架性设计

根据上述思路，本书以县（市、区）级政府为重点形成教育促进共同富裕政策实践评价指标框架（表7-2）。

表7-2 教育促进共同富裕政策实践评价指标框架

一级指标	二级指标	三级指标
1. 政策工具使用	1.1 政府与公共教育机构的作用	1.1.1 建立基本公共教育办学条件和质量标准逐步提升机制
		1.1.2 推进骨干教师等优质公共教育资源在区域内共享
		1.1.3 提高家庭经济困难学生资助标准，增加对学业水平相关资助的内容

第七章 教育促进共同富裕政策实践的评价与实施

（续表）

一级指标	二级指标	三级指标
1. 政策工具使用	1.1 政府与公共教育机构的作用	1.1.4 建立学前教育优质普惠水平逐步提升机制
		1.1.5 推进以普职融合为重点的县域综合高中建设和改革
		1.1.6 强化基础阶段国家认同教育，创新国家认同教育的途径与方法
	1.2 社会组织参与的作用	1.2.1 针对义务教育、基础教育和各级特殊教育等基本公共教育，提供多样化、特色化服务
		1.2.2 针对学前教育、高中阶段教育等非基本公共教育，扩大服务规模
		1.2.3 积极参与教育领域捐赠，提供志愿服务，实施对弱势群体学生的关爱
	1.3 市场主体参与的作用	1.3.1 提供与本地区产业行业密切结合的职业教育、老年教育、托育服务
		1.3.2 参与本区域教育新基建，针对需求扩大新形势参与教育资源建设
2. 政策实施成效	2.1 受教育权利实现程度	2.1.1 各类特殊群体学生接受基本公共教育服务的情况
		2.1.2 经济困难家庭子女获得教育资助的覆盖面和水平
		2.1.3 控制初中、高中学生辍学的效果
	2.2 知识能力提升程度	2.2.1 义务教育学业质量、学科成绩的校际差异率
		2.2.2 义务教育毕业生升入高中阶段的学生比例
		2.2.3 高中阶段学生毕业率

(续表)

一级指标	二级指标	三级指标
2. 政策实施成效	2.3 精神需要满足程度	2.3.1 居民获得社区教育服务的便利和丰富程度
		2.3.2 本区域精神文明建设的成效
	2.4 劳动权利保障程度	2.4.1 学前教育普惠性服务的获得情况
		2.4.2 0~3岁幼儿获得托育服务的情况

三、教育促进共同富裕评价实施的原则与方法

(一) 教育促进共同富裕评价实施的原则

1. 落实以人民为中心的发展思想

本项评价围绕教育促进共同富裕展开,宗旨是更好地在教育领域落实以人民为中心的发展思想,具体应聚焦人民日益增长的美好生活需要,落实"发展成果共享"与"发展机会公平"兼顾、"促进公平"与"提高效率"相互促进、"促进个体能力发展"与"提升社会群体认同"并重等指导思想,将制度供给切实转化为人民群众的获得感,实现"促进人的全面发展"与"促进全体人民共同富裕"目标的有效融合。

2. 重视多元主体参与的评价活动

本项评价内容包括:探索多元主体参与评价,组织实施人民群众评议、问卷调查、数据采集等,搭建数据平台,强化第三方参与,保障评价结果的客观性和改进价值;突显人民群众评价的主体地位,让群众代表广泛参与评价过程及评价应用,重视与人民群众尤其是发展相对滞后的区域、经济相对困难的家庭、特殊教育对象等的教育获得感的信息收集。

3. 重视发挥评价的反馈调控作用

本项评价内容包括:以政府履行职责周期为闭环实施阶段性

目标评价,对政策实践和成效情况进行动态诊断,形成由评价结果信息联结而成的政策实践闭环;根据评价主体职责和评价对象关注重点的变化及时改进和调整评价指标,调整工作计划和措施,形成基于动态过程诊断的改进机制,引领教育更好地服务于全体人民共同富裕目标的实现。

(二)评价实施的程序与方法

1. 评价程序

(1)实施周期性评估。在政府任期内分别开展初期评估、中期评估、终期评估,将前一轮评估的诊断鉴定、公众意见作为后一轮评估调控改进的依据,通过对三轮评估结果的持续动态比较,有效促进教育促进共同富裕政策的实践。

(2)开展以指标发布、组织评估、结果反馈、工作改进等为基本流程的相关工作。

2. 评价方法

(1)公众评议。由人大代表、政协委员、街镇社区代表、家长代表、社会人士组成人民群众评议小组,针对政策实施情况定期开展现场评议。为提高现场交流质量,提升评价过程和结果的客观性,政府相关职能部门要围绕指标提供教育发展的举措,并就人民群众评议小组成员提出的问题进行解答。人民群众评议小组成员在现场评议中可就社会关心的教育问题进行质询,依据采集的信息对定性指标达成度进行评价。

(2)问卷调查。每年定期组织问卷调查,依据职能部门的责任和重点工作对关键指标进行细化,并转化为调查问题。根据指标匹配度,设定问卷对象、问卷数量,根据各类调查对象的数量分别确定抽样比例。

(3)数据采集。采集各级政府发布的经济社会发展统计数据或教育部门发布的统计数据,以反映各项定量指标的达成情况,为定性指标评价提供参考依据。

上述三种方法可以单独实施,也可以在处理评价信息时综合使用,以充分诠释指标意图、历史情境及发展内涵,促进政府工作与群众需求的深度交流,全方位地客观采集公众意见,分析年度指标的公众感知度和认可度,实现预期的评价目标。

主要参考文献

[1] 习近平著作选读:第一卷[M].北京:人民出版社,2023.
[2] 西奥多·舒尔茨.对人进行投资[M].北京:商务印书馆,2020.
[3] 联合国教科文组织.教育:财富蕴藏其中[M].北京:光明日报出版社,2012.
[4] 玛莎·C.纳斯鲍姆.正义的前沿[M].田雷,译.北京:中国人民大学出版社,2016.
[5] 阿马蒂亚·森.再论不平等[M].北京:中国人民大学出版社,2016.
[6] 保罗·威利斯.学做工:工人阶级子弟为何继承父业[M].南京:译林出版社,2019.
[7] 兰德尔·柯林斯.文凭社会:教育与分层的历史社会学[M].刘冉,译.北京大学出版社,2020.
[8] Andy Green, John Preston, Jan Germen Janmaat.教育、平等与社会凝聚力:一种基于比较的分析[M].赵刚,庄国欧,姜志芳,译.上海:华东师范大学出版社,2018.
[9] 布莱恩·特纳.公民身份与社会理论[M].长春:吉林出版集团有限责任公司.2007.
[10] 杨小微.为促进教育过程公平寻找合适的"尺度"[J].探索与争鸣.2015(5):8-10.
[11] 王蕊.城市随迁子女能力发展及其影响因素:不同就读条件下的实证分析[J].全球教育展望,2020(5):3-18.
[12] 朱斌,王元超.流动的红利:儿童流动状况与学业成就研究[J].人口与发展,2019(6):38-51,95.

[13] 李实,杨一心.面向共同富裕的基本公共服务均等化:行动逻辑与路径选择[J].人口研究,2022(2):27-41.

[14] 袁志刚,阮梦婷,葛劲峰.公共服务均等化促进共同富裕:教育视角[J].上海经济研究,2022(2):43-53.

[15] 邬志辉,杨清溪.新发展阶段需要什么样的基本公共教育服务体系?[J].中国教育学刊,2022(7):26-35.

[16] 沈洁,张可云.人口区域流动的一般逻辑:理论、经验及预测[J].社会科学辑刊,2019(5):128-137.

[17] 邓慧慧,薛熤,杨露鑫.公共服务竞争、要素流动与区域经济新格局[J].财经研究,2021(8):34-48.

[18] 李晓曼,于佳欣,代俊廷,等.生命周期视角下新人力资本理论的最新进展:测量、形成及作用[J].劳动经济研究,2019(6):110-131.

[19] 胡志安.中国教育代际流动:方法与事实[J].经济科学,2022(5):164-176.

[20] 李春玲.迈向共同富裕阶段:我国中等收入群体成长和政策设计[J].北京工业大学学报(社会科学版),2022(2):38-48.

[21] 张羽,刘惠琴,石中英.教育投入产出的人文属性[J].教育研究,2022(8):121-140.

[22] 彭茜.论国家认同的"情感转向"及其教育意蕴[J].西北师大学报(社会科学版),2022(1):69-79.

[23] 张莹瑞,佐斌.社会认同理论及其发展[J].心理科学进展,2006(3):475-480.

[24] 席恒,王睿,祝毅,等.共同富裕指数:中国现状与推进路径[J].海南大学学报(人文社会科学版),2022(6):1-13.

[25] 赵宏.社会国与公民的社会基本权:基本权利在社会国下的拓展与限定[J].比较法研究,2010(5):17-30.

[26] 牛建林.中国人口教育发展的特征、结构性矛盾与下一步思路:基于第七次全国人口普查公报和相关人口教育统计的发现[J].教育研究,2021(11):36-47.

[27] 习近平.深入理解新发展理念[J].社会主义论坛,2019(6):4-8.

[28] 吴向东.论马克思人的全面发展理论[J].马克思主义研究,2005(1):29-37.

[29] 韩丽颖.青少年国家认同的主体基础、发展趋向和教育进路[J].中国青年研究,2021.(04):38-43.

[30] 国家统计局,国务院第七次全国人口普查领导小组办公室.第七次全国人口普查公报(第七号):城乡人口和流动人口情况[R].2021.

[31] 国家统计局.2021中国统计摘要[M].北京:中国统计出版社,2021.

[32] 世界银行.2018年世界发展报告:学习、实现教育的愿景[M].北京:清华大学出版社,2019.

[33] DEBRA S. Equality, adequacy, and education for citizenship[J]. Ethics, 2007(117): 623-648.

[34] ERIC A H. Conceptual and empirical issues in the estimation of educational production functions[J]. Journal of Human Resources, 1979(3): 351-388.

[35] GEORGE P. The value of investment in education: theory, evidence, and policy[J]. Journal of Education Finance, 2006(2): 113-136.